CORRUPÇÃO POLÍTICA: MECANISMOS DE COMBATE E FATORES ESTRUTURANTES NO SISTEMA JURÍDICO BRASILEIRO

GLAUCO COSTA LEITE

Graduado em Direito pela Faculdade de Direito de São Bernardo do Campo (2001) e mestre em Direito Político e Econômico pela Universidade Presbiteriana Mackenzie (2015). Juiz de direito pelo Tribunal de Justiça do Estado de São Paulo (desde 2005). Professor convidado dos cursos de Pós-Graduação da Universidade de São Paulo, do Centro Universitário das Faculdades Metropolitanas Unidas e da Universidade Presbiteriana Mackenzie. Instrutor convidado do Conselho Nacional de Justiça para Políticas Públicas de Conciliação e Mediação.

CORRUPÇÃO POLÍTICA: MECANISMOS DE COMBATE E FATORES ESTRUTURANTES NO SISTEMA JURÍDICO BRASILEIRO

Belo Horizonte
2016

Copyright © 2016 Editora Del Rey Ltda.

Nenhuma parte deste livro poderá ser reproduzida, sejam quais forem os meios empregados, sem a permissão, por escrito, da Editora.

Impresso no Brasil | Printed in Brazil

EDITORA DEL REY LTDA.
www.livrariadelrey.com.br

Editor: Arnaldo Oliveira

Editor Adjunto: Ricardo A. Malheiros Fiuza

Editora Assistente: Waneska Diniz

Coordenação Editorial: Wendell Campos Borges

Diagramação: Lucila Pangracio Azevedo

Revisão: Responsabilidade do autor

Capa: CYB Comunicação

Editora / MG
Editora / MG
Rua dos Goitacazes, 71 – Sala 709-C – Centro
Belo Horizonte – MG – CEP 30190-050
Tel: (31) 3284-5845
editora@delreyonline.com.br

Conselho Editorial:
Alice de Souza Birchal
Antônio Augusto Cançado Trindade
Antonio Augusto Junho Anastasia
Antônio Pereira Gaio Júnior
Aroldo Plínio Gonçalves
Carlos Alberto Penna R. de Carvalho
Celso de Magalhães Pinto
Dalmar Pimenta
Edelberto Augusto Gomes Lima
Edésio Fernandes
Felipe Martins Pinto
Fernando Gonzaga Jayme
Hermes Vilchez Guerrero
José Adércio Leite Sampaio
José Edgard Penna Amorim Pereira
Luiz Guilherme da Costa Wagner Junior
Misabel Abreu Machado Derzi
Plínio Salgado
Rénan Kfuri Lopes
Rodrigo da Cunha Pereira
Sérgio Lellis Santiago

L533c   Leite, Glauco Costa
       Corrupção Política: mecanismos de combate e fatores estruturantes no sistema jurídico brasileiro. / Glauco Costa Leite. Belo Horizonte: Del Rey, 2016.
       xiv + 202 p.

       ISBN: 978-85-384-0439-2

       1. Corrupção na política. I. Título.
                        CDU: 343.352

Em primeiro lugar, agradeço à minha orientadora, Prof.ª Dr.ª Monica Herman Salem Caggiano, por me aceitar como orientando em sua concorrida lista, bem como pelas valiosas lições na condução e revisão da presente pesquisa.

Agradeço também aos membros da Banca Examinadora, composta por minha orientadora, já nomeada, e pelos professores Dr. Cláudio Salvador Lembo e Dr. Vladimir Oliveira da Silveira, pelos percurientes apontamentos fornecidos desde a qualificação.

Gostaria de aproveitar para agradecer a todos os professores do Programa de Mestrado em Direito Político e Econômico da Universidade Presbiteriana Mackenzie, cujas aulas foram muito importantes para o desenvolvimento desta pesquisa.

Não posso deixar de agradecer à minha esposa Cibele, que tantas vezes perdeu "sua hora" para os livros, e à minha família, especialmente aos meus pais, que também foram privados do meu convívio em diversos períodos, em longos domingos de pesquisa.

Aos colegas de Magistratura – e praticamente meus irmãos – José Wellington da Costa Neto e Gustavo Sampaio Correia faltam palavras para expressar a amizade e a gratidão. O primeiro foi o verdadeiro entusiasta que me motivou a seguir seus passos no mestrado e que acumulou, por diversas vezes, o juízo do qual sou titular. O segundo, diariamente, tem paciência para me auxiliar com questões jurídicas e discussões acerca do tema desta pesquisa.

Ao Prof. Fernando Fabiani Capano, egresso do Programa de Pós-Graduação da Universidade Presbiteriana Mackenzie e grande amigo de infância, que igualmente me incentivou a ingressar no mestrado e me acompanhou durante toda a jornada, inclusive em grupos de pesquisa e na coautoria de um artigo, meus sinceros agradecimentos.

Registro minha profunda gratidão a todos os funcionários da Vara do Juizado Especial Cível e Criminal da Comarca de Ribeirão Pires, que sob a batuta da diretora de serviço Ana Cristina Vieira Garcia Queiroz, sempre me ajudaram a manter o trabalho em dia para que eu pudesse me dedicar também a esta pesquisa.

Embora, em caráter imediato, a pesquisa guarde maior proximidade com o trabalho da orientadora e dos professores do Programa de Pós-Graduação *stricto sensu*, de forma mediata a pesquisa tem origem em todo o cabedal adquirido ao longo da minha vidae por todas as instituições de ensino pelas quais passei, sobretudo quando o tema envolve humanidades. Desta forma, gostaria de agradecer a alguns professores que marcaram minha vida por diferentes razões: pela sabedoria, pela simplicidade, pela paixão pela docência, pela preocupação irrestrita com o aprendizado do aluno, pelo alto grau de conhecimento, pela dedicação para que o aluno aprendesse a refletir e não simplesmente reproduzir conhecimento, enfim, por uma série de razões pelas quais passei a compreender o verdadeiro significado da palavra "mestre". Do ESI-Colégio São José, gostaria de lembrar das professoras Mércia Maria Góes de Pinho e Vera Cristina Braghetto Buratto, além da Ir. Tarcísia Lemos (*in memoriam*). Do Colégio da Fundação Santo André, registro meu profundo agradecimento e admiração aos eméritos professores Ricardo Alvarez, Isabel Alvarez, José Marinho Nascimento e Márcio Silva. Da Faculdade de Direito de São Bernardo, não poderia deixar de homenagear os Drs. João Alberto Schutzer Del Nero, Sidnei Agostinho Beneti, Vladimir Balico, Diógenes Gasparini (*in memoriam*) e Fernando Dias Andrade. Do Programa de Pós-Graduação da Universidade Presbiteriana Mackenzie, agradeço a Alysson Leandro Mascaro.

À amiga, colega do programa de pós graduação e revisora Mylene Comploier, registro meus agradecimentos. À Natalia Tammone sou grato não apenas pela revisão deste livro, mas pelas verdadeiras aulas de História. À amiga e revisora Fernanda Zara, meu agradecimento e minha admiração.

Por fim, gostaria de agradecer à assessoria BR ESPORTES, nomeadamente Marcelo Ortiz e Luciano Focá, que são responsáveis por manter a *mens sana in corpore sano*.

À Deus e ao Movimento Juvencar, onde encontrei o primeiro e mais forte significado de probidade e justiça.

À minha esposa Cibele, por seu companheirismo e sua compreensão, impressos em todas as páginas.

Aos meus pais, Luiz e Elisabete, cujas lições de vida, garra, trabalho e dedicação me levaram a objetivos tidos como inalcançáveis.

A todos aqueles que acreditam na honestidade, na probidade e na construção de um país mais igual e mais justo.

"Corrupção se cura com educação."
Garcia Neto

SUMÁRIO

INTRODUÇÃO... 1

1 DA CORRUPÇÃO.. 9

1.1 Conceito e desenvolvimento histórico 9

1.2 Origens da corrupção política... 21

1.3 Crise da representação democrática.................................... 34

1.4 Interesse público e lobby... 51

2 DO TRATAMENTO CONSTITUCIONAL E LEGAL DA PROBIDADE ADMINISTRATIVA NO BRASIL 57

2.1 Da Tutela Constitucional... 59

2.1.1 Constituição de 1824 59

2.1.2 Constituição de 1891 60

2.1.3 Constituição de 1934 61

2.1.4 Constituição de 1937 63

2.1.5 Constituição de 1946... 65

2.1.6 Ato Institucional n° 1 - "Constituição de 1964".............. 66

2.1.7 Constituição de 1967 e o Ato Institucional n° 5............... 66

2.1.8 Constituição Federal de 1988 68

2.2 Documentos Internacionais 71

2.3 Da Tutela Legal da Probidade Administrativa no Brasil........ 73

2.3.1 Código Penal e Código de Processo Penal....................... 74

2.3.2 Lei da Ação Civil Pública (Lei Federal n° 7.347/85)........ 76

2.3.3 Lei de Improbidade Administrativa (Lei Federal n° 8.429/92).......... 77

2.3.4 Lei de Licitações (Lei Federal n° 8.666/93) 80

2.3.5 Lei de Lavagem de Capitais (Lei Federal n° 9.613/98)...... 81

2.3.6 Lei de Responsabilidade Fiscal (Lei Complementar nº 101/2000) ... 81

2.3.7 Lei da "Ficha Limpa" (Lei Complementar nº 135/2010) 83

2.3.8 Responsabilização dos Prefeitos Municipais e Vereadores (Decreto-lei nº 201/67) 86

2.3.9 Lei de Acesso à Informação (Lei Federal nº 12.527/2011). 86

2.3.10 Nova Lei Anticorrupção (Lei Federal nº 12.846/2013) 87

2.3.11 Lei Federal nº 12.813/2013 90

3 DOS FATORES ESTRUTURANTES DA CORRUPÇÃO NO SISTEMA JURÍDICO BRASILEIRO 93

3.1 Vínculos partidário-eleitorais e seus reflexos 94

3.2 Nomeação de altas autoridades de Estado e a nomeação de Ministros ao Supremo Tribunal Federal 110

3.3 Crescimento desarrazoado dos cargos em comissão 123

4 DOS ÓRGÃOS INSTITUCIONAIS DE CONTROLE DE PROBIDADE ADMINISTRATIVA E TRANSPARÊNCIA 135

4.1 Controladorias-Gerais 141

4.2 Tribunais de Contas 142

4.3 Polícias 144

4.4 Ministério Público 145

4.5 Poder Judiciário 147

4.6 Conselhos Nacionais de Justiça e do Ministério Público 149

4.7 Comissões Parlamentares de Inquérito 151

4.8 Comissões de Ética 153

4.9 Conselho de Controle de Atividades Financeiras – COAF 155

4.10 Corregedorias de órgãos da administração. 155

5 DA INSUFICIÊNCIA DO MODELO LEGALISTA 159

5.1 Accountability e articulação das instituições de proteção da tutela da probidade 165

5.2 Universalização dos serviços públicos 169

5.3 Valorização da burocracia 172

5.4 Alteração de padrões culturais de comportamento 174

5.5 Proteção a denunciantes (Whistleblowers)...................................178

5.6 Conhecimento para a cidadania e mídia.....................................181

CONCLUSÃO.. 185

REFERÊNCIAS 191

INTRODUÇÃO

O relatório da Transparência Internacional sobre a percepção de corrupção no setor público no ano de 2013 apresentou o Brasil na 72° posição, de um total de 177 países e territórios[1]. O documento *Global Corruption Barometer 2013*, que acompanha o relatório, registra que uma em cada quatro pessoas no mundo reportou o pagamento de suborno no ano de 2013. Como medidas indicadas para o combate à corrupção, o órgão indicou a priorização de reformas anticorrupção nos órgãos encarregados da investigação e punição dessas condutas, como a polícia, o Poder Judiciário e o Ministério Público, bem como o fim da impunidade, com a prevenção, detecção, investigação, processamento e punição de condutas desta natureza.

A corrupção política representa tema que sempre esteve bastante em voga em todas as sociedades desde a Antiguidade até os dias atuais. A partir do momento em que os bens adquiriram natureza publicista e adveio a representação política como forma de um grupo menor tutelar o interesse do todo, discute-se em que limite o interesse coletivo pode ser verificado e como punir aquele que se apresenta como agente estatal, mas tergiversa sua conduta para buscar interesse privado.

Embora se discuta a possibilidade de a corrupção guardar maior relação com países subdesenvolvidos ou em desenvolvimento, é certo que o crescimento geométrico das operações comerciais entre empresas transnacionais, fruto do processo de globalização, demonstra que mesmo nos países desenvolvidos, os quais despontam no mercado internacional,

---

[1] Corruption Perceptions Index 2013. Disponível em: <http://cpi.transparency.org/cpi2013/results/>. Acesso em 13/05/2014.

existe razoável nível de corrupção. Isso se verifica no mencionado relatório da Transparência Internacional, que é liderado por Dinamarca, Nova Zelândia e Finlândia, sendo que as maiores economias mundiais não se encontram entre os dez primeiros países no combate à corrupção[2], o que permite questionar por que hegemonia econômica não é sinônimo de higidez moral na condução dos negócios. A própria aferição do Índice de Desenvolvimento Humano (IDH) não parece fornecer parâmetro independente para vinculação com os níveis de corrupção, pois nem sempre os países com melhor IDH figuram como países com índice de probidade superior[3].

No Brasil, de tempos em tempos, o tema da corrupção adquire maior proeminência. Recentemente, dois grandes escândalos têm apresentado grande repercussão nos meios político, social e jurídico. O primeiro ficou vulgarmente conhecido como *Mensalão e* tratava da compra de apoio parlamentar mediante dinheiro, ao passo que o segundo, ainda em andamento, denominado *Operação Lava à Jato,* reside no suposto pagamento de propina, por grandes empreiteiras, para que conseguissem realizar contratos de altos valores junto à Petrobras. O primeiro se circunscreveu na Ação Penal nº 470, que tramitou junto ao Supremo Tribunal Federal, ao passo que o segundo abrange diversos inquéritos e ações penais em andamento na 13ª Vara Federal de Curitiba – PR, bem como junto ao Supremo Tribunal Federal e Superior Tribunal de Justiça em razão do foro por prerrogativa de função[4].

A corrupção revela-se como instrumento que promove a degradação do sistema democrático, atingindo as bases das instituições sociais como um todo, e gera, em última análise, toda sorte de desigualdade,

---

[2] *Global Corruption Barometer 2013*: Alemanha (12°), Reino Unido (14°), Japão (18°) e Estados Unidos (19°).

[3] Ranking IDH Global 2013, segundo o Programa das Nações Unidas para o Desenvolvimento: Estados Unidos (5º), Alemanha (6º), Nova Zelândia (7º), Dinamarca (10º), Reino Unido (14º), Japão (17º), Finlândia (24º) e Brasil (79º). Disponível em: <http://www.pnud.org.br/atlas/ranking/Ranking-IDH-Global-2013.aspx>. Acesso em 09/08/2015.

[4] *Ministro Teori Zavascki autoriza abertura de inquérito e revoga sigilo em investigação sobre Petrobras. Supremo Tribunal Federal. Brasília, 06/03/2015.* Disponível em: <http://www.stf.jus.br/portal/cms/verNoticiaDetalhe.asp?idConteudo=286808>. Acesso em 09/08/2015.

além de incutir na mentalidade coletiva a sensação de que a aplicação de lei raramente ou nunca atinge aqueles que a transgridem, sobretudo quando detêm poderio político e econômico.

Nosso objetivo ao abordar o tema é descobrir se o atual sistema anticorrupção existente no Brasil é eficaz no que tange ao combate à corrupção política, bem como quais seriam alguns dos gargalos institucionais que impedem a construção de um sistema mais hígido sob o aspecto da probidade administrativa e política.

No início do trabalho, procurar-se-á identificar os marcos teóricos da corrupção, bem como sua evolução em diferentes períodos da História, além de sua relação com diferentes regimes de governo e de produção. Considerando o vínculo existente entre a corrupção política e a representação política, será imperioso observar o funcionamento e a eficácia dos mecanismos de representação política, o que se fará por meio de pesquisa bibliográfica. Como a corrupção política se insere entre as esferas pública e privada, é natural que se identifique como se configura o interesse público e como atuam os grupos de interesses junto ao poder público.

Após a observação teórica do tema, em abstrato, realizar-se-á um estudo analítico da inserção evolutiva do princípio da probidade nas Constituições Federais Brasileiras, passando, em seguida, a um panorama genérico da legislação ordinária nacional relacionada à proteção da tutela da probidade, bem como dos documentos internacionais pertinentes. A sistematização legal promovida pretende apenas fornecer uma visão abrangente da preocupação do legislador com o tema da probidade, mas não esmiuçar especificamente os tipos legais e os instrumentos específicos de cada diploma legislativo.

Deitadas as premissas teóricas, bem como o histórico constitucional e legal acerca do tema, o trabalho levantará três hipóteses de situações que, em uma primeira análise, promovem o processo democrático e a separação dos poderes. Todavia, tais proposições abrem espaço a questionamentos de natureza ética a fim de aferir se realmente se prestam a cumprir o objetivo proposto ou, ao revés, promovem e estruturam a manutenção de um sistema que privilegia a corrupção, encaminhando-a para a endemia. Aqui nos valeremos da problematização teórica, questionando determinados comportamentos de natureza política em cotejamento com o objetivo que aparentam almejar.

Já observaram os romanos que nem todo ato legal é honesto, conforme o brocardo *non omne quod licet honestum est*. Exatamente por isso nossa intenção principal é refletir sobre os atos nitidamente legais, mas que, talvez, não promovam a probidade.

A primeira hipótese levantada compete aos vínculos partidários, ou seja, às relações existentes na política partidária e eleitoral que podem estar vinculadas à corrupção. Trata-se do financiamento privado de campanhas eleitorais, da reeleição e da falta de um instrumento cogente que obrigue os representantes eleitos a cumprir as propostas realizadas em campanha.

A legitimação das contribuições privadas ao financiamento eleitoral estaria ligada ao incremento do regime democrático à vista da possibilidade dos grupos sociais promoverem os candidatos e agremiações políticas que mais se alinham com seus objetivos. Ocorre que as empresas privadas têm por finalidade precípua – e, na maior parte dos casos, exclusiva – a tutela do lucro. Logo, a doação de recursos a candidatos ou partidos realmente pretende promover a democracia ou, na verdade, busca aproximar o doador da esfera de poder para que, uma vez eleito o candidato, possa devolver à empresa benefícios econômicos, normalmente por meio de contratos com a administração pública em detrimento do interesse público?

Na mesma linha, até que ponto aquele que concorre à reeleição dispõe de benesses legais e políticas que o tornam automaticamente favorito ao pleito por ter à sua disposição o uso da máquina pública e verba política para arraigar apoiadores? A proeminência do candidato à reeleição e a diminuição estatística de alternância do poder comprometem o sucesso do regime democrático?

Outra questão aberta ao debate é o fato de que não existe atualmente um instrumento que obrigue o candidato a cumprir as promessas realizadas em campanha, podendo dar azo ao chamado estelionato eleitoral, em que um candidato se elege com determinada plataforma de propostas, mas, na prática, passa a realizar outras, sem compromisso com o que foi apresentado anteriormente.

Todas essas questões têm levantado o debate sobre a possibilidade de realização de uma reforma política, inclusive por meio de assembleia constituinte específica, o que será abordado no bojo da pesquisa.

A segunda tese refere-se à livre nomeação pelo Poder Executivo de quadros elevados para cargos na administração pública, como no Tribunal de Contas, Cortes Superiores, dentre outros. Questiona-se em que medida tais instrumentos simplesmente refletem o arranjo necessário à implementação de viés ideológico pelo governo eleito, com o escopo de atingir as propostas que, inclusive, serviram para que ele fosse guindado ao poder ou, na verdade, trata-se de ferramenta a fomentar e manter a estrutura necessária ao funcionamento de um sistema corrupto. Embora a razão de ser de tais nomeações, haurida do sistema norte-americano, seja o prestígio da separação dos poderes, na prática é importante analisar se o Poder Executivo, ao executar uma composição ideológica de diversos cargos, não faz escolhas políticas em detrimento da técnica, especialmente diante do presidencialismo de coalizão vivenciado nas últimas décadas.

Há grande diferença entre nomear um Ministro de Estado, que necessariamente deve possuir alinhamento ideológico com o Presidente da República, em especial para que a pasta siga um modelo de governo e desenvolvimento, e nomear um Ministro do Tribunal de Contas ou Ministro do Supremo Tribunal Federal, cujos cargos reclamam conhecimentos técnicos e demandam alto grau de independência, inclusive em face do próprio nomeante. Em tais hipóteses, ainda que em tese, após a nomeação, o detentor do cargo tenha liberdade para decidir de acordo com sua consciência, não há como se olvidar de que a ascensão ao cargo de cúpula, que desfruta de elevadíssimo prestígio político e social, teve origem na decisão discricionária do Presidente da República e de seu grupo político, situação que reclama crítica, sobretudo porque o nomeado virá a apreciar a legalidade de atos do governo nomeante e de seu partido.

Por fim, analisa-se o crescimento vertiginoso da criação de cargos em comissão em todas as esferas do governo, o que também pode militar contra a democracia e a proteção da probidade. A conduta de dispensar o concurso público como requisito para ingresso no serviço público, afrontando o princípio constitucional da impessoalidade e eficiência dos regentes da administração pública, deve permanecer na esfera da excepcionalidade. Destarte, cabe refletir se o crescimento de tais cargos também constitui um fator que favorece a estruturação e manutenção de um sistema corruptivo, especialmente nos entes municipais, já que a criação abundante de cargos dessa natureza pode fomentar uma verdadeira legião a serviço do mandatário municipal, e que visa, acima de tudo, à manutenção do cargo pelo nomeado, transformando o servidor público em servidor dos interesses do nomeante e não da administração pública.

Em suma, pretende-se verificar se essas hipóteses, que têm como fio condutor a utilização de instrumentos legais, porquanto a legislação e a Constituição Federal assim o autorizam, na verdade, prejudicam a promoção do interesse público e prestam-se, principalmente, à manutenção de controle político e ideológico sobre servidores, permitindo a perpetuação no poder dos grupos dominantes, que encontram situação favorável à prática de corrupção de maneira desenfreada, à vista da criação de um sistema hermético que tutela a supremacia do interesse privado e político em face do interesse comum.

Em seguida, descreveremos os órgãos institucionais que possuem ligação com a tutela da probidade, sejam eles de caráter repressivo, como no caso do Poder Judiciário, Polícias e Ministério Público, ou de funções tanto preventivas quanto repressivas, a saber: Corregedorias internas; Corregedorias-Gerais; Tribunais de Contas; Conselhos Nacionais de Justiça e do Ministério Público; Comissões Parlamentares de Inquérito; Conselho de Ética, Conselho de Controle de Operações Financeiras.

A despeito de recentes avanços no tratamento do tema, com destacados trabalhos da Polícia Federal, Controladoria Geral da União e inéditas condenações de autoridades de elevado grau na estrutura política, muito ainda há a avançar.

Encerra-se o trabalho com um capítulo que trata de elementos que podem oferecer maior efetividade à tutela da probidade por outros meios além do endurecimento penal, que, embora não possa ser desprezado, não pode ser tido como apto, isoladamente, a solucionar o problema da improbidade administrativa.

Nesse sentido, apreciaremos os incrementos possíveis a partir de uma maior transparência dos governos e das instituições de controle (*Accountability*) que, atuando de forma articulada, podem oferecer melhores resultados à sociedade.

Outras questões também serão analisadas, como a universalização de serviços públicos como vetor da diminuição das possibilidades de corrupção, além da valorização da burocracia, que implica em reconhecer que os servidores públicos participam ativamente de diversos processos decisórios e oferecem contribuições relevantes, sobretudo porque o Estado contemporâneo é demandado à prestação de serviços em diferentes áreas, que exigem que os servidores disponham de alta gama de conhecimentos técnicos específicos.

Abordaremos, ainda, a necessidade de tutela dos denunciantes (*Whistleblowers*), aqueles que, tendo conhecimento de fatos relacionados à corrupção, necessitam de proteção e estímulo para se colocarem, muitas vezes, em situação de risco profissional e pessoal, para que desvelem os fatos dos quais têm conhecimento, possibilitando a deflagração de procedimento investigativo e a punição dos culpados.

A pesquisa observará se os padrões culturais de comportamento e cidadania, ou seja, o conhecimento da população acerca de seus próprios direitos e a percepção social sobre a corrupção – em que a mídia é protagonista –, possuem relação com a corrupção.

Pretende-se, assim, concluir com uma reflexão sobre possíveis maneiras de mitigar o avanço da corrupção, relacionando às sugestões legais e extralegais apresentadas ao longo da pesquisa, que visam à restauração da supremacia do interesse público.

1

DA CORRUPÇÃO

1.1 Conceito e desenvolvimento histórico

Malgrado o tema da corrupção desfrute de grande destaque no cenário social e político brasileiro, a busca por um conceito de corrupção é tarefa bastante árdua, não só por envolver normalmente a moral como tema de fundo, mas também por estar imbricada com outras questões de natureza cultural, política e econômica.

A abrangência do tema da corrupção política atinge diversas áreas do conhecimento, razão pela qual Rita de Cássia Biason indica ser ser necessário cotejar conhecimentos de economia, administração pública, filosofia, ciência política, direito, antropologia e sociologia, sendo indispensável, ainda, observar o contexto histórico e a organização política, econômica e cultural vigente para melhor compreensão do fenômeno[1].

A tormentosa busca por esse conceito, segundo Fernando Filgueiras, decorre da inexistência de um consenso na tradição do pensamento político ocidental sobre o que vem a ser corrupção, não se podendo falar em uma teoria política da corrupção, mas apenas em diversas *abordagens* do problema, com fins normativos especificados em conceitos e categorias[2].

---

[1] BIASON, Rita de Cássia. Questão conceitual: o que é corrupção? In: ____ (Org.). *Temas de corrupção política*. São Paulo: Balão Editorial, 2012, p. 9.

[2] FILGUEIRAS, Fernando. *Marcos Teóricos da Corrupção*. In: AVRITZER, Leonardo et al. (org.). Corrupção: ensaios e críticas. 2ª ed. Belo Horizonte: Editora UFMG, 2012, p. 299.

A percepção sobre o que configura ou não um ato de corrupção é amplamente mutável no âmbito social. É precisa, nesse sentido, a descrição de Manuel Gonçalves Ferreira Filho:

> "varia de civilização para civilização, de época para época, de classe para classe na mesma sociedade o que se entende por corrupção. De fato, o que para nós, hoje, é corrupção, pode não ter sido assim considerado há séculos, nem o ser, mesmo atualmente, noutra civilização. E numa mesma sociedade, o que para a elite o é, para outros grupos não tem esse caráter, e vice-versa"[3].

Em muitas sociedades, por exemplo, a oferta de presentes e benefícios no setor privado é amplamente valorizada e aceita, assim como a contratação de amigos e de empresas de pessoas próximas ou conhecidas. Mesmo nessas sociedades, Rose-Ackerman adverte sobre um custo oculto que não é apreciado por todos os cidadãos comuns[4]. De fato, há hipóteses em que os presentes realmente têm mera natureza altruísta e inexiste objetivo oculto com a doação, excetuado o bem-estar psicológico e moral gerado ao doador. Porém, quando tais doações têm um impacto, ainda que secundário, a ponto de alterar o comportamento do donatário, pode-se estar diante de uma situação que implique, ainda que implicitamente, uma troca de favores.

Imagine-se um candidato a cargo eletivo que, após observar em pesquisas eleitorais que possui grande rejeição de um determinado segmento da sociedade, passasse a realizar doações a instituições vinculadas a tais grupos, tendo por objetivo melhorar sua imagem perante aquele segmento. Tal conduta, a despeito de legal, seria moral?

Na mesma linha, mas na esfera privada, tomemos por exemplo gerentes de venda de uma determinada empresa que, visando maximizar os lucros, criassem um mecanismo de recompensa baseado no montante faturado, de modo que o *vendedor* naturalmente se aproximaria do *comprador* de outras empresas para ofertar produtos e serviços. Não se questionará se o vendedor ofertar ao comprador uma simples caneta ou um pequeno bloco de notas de presente. Contudo, se a

---

[3] FERREIRA FILHO, Manuel Gonçalves. *A democracia no Limiar do Século XXI*. São Paulo: Saraiva, 2001, p. 86.

[4] ROSE-ACKERMAN, Susan. *Corruption Government: Causes, Consequences and Reform*. Cambridge, Reino Unido: Cambridge Press, 1999, p. 91-93.

doação for de um bem de valor elevado, como um veículo, uma viagem ou um aparelho televisor, o recebimento implicitamente indicará que algo poderia ou deveria ser feito em troca. O mesmo ocorre com médicos que viajam para participar de congressos com as despesas pagas pela indústria farmacêutica que, em contrapartida, espera que os profissionais receitem os seus medicamentos, sendo certo que novos convites podem estar vinculados ao número de prescrições realizadas[5]. No âmbito público também se discute se servidores de determinadas áreas deveriam aceitar convites para eventos desse jaez quando existe vinculação entre a natureza do serviço prestado pelo funcionário e o interesse daquele que promove o evento de forma gentil.

Situação interessante ocorre no caso da gorjeta, em que se remunera um bom serviço, prestado de forma diferenciada, como um bônus. Tal questão é simples quando se trata de uma pequena quantia paga *após* a prestação do serviço. Porém, se imaginarmos que essa quantia pode ser paga com antecedência, o montante teria o condão de reclamar um melhor serviço ou uma prestação mais eficiente do que a ordinária. Como exemplo da primeira hipótese, imagine-se uma festa de casamento em que, ao final, um convidado oferece uma gorjeta ao garçom que o serviu bem durante toda a noite. Todavia, se imaginarmos que no início da festa o convidado já oferece a gorjeta antes de o serviço ser prestado, implicitamente ele está solicitando ao garçom que lhe traga mais bebida e comida, ou que aja com maior presteza em relação às outras mesas. A diferença sutil entre o momento antecedente ou posterior em que se paga a gorjeta transforma, a nosso ver, a natureza do ato – uma inocente gorjeta – em conduta moralmente satisfação de um benefício exclusivo e pessoal, em detrimento do coletivo, ainda que sem tal consciência.

---

[5] O Conselho Federal de Medicina havia decidido impor restrições a aceitação de viagens com despesas pagas a congressos por médicos que não fossem expor trabalhos. Porém, o órgão retrocedeu e não editou medida alguma. *CFM desiste de restringir viagens de médicos pagas por laboratórios*. O Estado de S. Paulo. São Paulo, 16/08/2010. Disponível em: <http://www.estadao.com.br/noticias/geral,cfm-desiste-de-restringir-viagens-de-medicos-pagas-por-laboratorios-imp-,595606>. Acesso em 04/09/2014.

Esses pequenos recortes já denotam quão complexo é o tema, de modo que, muitas vezes, é tênue a demarcação do território invadido pela corrupção, que sofreu diferentes tratamentos ao longo da História. Sobre a temporariedade da apreciação moral de algumas questões, Noonan lembra o tratamento recebido em relação à escravidão e à usura. Quanto à primeira, no começo, o aspecto econômico era determinante, de modo que a escravidão era recebida como aspecto lógico do sistema produtivo. Posteriormente, a questão moral foi elevada, de modo que a escravidão deveria ser apreciada sob o aspecto moral, e não econômico. Em relação à usura, entre os séculos XII e XVII na Europa Ocidental, o sistema bancário era tido como uma questão moral, mercê de uma relação com as necessidades humanas básicas. Contudo, com o passar do tempo, o foco moral sobre a questão arrefeceu e a usura passou a receber luzes econômicas, deixando de ser tida como imoral, mas como necessário instrumento da cadeia produtiva[6].

O tema da corrupção é tão controverso que, há muito tempo, pesquisadores, como Joseph Nye, apartando-se da questão da probidade, registram que a corrupção pode ser benéfica ao gerar desenvolvimento econômico. Tal desenvolvimento, para o autor, decorreria da formação de capital propiciada pela corrupção quando o governo não gera superávit fiscal. Além disso, sustenta que o excesso de rigor no combate à corrupção conduz a incremento burocrático, que acaba por engessar o crescimento econômico. Aduz, ainda, que a corrupção permite que grupos que estariam alijados de qualquer influência política possam comprá-la, adaptando um rígido modelo publicista ao padrão mercadológico[7].

A discussão sobre corrupção é bastante antiga e, como mencionado, recebe diferente tratamento ao longo da História[8]. Sobre a origem etimológica da palavra Corrupção, José Antônio Martins aponta que é o termo latino *corruptio/ions* que deu origem ao termo, com a junção

---

[6] NOONAN, John Thomas Jr. *Bribes. The Intellectual History of a Moral Idea.* Califórnia, EUA: University of California Press, 1987, p. 684.

[7] NYE, Joseph. *Corruption and political development: a cost-benefit analysis.* American Political Science Review, 61 (2), 1967, pp. 419-420.

[8] Na Bíblia, no Livro do Exôdo, capítulo 23, versículo 8, encontra-se pertinente advertência: *"Não aceitarás presentes, porque os presentes cegam aqueles que veem claro, e perdem as causas justas".*

de *cum* e *rumpo*, que representavam a ideia de rompimento total, de modo que a corrupção era concebida como a quebra de estruturas, a destruição dos fundamentos de algo. O autor afirma que a primeira designação de corrupção tinha viés biológico, sendo associada ao ciclo natural da vida, ou seja, representava o momento em que o corpo passava a perder vitalidade. Na Antiguidade, como a própria sociedade era também compreendida pelos filósofos com um corpo social, houve a natural transposição da ideiade corrupção do corpo físico para o corpo político[9].

Na Grécia Antiga, não se apartava a moralidade privada da moralidade pública, pois a moralidade decorria de normas políticas, ou seja, da própria coletividade. Não se podia, portanto, falar em justiça ou moralidade individual, já que o cidadão só existia dentro da coletividade. Quando o filósofo grego Sócrates encontrava-se preso, seu discípulo Críton, na tentativa de salvá-lo, buscou convencer o mestre a fugir, exilar-se ou *subornar* os juízes e os soldados responsáveis por guardar a prisão. Todavia, Sócrates rejeitou tais possibilidades, questionando o discípulo: *"E poderemos viver depois da corrupção daquilo que apenas pela justiça vive em nós e do que a injustiça destrói?"*[10].

Alysson Leandro Mascaro bem lembra que no período de Platão houve um deslocamento da questão do *justo* do plano individual para o plano da *pólis*. Aliás, assevera que *pólis*, enquanto cidade, representava tanto o que modernamente denominamos sociedade como a própria organização estatal, inexistindo a cisão conceitual hoje existente entre estado e sociedade[11]. Aristóteles, discípulo de Platão, ao realizar a distinção entre o justo e o injusto, indicava que a injustiça tinha origem na conduta viciosa do ser humano, que procura ter proveito individual do que é bom, afastando-se do que é ruim:

---

[9] MARTINS, José Antônio. *Corrupção*. São Paulo: Globo, 2008, p. 12-14.

[10] PLATÃO. DIÁLOGOS: APOLOGIA DE SÓCRATES, EUTÍFRON, CRÍTON, FÉDON. CURITIBA: HEMUS, 2002, P. 89.

[11] *"Será a pólis justa à medida dos homens justos, e não o contrário. Isso quer dizer, havendo graves distorções na sociedade, não se há de dizer que os afazeres jurídicos individuais possam lhe ser considerados alheios"*. MASCARO, Alysson Leandro. *Filosofia do Direito*. 2ª ed. São Paulo: Atlas, 2012, pp. 56 e 84.

"Eis a razão porque não admitimos que o ser humano governe, mas a lei, porque um homem governa em seu próprio interesse e se converte num tirano; mas a função do governante é ser o guardião da justiça e, se assim o é (ou seja, da justiça), então da igualdade. Um governante justo parece não tirar proveito de seu cargo, pois não dirige a si próprio porção maior das coisas geralmente boas, a não ser que isso seja proporcional aos seus méritos; pelo contrário, ele se empenha pelos outros, o que concorda com o dito anteriormente, de que a justiça é o bem do outro. E, por conseguinte, alguma recompensa deve lhe ser dada sob a forma de honra e dignidade. São aqueles que não se satisfazem com tais recompensas que se tornam tiranos"[12].

Essa concepção coletiva de moral entrelaçada à política encontrava-se presente tanto na Grécia Antiga quanto no período do Império Romano. Contudo, no século IV, com a queda do Império Romano, passou a viger a moralidade cristã, baseada em critérios individuais, de modo que o bom governante deveria refletir a figura do bom cristão, aquele que perseguia a santidade. Percebe-se, então, que a concepção de moralidade deslocou-se do plano coletivo, em que importava a retidão social, e passou a ser analisada sob o prisma da individualidade. Isso se verifica de fato em relação à política, sendo que, em última análise, não se falava em corrupção política, mas apenas em homens corruptos que se valiam da política[13].

A guinada nessa visão ocorre no período renascentista, cujo maior exemplo é Nicolau Maquiavel, para quem a política possuía regras próprias que não poderiam ser analisadas sob o aspecto da moral individual. Esse é um importante marco de cisão entre a moral individual e a esfera política. Para Maquiavel, a defesa contra a corrupção somente pode partir do povo, que busca a defesa da liberdade, pois quem já detém poder, embora nem sempre seja corrupto, dispõe de aspiração corrupta por desejar sempre dominar[14]. Helton Adverse lembra que, para Maquiavel, a corrupção do povo era decorrência da corrupção dos governantes, pois o fato de os governantes reiteradamente desrespeitarem

---

[12] ARISTÓTELES. Maquiavel. EDIPRO, 2013, p. 162.
[13] MARTINS, José Antônio. *Corrupção*, op. cit., p. 21.
[14] MAQUIAVEL, Nicolau. *Discursos sobre a primeira década de Tito Lívio*. São Paulo: Martins Fontes, 2007, p. 71.

as leis de forma impune induzia o povo ao mesmo comportamento com a perda da virtude cívica[15].

Com o escopo de refrear o exercício abusivo do poder monárquico, acreditava Montesquieu que as leis correspondiam ao instrumento mais adequado a esse fim, porquanto elas, as leis, fariam a intermediação entre o povo e suas diferentes necessidades, com o objetivo de organizar o poder e assegurar a liberdade. Vale recordar que Montesquieu buscava uma forma de combater na França o regime absolutista de Luís XIV, a quem é atribuída a célebre frase "L'État c'est moi". A corrupção, então, ocorreria quando as virtudes cívicas cedessem lugar aos interesses privados. Ao analisar a Constituição da Inglaterra, Montesquieu observou que as paixões humanas acabavam controladas por meio das leis, em um arranjo institucional de controle recíproco entre os poderes, a que denominou sistema de pesos e contrapesos (*checks and balances*). Por esse sistema, o monarca (poder executivo), a câmara dos lordes e a câmara baixa (poder legislativo) e o poder judiciário, possuindo esferas de competência de poder demarcadas, exerceriam reciprocamente o controle entre si. Essa limitação do abuso do poder, com o escopo de promover a liberdade por meio da legalidade, foi bem tratada pelo autor francês:

"(...) a experiência eterna nos mostra que todo homem que tem poder é sempre tentado a abusar dele; e assim irá seguindo, até que encontre limites (...) Para que não se possa abusar do poder, é preciso que, pela disposição das coisas, o poder contenha o poder. Uma Constituição pode ser feita de tal forma, que ninguém será constrangido a praticar coisas que a lei não obriga, e a não fazer aquelas que a lei permite"[16].

---

[15] ADVERSE, Helton. Maquiavel. In: AVRITZER, Leonardo et al. (org.). *Corrupção: ensaios e críticas*. 2ª ed. Belo Horizonte: Editora UFMG, 2012, p. 34. O mesmo autor ressalta que, para Maquiavel, o elemento corrompido que merece atenção é o povo, que é corrompido pela boa fortuna, a ponto de a corrupção se instalar de forma mais fácil em um povo que percebeu avanços recentes, mas relaxou e permitiu-se degradar. E com a corrupção do povo, as instituições e as leis passariam a sofrer os mesmos efeitos (p. 35).

[16] MONTESQUIEU. *Do Espírito das Leis*. Trad. Jean Melville. São Paulo: Martin Claret, 2006, p. 164-169.

Na mesma linha, Rousseau advertia que a dissolução do Estado poderia ocorrer em duas situações: (1) quando o príncipe usurpasse o poder soberano, aproximando-se da tirania e rompendo com o contrato social; (2) quando os membros do governo, separadamente, usurpassem o poder que deveria ser exercido coletivamente, produzindo a desordem. Na primeira hipótese, Rousseau aponta que existiria um Estado dentro do Estado, ou seja, uma organização restrita, formada apenas por membros do governo, em seu interesse próprio. Na segunda hipótese, o autor critica o excesso de divisão de poder não ordenado, fazendo com que o governo que deveria funcionar como um corpo tenha diversos *príncipes* e *magistrados*, usurpando de forma individual o poder. Assim, o desvio da finalidade comum pela degradação dos valores da comunidade, pelo príncipe ou pelos membros do governo, conduziria o Estado à degeneração e dissolução[17].

Percebe-se, então, uma ascensão da importância da lei no cenário político, levando primeiro ao fim das monarquias absolutistas, que se tornaram monarquias constitucionais e, posteriormente, repúblicas. Assim, a corrupção passa a ser associada à usurpação da lei, e não mais como decorrência da não observância da virtude humana como concebida na Antiguidade, ou como não atendimento da virtude cristã na Idade Média.

Fernando Filgueiras descreve que, durante o século XX, especificamente após a Segunda Guerra Mundial, a compreensão da corrupção se deu por meio da *teoria da moderniza*ção, baseada em pressupostos dicotômicos, como a oposição entre tradicional e moderno, rural e urbano, desenvolvimento e subdesenvolvimento, etc. Assim, por essa teoria a corrupção estava ligada aos processos de mudança social, representando o mau funcionamento das organizações do sistema político. No limite, a teoria da modernização associava o mau funcionamento do sistema político à ideia de subdesenvolvimento que, em última análise, representava todos os sistemas que não se identificassem com a modernidade capitalista. Contudo, a teoria perdeu força a partir da queda do Muro de Berlim em 1989, pois a hegemonia

---

[17] ROUSSEAU, Jean-Jaques. *O Contrato Social. Coleção Grandes Obras do Pensamento Universal,* vol. 13, 2ª ed. Trad. Ciro Mioranza. São Paulo: Escala, 2008, p. 116-117.

capitalista no globo afastou o pressuposto da dicotomia política até então vigente, e nem por isso se observou um recrudescimento da corrupção tanto nos países capitalistas democráticos preexistentes, como nos países que haviam ingressado em tal sistema de produção[18].

Em relação à evolução das diferentes abordagens sobre a corrupção ao longo do pensamento político, o autor segmenta três questões que sempre foram objeto de preocupação em sede conceitual: (1) problema do arranjo das instituições de controle da corrupção política; (2) problema do espírito público e das virtudes do corpo político; (3) problema das leis e do controle da arbitrariedade[19].

Essa breve digressão histórica sobre a preocupação com o tema da corrupção permite observar que, em um primeiro momento, os escritos que tratavam do tema da corrupção eram vinculados ao conteúdo da *moral*. Em seguida, nota-se uma compreensão *funcionalista* do instituto enquanto *fenômeno social*, ou seja, estruturas sociais vigentes poderiam servir de instrumento fomentador da corrupção, de modo que uma determinada cultura, um determinado sistema econômico seria mais ou menos propício à incidência da corrupção. Por fim, atinge-se a lógica *positiva,* por meio do qual a corrupção é circunscrita a um julgamento normativo-legalista, em que se determinada conduta é legalmente delineada como corrupção, configurado estará o ato ilegítimo, ao passo que se não há previsão legal, não se poderia falar em ilegitimidade ou corrupção. Aqui reside normalmente um dos maiores erros de muitos juristas: acreditar que a edição de diplomas legislativos constitui uma panaceia para a solução singela de conflitos, olvidando-se do conteúdo e das reais implicações da lei.

Conceitos generalistas de corrupção não distinguem a corrupção realizada na esfera pública da realizada na esfera privada. Nessa linha, Pierre-Antoine Lorenzi conceituou a corrupção como a conduta pela qual uma pessoa, *investida ou não de uma função pública*, solicita ou aceita uma oferta ou um presente para praticar, atrasar ou deixar

---

[18] FILGUEIRAS, Fernando. Marcos Teóricos da Corrupção. In: AVRITZER, Leonardo et al. (org.). *Corrupção: ensaios e críticas*. op. cit., p. 299-301.

[19] FILGUEIRAS, Fernando. *Corrupção, Democracia e Legitimidade*. Belo Horizonte: Editora UFMG, 2008, p. 77.

de praticar um ato que esteja dentro de suas atribuições[20]. A despeito das críticas que a conceituação generalista possa receber por ser pouco ou nada analítica, o referido conceito satisfaz em um primeiro corte metodológico, lançando luz sobre a questão deontológica vestibular, que é exatamente a prática de um ato, comissivo ou omissivo, em busca de um benefício, apartado do que seria concebido como um comportamento regular e esperado. Lorenzi distingue três tipos de práticas espúrias: a corrupção *pessoal* (*personnelle*), a corrupção do *clã* (*clanique*) e a corrupção identidade (*identitaire*). Na corrupção pessoal, o agente recebe uma recompensa em troca da promessa que fará alguma coisa, influenciará uma decisão ou favorecerá uma situação. Na maioria dos casos a natureza da vantagem é pecuniária. A corrupção do clã é mais ou menos organizada em um sistema. Os funcionários alegam que o favorecimento é em benefício do clã ou de *réseaux d'influence*, assemelhando-se, no Brasil, à alegada corrupção em prol da agremiação política, em que o corrupto nãorealiza sua conduta imbuído de objetivos individuais, mas com o escopo de fortalecer economicamente seu partido político. Por fim, a corrupção identidade cria um clima geral de negociatas, *affairisme*, em que os valores que fundam o serviço do Estado se perdem diante das tentações das práticas de uma sociedade dominada pelo dinheiro[21].

Uma nova perspectiva sobre o tema é observada nos estudos de Susan Rose-Ackerman. Para a autora norte-americana, a corrupção se dá na *interface* entre os setores público e privado, por meio da qual os agentes envolvidos maximizam suas possibilidades de ganho por meio de suborno e propina. A motivação da corrupção reside na busca pela tutela do interesse particular a qualquer custo, e à medida que não funcionam os instrumentos de contenção desses interesses privados, a corrupção pode crescer e se tornar endêmica, atingindo uma espiral que encoraja outros a ela aderir, sobretudo ao observarem a impunidade.

---

[20] *"l'agissement par lequel une personne investie d'une fonction publique (ou privée) solicite (ou accepte) un don (une offre ou une promesse) en vue d'accomplir (retarder ou omettre d'accomplir) un acte entrant dans le cadre de ses fonctions"*. LORENZI, Pierre-Antoine. *Corruption et Imposture*. Paris, França: Éditions Balland, 1995, p. 103.

[21] *Idem*, pp. 154-155.

Nesse cenário, apartados das práticas corruptivas restam apenas aqueles cuja consciência moral e cívica desautoriza condutas dessa natureza. A corrupção descreve, portanto, um relacionamento entre o Estado e o setor privado, havendo um choque de poder entre eles que orienta a força de barganha de cada um e determina o impacto da corrupção na sociedade e a distribuição do ganho entre os corruptos[22].

Quanto mais institucionalizada a corrupção, mais simples para potenciais corruptores a identificarem e se aproximarem dos agentes corruptos. Nesses casos, também será muito mais difícil colher provas para a condenação dos agentes corruptos, o que gerará mais e mais corrupção.

Robert Klitgaard também conceitua a corrupção a partir da natureza dos interesses envolvidos, de modo que para ele ocorre corrupção quando:

> "um indivíduo coloca ilicitamente interesses pessoais acima dos das pessoas e ideais que ele está comprometido a servir. Ela aparece sob múltiplas formas e pode variar de trivial a monumental. Pode incluir o abuso de instrumentos de políticas públicas – tarifas e crédito, sistemas de irrigação e programas de habitação, o cumprimento dos contratos e o pagamento dos empréstimos – ou procedimentos simples"[23].

Nessa linha, identifica-se o interesse público como tema central para a compreensão do fenômeno da corrupção. Juarez Guimarães trata a corrupção como conduta em que há *transgressão do interesse público*[24]. Sobre os efeitos da corrupção, partindo-se do distanciamento entre a vontade popular e a busca da tutela de privilégios e do privativismo, assevera o autor:

> *"A corrupção do corpo político, significando o impedimento, a restrição ou o desvirtuamento da vontade soberana do povo, introduz o reino dos privilégios ao acesso a direitos e a deveres, e*

---

[22] ROSE-ACKERMAN, Susan. *Corruption Government: Causes, Consequences and Reform*. Cambridge, Reino Unido: Cambridge Press, 1999, pp. 2 e 113.

[23] KLITGAARD, Robert. *A Corrupção sob controle*, Rio de Janeiro: Jorge Zahar Ed., 1994, p. 11.

[24] GUIMARÃES, Juarez. Interesse Público. In: AVRITZER, Leonardo et al. (org.). *Corrupção: ensaios e críticas*. 2ª ed. Belo Horizonte: Editora UFMG, 2012, p. 147.

devasta o interesse público pela força do privativismo e do particularismo"[25].

A análise da corrupção não pode se limitar ao seu aspecto econômico, alinhando-a à organização do sistema capitalista, por não permitir uma profunda crítica do tema, apartando a discussão dos valores e diferenças sociais existentes, bem como do horizonte normativo que pode tutelar uma maior proteção da probidade. Nas sociedades pluralistas há um conjunto de valores e princípios que são partilhados em caráter geral, formando uma realidade social dinâmica e articulada que não pode ser ignorada. Ao se tratar de condutas valoradas, não há como escapar de uma faceta moral relacionada a tais questões. Por isso, é bastante ilustrativo o conceito de Sérgio Habib:

> "*A história da corrupção, em toda parte e lugar, não é senão a história de um diálogo entre o corrupto, que se deixa corromper, satisfazendo os interesses do corruptor, em troca de vantagens, e a deste que o corrompe para as obter*"[26].

Já partindo para a esfera publicista, a que mais nos interessa nesta pesquisa, a corrupção, ainda que de forma ampla, pode ser conceituada como toda conduta ou omissão em que o agente público, ou o particular em interface com o poder público, promove o favorecimento de algo ou alguém, visando benefício pessoal em detrimento do interesse coletivo. Por favorecimento entenda-se não apenas o desvio de bens e recursos públicos a finalidades particulares, mas também situações em que, a despeito da ausência de desvio de verba ou bem público, há ofensa ao princípio da moralidade pública em razão de outros interesses a nortear a tergiversação da conduta à luz da primazia do interesse público[27]. O favorecimento pode hoje ser facilmente reconhecido em fraudes às licitações, compra de apoio parlamentar, pagamento de

---

[25] GUIMARÃES, Juarez. Sociedade civil e corrupção: Crítica à razão liberal. In: AAVRITZER, Leonardo e FILGUEIRAS, Fernando. *Corrupção e sistema político no Brasil*. Rio de Janeiro: Civilização Brasileira, 2011, p. 88.

[26] HABIB, Sérgio. *Brasil: Quinhentos anos de corrupção – Enforque sócio-histórico-jurídico-penal*. Porto Alegre: Editora Fabris, 1994, p. 84.

[27] Como exemplo, imagine-se a situação em que um agente público responsável pela prática de um ato, solicita da parte interessada a prática de ato de natureza sexual para executar com celeridade um determinado ato administrativo.

suborno, apropriação indébita, nepotismo, extorsão, tráfico de influência, utilização de informação privilegiada, compra e venda de sentenças judiciais, enfim, uma série de práticas que têm como fio condutor a ofensa à probidade administrativa e, na maior parte das vezes, ao próprio erário, ainda que de forma indireta.

Para Roberto Livianu, a corrupção representa a vantagem obtida por agentes públicos no exercício das funções, gerando prejuízo aos bens, serviços e interesses do Estado. Para ele, a corrupção reflete o comportamento reiterado e sistemático de violação da moralidade administrativa por parte de agentes públicos, atingindo o sistema social e as estruturas do Estado. Para diferenciar a corrupção na esfera pública da corrupção na esfera privada, Livianu anota que a corrupção pública consiste em tornar privado aquilo que tem natureza pública e, portanto, pertence a todos, por meio do abuso de prerrogativas, ou seja, privatizar o que não pode ser privatizado[28].

Manuel Gonçalves Ferreira Filho aponta que nem sempre é fácil distinguir um ato de corrupção em que há retribuição material de outros que somente configuram corrupção à vista de um patamar mais rígido. Como exemplo, o autor afirma não haver dúvidas quanto à configuração da corrupção quando um governante recebe um *presente* como condicionante da prática de um determinado ato de governo. Porém, quando um governante leva uma obra para sua base eleitoral ou um parlamentar inaugura projeto de lei com disposição que beneficia grupo que o apoia, haverá divergência se se está diante de um ato de corrupção ou mero jogo político. Por tal razão, acredita o autor que o combate à corrupção deve se limitar às hipóteses em que há retribuição material[29].

1.2 Origens da corrupção política

Compreendido em sede preliminar o conceito de corrupção política, passa-se ao questionamento natural sobre qual seria a origem ou

---

[28] LIVIANU, Roberto. *Corrupção – Incluindo a Lei Anticorrupção*. 2ª ed. São Paulo: Quartier Latin, 2014, pp. 25, 27 e 66.

[29] FERREIRA FILHO, Manoel Gonçalves. Corrupção e Democracia. In: ZILVETI, Fernando Aurélio e LOPES, Sílvia. *O Regime Democrático e a Questão da Corrupção Política*. São Paulo: Atlas, 2004, pp. 19-20.

quais seriam as origens da corrupção, que será seguida de sua vinculação à representação democrática.

Análises simplistas procuram justificar a corrupção como consequência natural da sociabilidade da pessoa humana, notadamente o brasileiro, em decorrência de sua cultura ibérica e das práticas portuguesas no período colonial. Embora tal entendimento não possa ser desprezado, é certo que não pode ser recebido como a única e determinante causa da corrupção em território brasileiro, razão pela qual é imperioso que sejam observadas todas as circunstâncias que podem ter relação com a prática da corrupção.

Sobre o período colonial da América, Manoel Bonfim assevera que no início os países ibéricos colonizadores já estavam viciados no parasitismo, de modo que o regime estabelecido, desde o princípio, era baseado na exploração parasitária, de tal sorte que o Estado tinha por objetivo exclusivamente garantir o máximo de tributos e extorsões. Para o historiador, o parasitismo implicava em determinados efeitos gerais: o enfraquecimento do parasitado, a violência para que sejam prestados serviços ao parasita, e, por fim, a adaptação do parasitado às condições de vida que lhe são impostas[30]. O autor arremata com exemplo singelo, mas ao mesmo tempo deveras esclarecedor:

> *"Quando as vespas parasitas se introduzem num cortiço, acabam muitas vezes aniquilando-o: elas não fazem mais que piratear sobre o trabalho das laboriosas abelhas e viver à custa deste trabalho; mas a colmeia, obrigada a um excesso de despesa, precisa duplicar a tarefa; fatigam-se as pobres operárias, que, no entanto, passam a alimentar-se menos, porque o melhor do mel é roubado; e devido a estas duas causas – excesso de trabalho e deficiência de alimentação – debilitam-se de mais em mais as abelhas, adoecem umas após as outras, e o cortiço se vai despovoando; em breve está extinto"[31].*

No que tange aos efeitos especiais do parasitismo, o autor cita a herança, a educação e a reação. A herança reflete as qualidades

---

[30] BONFIM, Manoel. *A América Latina: Males de Origem*. Rio de Janeiro: Topbooks, 1993, p. 116 e 122.

[31] Idem, p. 122.

psicológicas, comuns e constantes, distinguindo um determinado grupo social[32].

Os vícios nos costumes políticos das populações latino-americanas decorreriam da forma como o aparelho político-administrativo nas colônias foi instalado, com o exclusivo escopo de retirada de riqueza e produção colonial, segundo relato de Manoel Bonfim. Além disso, como as próprias metrópoles sofriam por serem mal organizadas, ainda que quisessem, não conseguiriam organizar e dirigir politicamente novas sociedades de forma mais completa[33]. Cabe transcrever um sermão do Padre Antônio Vieira:

> *"Perde-se o Brasil (digamo-lo em uma palavra) porque alguns Ministros de Sua Majestade não vêm cá buscar nosso bem, vêm buscar nossos bens. (...) El-rei manda-os tomar Pernambuco e eles contentam-se com o tomar (...) Este tomar o alheio é a origem da doença. Toma nesta terra o ministro da justiça? Sim, toma. Toma o ministro da república? Sim, toma. Toma o ministro da fazenda? Sim, toma. Toma o ministro do Estado? Sim, toma. E como tantos sintomas lhe sobrevêm ao pobre enfermo, e todos acometem à cabeça e ao coração, que são as partes mais vitais, e todos são atrativos e contrativos do dinheiro, que é o nervo dos exércitos e das repúblicas, fica tomado todo o corpo, e tolhido de pés e mãos, sem haver mão esquerda que castigue, nem mão direita que premie; e faltando a justiça punitiva para expelir os humores nocivos, e a distributiva para alentar e alimentar o sujeito, sangrando-o por outra parte os tributos em todas as veias, milagre é que não tenha expirado"*[34].

Roberto Livianu lembra que o sociólogo americano Edwin Hardin Sutherland propôs o conceito tradicional do que se denomina crime do colarinho branco (*white collar crime*)[35], que se caracteriza por ser praticado por pessoas que desfrutam de respeitabilidade social em suas profissões e integrarem a elite social. Sutherland observava que os praticantes de tais crimes recebiam tratamento leniente.

---

[32] *Idem*, p. 164.

[33] *Idem*, pp. 141-142.

[34] *Apud* FAORO, Raymundo. *Os donos do poder: formação do patronato político brasileiro*. 3ª ed. São Paulo: Globo, 2001, p. 199.

[35] Na Inglaterra, utiliza-se a expressão *crime in suits*.

Assim, desenvolveu estudo que tinha por objeto combater a tese de que a criminalidade era expressão de uma constituição física distinta, personalidade defeituosa ou fruto de condições socioeconômicas desfavoráveis, e demonstrar que a criminalidade não poderia ser associada às deformações de caráter ou inadaptação, mas sim a uma efetiva aprendizagem dos valores criminais, o que poderia suceder em qualquer cultura. Sutherland encontrou três razões para justificar a aplicação desigual da lei na esfera penal envolvendo crimes de colarinho branco nos Estados Unidos em 1939: 1) a condição de homens de negócios inibia a aplicação da norma incriminadora pelos aplicadores da justiça (nos Estados Unidos da América havia ainda o agravante de que os aplicadores da lei eram eleitos, o que acrescentava elemento político à discussão); 2) a ineficácia do Direito Penal para reprimir infrações dessa natureza; 3) não percepção pelas vítimas dos danos que lhes eram causados, diante de seu caráter difuso[36].

Franco Cazzola apresenta três perspectivas acerca da compreensão do fenômeno da corrupção: a) *integracionista* – a corrupção seria inevitável por resultar em um meio de constituir o governo, em que as maiorias não são possíveis – trata-se de uma consequência das tensões sociais e de um fator de estabilização do equilíbrio do poder; b) *economicista* – a corrupção constituiria um meio de superar as limitações do setor público em que a demanda de serviços supera os recursos disponíveis – a escassez ou insuficiência de um serviço conduz à corrupção; c) *institucionalista* – a corrupção seria um meio para o desenvolvimento, imprescindível à industrialização – a incapacidade das instituições de oferecerem respostas aos novos participantes dos sistemas políticos e as massas que passam a ter maior participação social conduziriam à violência ou à corrupção[37].

Outra questão que pode ser levantada é à aceitação da corrupção quando seu desiderato recai sobre uma causa nobre. Noonan cita, nessa linha, a aprovação da 13º emenda à Constituição Norte-americana, que aboliu a escravidão, em que o então presidente, Abraham

---

[36] LIVIANU, Roberto. *Corrupção – Incluindo a Lei Anticorrupção*. 2ª ed. São Paulo: Quartier Latin, 2014, p. 117-118.

[37] CAZZOLA, Franco. *Della Corruzione – Fisiologia e patologia di un sistema politico*. Bologna, Itália: Il Mulino, 1998, pp. 17-20.

Lincoln, teria utilizado recursos financeiros do governo em troca do apoio à aprovação da emenda (*patronage*). O autor questiona se seria moralmente preferível que ele aceitasse a continuação da escravidão até que conseguisse os votos necessários.[38]

Embora exista uma forte tendência em aceitar a corrupção diante de tão nobre finalidade, relacionada à dignidade da pessoa humana, não se pode olvidar que o acolhimento do fim como justificável para um conduta corrupta, em última análise, poderá autorizar outras situações em que a linha divisória entre o certo e o errado, o essencial e o dispensável não estejam demarcadas de forma tão clara. Com efeito, talvez um outro presidente, fiando-se nas razões de Lincoln, poderia entender que igualmente seria essencial aprovar este ou aquele projeto, de sumo interesse da nação; logo, a corrupção se mostraria não apenas conveniente, mas necessária. A perseverar tal entendimento, o caminho estará aberto para o pagamento de propina a parlamentares para a compra de apoio parlamentar.

Para essa intrincada questão, o filósofo Immanuel Kant se valeu da ferramenta do imperativo categórico, que consiste em algo que possa ser pensado como uma norma, uma máxima universal, que vale para todos os casos, sem exceção. Portanto, se a corrupção é praticada como máxima universal, prejudica toda a sociedade e, mesmo com finalidade nobre, não poderia ser tolerada. Pelo pensamento aristotélico, a primeira premissa, de que a corrupção é perniciosa à toda a sociedade e deve ser repelida – acompanha o pensamento do filósofo alemão. Contudo, para o filósofo grego, a equidade é a justiça aplicada ao caso concreto, de modo que justo é o homem que olha para cada caso concreto e apalpa a realidade. Assim, entre a corrupção que gera o fim da escravidão e a retidão política que a mantém, seria preferível tutelar a dignidade da pessoa humana em vez de manter o estado de escravidão[39].

Pela razão liberal, disse Juarez Guimarães que o Estado é potencialmente corrupto em razão de seu tamanho, excesso de regulação econômica, falta de representação adequada e controle, em face da

---

[38] NOONAN, John Thomas Jr. *Bribes. The Intellectual History of a Moral Idea.* Califórnia, EUA: University of California Press, 1987, p. 686.

[39] MASCARO, Alysson Leandro. *Filosofia do Direito.* 2ª ed. São Paulo: Atlas, 2012, pp. 78-80 e 218-220.

contradição existente entre os valores democráticos e os interesses contemporâneos do Estado. Tal quadro levaria à conclusão de que a diminuição do Estado corresponderia à estratégia de combate mais adequada[40]. Os adeptos do liberalismo econômico apontam que a intervenção estatal na economia, por meio do processo político pela geração de incentivos, reduz a livre competição entre os agentes econômicos, levando-os a buscar influenciar as autoridades estatais que controlam as formas de intervenção. Para tanto, se valem de recursos lícitos e ilícitos, desde *lobby* até suborno de funcionários públicos. Desse modo, o segmento liberal aponta que a corrupção tem origem no excesso de intervenção do Estado na economia[41].

Se de um lado a maior presença do governo pode implicar em crescimento da corrupção à vista da maior zona de intersecção entre o público e o privado, governos menores não necessariamente serão menos corruptos, pois eventual combinação entre baixos vencimentos no setor público e a escassez de serviços públicos pode incrementar tanto a demanda quanto a oferta de propina[42].

Susan Rose-Ackerman aponta que a motivação da corrupção é o interesse próprio, que os críticos denominam ganância e os economistas maximização da utilidade, tornando-se problema endêmico na medida em que falham os instrumentos a conter o interesse particular[43]. A autora esclarece que a corrupção é haurida das falhas de mercado no mundo político, gerando excessiva intervenção estatal, levando os agentes a se comportarem de maneira *rent-seeking*, ou seja, valendo-se de instrumentos lícitos e ilícitos para maximizar seu bem-estar econômico. O *rentismo* trata exatamente do capital que é dissipado em virtude da competição dos agentes econômicos em busca de proteção

---

[40] GUIMARÃES, Juarez. Sociedade civil e corrupção: Crítica à razão liberal. In: AVRITZER, Leonardo e FILGUEIRAS, Fernando. *Corrupção e sistema político no Brasil*. Rio de Janeiro: Civilização Brasileira, 2011, p. 86.

[41] VITA, Álvaro de. Liberalismo. In: AVRITZER, Leonardo et al. (org.). *Corrupção: ensaios e críticas*. Belo Horizonte: Editora UFMG, 2012, p. 81.

[42] ROSE-ACKERMAN, Susan. Is Leaner Government Necessarily Cleaner Government? In: TULCHIN, Joseph e ESPACH, Ralph. Combating Corruption in Latin America. Washington, EUA: The Woodrow Wilson Center Press, 2000, p. 99.

[43] ROSE-ACKERMAN, Susan. *Corruption Government: Causes, Consequences and Reform*. Cambridge, Reino Unido: Cambridge Press, 1999, p. 9.

legal. É pertinente o pensamento de Wanderley Guilherme dos Santos nessa seara: "*Nem todo lucro decorre da corrupção, mas toda corrupção deriva da ambição do lucro*"[44].

Como fatores que estimulam a corrupção, Manoel Gonçalves aponta o individualismo utilitarista que busca a maximização de vantagens, o materialismo e o efeito decorrente da compreensão de que se trata de uma prática comum[45].

O fenômeno corruptivo, segundo Huntington, pode ser notado de forma mais intensa durante processos de modernização em razão de três características. Durante os processos de modernização ocorrem mudanças nos valores básicos do grupo social, de modo que a presença de diversos sistemas de valores ou culturas concorrentes implica em incentivo à corrupção como forma de ultrapassar determinadas barreiras. Além disso, a modernização cria novas fontes de riqueza e poder que possuem relações com a política, gerando maior envolvimento entre as esferas público e privada. Por fim, como a modernização implica a expansão da autoridade governamental, a multiplicação das leis igualmente Aumenta as possibilidades de corrupção[46].

Para Larissa Ramina, em muitos países em desenvolvimento a corrupção atinge maior abrangência apenas em razão da participação ativa de investidores estrangeiros. Embora reconheça a presença do crime organizado, a autora sustenta que, geralmente, os pagadores de propina são empresas transnacionais detentoras de boa reputação[47].

---

[44] DOS SANTOS, Wanderley Guilherme. Democracia. In: AVRITZER, Leonardo et al. (org.). *Corrupção: ensaios e crítica. op. cit.*, p. 110.

[45] FERREIRA FILHO, Manoel Gonçalves. *A corrupção como fenômeno social e político*. Revista de Direito Administrativo. Rio de Janeiro: Fundação Getúlio Vargas/Renovar/Atlas. vol. 185, 1991, p. 7.

[46] HUNTINGTON, Samuel Phillips. A ordem política nas sociedades em mudança. Trad. Pinheiro de Lemos. Rev. Renato Raul Bochi. São Paulo: Forense-Universitária, 1975, pp. 73-75.

[47] RAMINA, Larissa. *Tratamento jurídico internacional da corrupção: a Convenção Interamericana contra a Corrupção da OEA e a Convenção sobre o Combate da Corrupção de Funcionários Públicos Estrangeiros em Transações Comerciais Internacionais da OCDE*. Disponível em: <http://www.egov. ufsc.br/portal/sites/default/files/anexos/22141-22142-1-PB.pdf>. Acesso em 04/01/2015.

Para o deputado alemão Tankred Chipanski, uma das causas da corrupção é a

> *"forte articulação entre as elites econômicas e políticas, sendo crescente a frequência com que os políticos passam de uma vida na esfera política para a econômica, na qual aproveitam seus contatos antigos para gerar benefícios ao novo empregador"*[48].

Não nos parece que a existência de democracias e mercados competitivos seja indicativo suficiente de um governo probo, tal como defendem os partidários desta abordagem econômica do fenômeno da corrupção, notadamente porque a busca pela maximização do bem-estar econômico encontra-se na própria essência do sistema produtivo capitalista. Assim, o *rent-seeking*, a nosso ver, não se limita às disfunções mercado-estatais, mas decorre naturalmente do hegemônico sistema de produção que visa ao capital, e que tem por horizonte a crescente busca do lucro, sem a existência de um ponto de contenção. O bem-estar social e os direitos sociais, já advertia Marshall, tinham a função de conter eventual insurgência pelos menos favorecidos, funcionando como um colchão de ar para acomodar os interesses do capital em conflito com o trabalho[49]. A perspectiva meramente econômica da corrupção, fincada na ineficácia estatal, alija da discussão os aspectos culturais, sociais e políticos pertinentes ao tema.

Acerca das diferentes abordagens da corrupção, Fernando Filgueiras distingue bem a percepção de um viés republicano em cotejamento com o espectro liberal. Diante de um consenso normativo republicano haverá a distribuição de deveres cívicos, fundados na virtude, e o espaço de interação será a *esfera pública*. De outro lado, em um consenso normativo liberal, em vez de deveres cívicos haverá distribuição de direitos individuais, e o espaço de interação será o *mercado*.

---

[48] SCHIPANSKI, Tankred. Controle da corrupção na Alemanha. In: AVRITZER, Leonardo e FILGUEIRAS, Fernando. *Corrupção e sistema político no Brasil.* Rio de Janeiro: Civilização Brasileira, 2011, p. 228.

[49] MARSHAL, Thomas Humphrey. *Cidadania, classe social e status.* Rio de Janeiro: Jorge Zahar Ed., 1967, p. 79.

Em relação às formas de corrupção na república, o de valor será *político*, ao passo que, no liberalismo, a apreciação será *econômica*[50].

Contudo, se de um lado não nos parece que a compreensão liberal conduza a menos corrupção, tampouco acreditamos que um Estado mais intervencionista, alinhado com o bem-estar social, seja mais blindado à corrupção. Evidentemente, pode-se concluir que, em termos *quantitativos*, o estado de bem-estar social pode ter uma incidência maior de casos de corrupção mercê do maior aumento de número de contratos e outros instrumentos jurídicos que intermedeiam bens e serviços à administração pública. Porém, em termos *qualitativos,* a lógica da corrupção é a mesma, a busca pelo lucro, interesse particular e oportunidades de pagamento e recepção de propina junto à administração pública. Portanto, não é possível concluir que a lógica liberal seria mais ou menos corrupta do que a lógica do bem-estar social em termos *qualitativos*, notadamente porque em ambas as formas de organização há flanco aberto entre as esferas pública e privada.

De outro lado, pode-se questionar se os regimes democráticos são mais ou menos corruptos do que os regimes autoritários. Poder-se-ia argumentar que os regimes democráticos alinhados com o capitalismo tendem a ser mais corruptos, notadamente porque o fim do regime é exatamente a perseguição do lucro por meio da exploração do trabalho, de modo que a corrupção poderia se encaixar na própria lógica do sistema. Por isso, alguns autores, como Joseph Nye[51], que já citamos, mencionam que um pouco de corrupção pode auxiliar no desenvolvimento da economia, funcionando como óleo lubrificante das engrenagens econômicas. Embora Huntington reconheça que uma sociedade relativamente incorruptível pode se beneficiar de certa dose de corrupção como *lubrificante* no processo de modernização, adverte ser improvável que uma sociedade em que a corrupção já esteja sedimentada seja melhorada com o incremento de mais corrupção[52].

---

[50] FILGUEIRAS, Fernando. *Corrupção, Democracia e Legitimidade*. Belo Horizonte: Editora UFMG, 2008, p. 106.

[51] NYE, Joseph. *Corruption and political development: a cost-benefit analysis*. American Political Science Review, 61 (2), 1967, pp. 419-420.

[52] HUNTINGTON, Samuel Phillips. A ordem política nas sociedades em mudança. Trad. Pinheiro de Lemos. Rev. Renato Raul Bochi. São Paulo: Editora Forense-Universitária, 1975, p. 83.

CORRUPÇÃO POLÍTICA
GLAUCO COSTA LEITE

Nessa linha, Robert Klitgaard adverte que a corrupção uma vez sistematizada, entranhada, nunca é benéfica:

> *"Em resumo, quando a corrupção se torna uma possibilidade certa, os incentivos, tanto de funcionários como de cidadãos, são desviados para atividades socialmente improdutivas, conquanto pessoalmente lucrativas. Funcionários passam cada vez mais tempo buscando meios de conseguir propinas e extorquir dinheiro, em vez de se esforçarem para cumprir seus deveres públicos. Os cidadãos também investem suas energias na busca de favores ilícitos, aumentando suas vendas não pela atividade produtiva, mas por meio de suborno, desonestidade e tramas"[53].*

Cabe a ressalva, contudo, de que existe uma hipótese em que a corrupção pode realmente levar a uma consequência benéfica. Partindo-se da premissa de que a corrupção representa a quebra de estruturas, a degeneração dos sistemas e instituições, um regime autoritário ou totalitário pode vir a cair exatamente em decorrência da instalação generalizada da corrupção. Assim, ainda que a corrupção continue sendo concebida como prejudicial à sociedade, como no exemplo, representaria um mal menor do que a permanência de um estado totalitário ou autoritário. Em outras palavras, algo *ruim* geraria algo *bom*. O raciocínio adverso, em que uma democracia corrupta cai dando origem a um estado totalitário ou autoritário, gerará prejuízo amplo, pois diante da ascensão de um regime de poder concentrado mercê da própria corrupção, algo *ruim* implica em algo *ainda pior*.

Naturalmente, a percepção da corrupção é maior na medida em que ela é mais exposta e combatida, de modo que, em períodos autoritários e totalitários, a falta de transparência, liberdade de imprensa e independência do Poder Judiciário não permitem que se traga à luz escândalos de corrupção, como os verificados nos dias atuais, o que pode gerar uma falsa percepção de que os regimes autoritários são menos permeáveis à corrupção[54]. Assim, a nosso juízo, não se pode

---

[53] KLITGAARD, Robert. *A Corrupção sob controle*. Rio de Janeiro: Jorge Zahar Ed., 1994, p. 60.

[54] *"Um país submetido a uma ditadura, ou no qual não há liberdade de imprensa, pode aparecer como menos corrupto em pesquisas de opinião pelo simples fato de que faltam a ele as características essenciais para a constituição de uma verdadeira esfera pública"*. BIGNOTTO, Newton. Corrupção e opinião pública.

DA CORRUPÇÃO | 31

dizer que a corrupção é maior ou menor na comparação entre regimes autoritários e democráticos, em termos qualitativos, simplesmente diante da pura ausência de seguros instrumentos comparativos[55].

Para Roberto Livianu, a corrupção é mais frequente em países que dispõem de uma confiança irrestrita no Estado, como nos países da América do Sul, em que não há o desenvolvimento de uma cultura participativa[56].

Não é possível associar abstratamente sistemas políticos com níveis de corrupção, pois, segundo Rose-Ackerman, a habilidade de grandes grupos econômicos organizados de obter influência política e a atitude geral da população em relação à prestação de serviço público e benefícios privados são variáveis em qualquer regime[57]. Há três dimensões centrais referentes à incidência da corrupção política, segundo a autora norte-americana: (1) existência de favores específicos disponíveis para distribuição por políticos; (2) habilidade de grandes grupos econômicos de obter benefícios de maneira legal; (3) estabilidade temporal das alianças[58]. Sobre esta última dimensão, a autora aponta que nenhuma coalizão acredita que manterá o poder por muito tempo e, então, dedica-se a acumular ganhos pessoais em vez de fazer política.

A corrupção descreve um relacionamento entre o Estado e o setor privado, havendo um choque de poder entre eles que orienta a força de barganha de cada um e determina o impacto da corrupção na sociedade e a distribuição do ganho entre os corruptos. Não havendo confiança no Estado, mercê também da falta de representatividade que

---

In: AVRITZER, Leonardo e FILGUEIRAS, Fernando. *Corrupção e sistema político no Brasil*. Rio de Janeiro: Civilização Brasileira, 2011, p. 19.

[55] GUIMARÃES, Juarez. Sociedade civil e corrupção: Crítica à razão liberal. In: AVRITZER, Leonardo e FILGUEIRAS, Fernando. *Corrupção e sistema político no Brasil. Op. cit,*, p. 90.

[56] LIVIANU, Roberto. Corrupção – *Incluindo a Lei Anticorrupção*. 2ª ed. São Paulo: Quartier Latin, 2014, p. 67.

[57] *"Do people react with outrage to corrupt deals, or do people simply want a bigger share of the spoils for themselves?"*. ROSE-ACKERMAN, Susan. *Corruption Government: Causes, Consequences and Reform*. Cambridge, Reino Unido: Cambridge Press, 1999, p. 130.

[58] ROSE-ACKERMAN, Susan. *Corruption Government: Causes, Consequences and Reform*. Cambridge: Cambridge Press, 1999, p. 132.

será observada no item seguinte, os cidadãos tendem a procurar alternativas junto a pessoas ou instituições que permitam favorecimento. Isso pode ser observado no Brasil com o crescimento das milícias e organizações criminosas.

Os esquemas de corrupção decorrem da forma de organização institucional a permitir o uso de recursos públicos para satisfação de interesses de natureza privada, sobretudo diante da ação discricionária das autoridades políticas. A corrupção resultará, então, da própria ineficiência do Estado e de seus órgãos burocráticos. Contudo, almejar uma excessiva burocratização com o escopo de melhor controlar a verba pública, como bem adverte Fernando Filgueiras, pode implicar em maior ineficiência administrativa, abrindo flanco ainda maior à corrupção, a despeito dos esforços engendrados, visando exatamente ao seu combate. Por isso, para Fernando Filgueiras as reformas institucionais devem visar a sistemas de incentivo e eficiência burocrática, pois quanto mais burocrática a máquina estatal, com maior discricionariedade de seus agentes, maior espaço haverá para a improbidade[59].

Cezar Saldanha Souza Júnior identifica quatro posições para a corrupção no contexto da ética: (1) eticismo; (2) fundamentalismo ou totalitarismo; (3) juridicismo formalista; (4) legalismo equilibrado (posição de Manoel Gonçalves Ferreira Filho). Enquanto o eticismo corresponderia à visão popular, ou seja, a corrupção política decorreria da corrupção do homem político, o totalitarismo ético-político refere-se a uma utilização da ética como instrumento para a destruição da própria política. O juridicismo formalista consiste na crença de que faltam normas jurídicas repressoras para solucionar o problema da corrupção, ou seja, o foco está nas consequências da corrupção e não em suas causas. Essa tendência tem ganhado corpo no Brasil, gerando o fenômeno conhecido como jurisdicização da política ou politização da justiça, com maior protagonismo do Poder Judiciário em questões políticas, sobretudo políticas públicas. Por fim, o legalismo equilibrado, rejeitando as três teses anteriores, reconhece um tridimensionalismo do problema da corrupção, que passa por uma questão

---

[59] FILGUEIRAS, Fernando. *Corrupção, Democracia e Legitimidade*. Belo Horizonte: Editora UFMG, 2008, pp. 17-18.

fático-econômica, fpor fatores ético-culturais e fatores institucionais políticos, e adota como prioridade instrumental o fator institucional[60].

Elival da Silva Ramos muito bem sintetiza a multidisciplinaridade das causas que levam ao fenômeno da corrupção:

> *"Com efeito, nos Estados em que a corrupção representa um risco à sobrevivência do próprio sistema democrático identificam-se, com frequência, traços culturais no sentido de um isolamento individualista, o que impede a consolidação de uma consciência de cidadania; também no plano da cultura, parece não haver dúvida de que o alastramento do consumismo, com a subversão de valores que o acompanha, contribui significativamente para a deteriorização dos costumes políticos; já no tocante à estrutura social, resta evidente que nas sociedades em que o cidadão-eleitor exerce as franquias democráticas cotidianamente, por meio de intensa participação em grupos intermediários de toda espécie, há menos espaço para a politicagem; o maior dinamismo e complexidade do processo de geração e distribuição de bens e riquezas, com a difusão do poder econômico entre diferentes atores e com a institucionalização de instrumentos de mediação que a acompanha, por seu turno, impedem um círculo vicioso tão conhecido, em que a casta de detentores do poder econômico utiliza-se de todos os meios, lícitos e ilícitos, para se perpetuar no governo e, com isso, ampliar sua participação na riqueza nacional; finalmente, é de registrar que as próprias instituições pelas quais se exerce o poder político podem favorecer ou desfavorecer o exercício do poder voltado ao interesse público"[61].*

Raul Machado Horta aponta que *"a ruptura entre a Política e a Moral libera os apetites humanos, generaliza a conduta aética e amoral, que transpõe o mundo político e dos políticos, para tornar-se comportamento mundano"*[62]. A corrupção é dinâmica, tem capacidade

---

[60] SOUZA JUNIOR, Cezar Saldanha. Corrupção e Democracia. In: ZILVETI, Fernando Aurélio e LOPES, Sílvia. *O Regime Democrático e a Questão da Corrupção Política*. São Paulo: Atlas, 2004, pp. 78-79.

[61] RAMOS, Elival da Silva. Ética e Política. In: ZILVETI, Fernando Aurélio, LOPES, Sílvia. *O Regime Democrático e a Questão da Corrupção Política*. São Paulo: Atlas, 2004. pp. 91-92.

[62] HORTA, Raul Machado. Política, *Ética e o Controle Legal da Improbidade*. In: ZILVETI, Fernando Aurélio e LOPES, Sílvia. O Regime Democrático e a Questão da Corrupção Política. São Paulo: Atlas, 2004, pp. 96-97.

CORRUPÇÃO POLÍTICA
GLAUCO COSTA LEITE

inventiva ímpar e funciona mais ou menos como a relação, na informática, entre o vírus de computador e o antivírus, de modo que este sempre está a perseguir aquele, que tem capacidade mutacional incessante. A tutela da probidade de uma república demanda o incessante combate à corrupção, com a restauração da ideiade interesse público/coletivo, a nortear todas as condutas públicas.

A dificuldade na identificação desses delitos reside na clandestinidade e na aparente legalidade com que são praticadas as condutas. Além disso, a especialização tornou-se uma caraterística da indústria e do comércio, assim como a informática, que hoje permitem que em questão de minutos, a moeda proveniente da corrupção seja transferida para diversas contas bancárias em diferentes localidades do globo.

Mais adiante estudaremos como o direito, a despeito de aparentar a tutela da probidade, por muitas vezes, se prestará como instrumento de estruturação e manutenção de um sistema político permissivo à corrupção e refratário a seu combate.

1.3 Crise da representação democrática

A corrupção, em viés publicista, está ligada à ideiade *mau governo*, ou seja, a prática corrupta é aquela que não se dirige ao interesse da coletividade, mas sim do perpetrador. Deste modo, buscar os indicativos do que representaria um *bom governo*, ou mais especificamente boas condutas administrativas, pode permitir que melhor se compreenda o fenômeno da corrupção e se possa evitar tais práticas ou ao menos reduzir sua incidência. Contudo, antes de estudar o exercício prático do poder em nome coletivo, importa observar o tratamento dispensado à representação democrática, pois a análise de seus desdobramentos sobre o tema da corrupção, constitui pressuposto necessário à compreensão da corrupção política.

Na Antiguidade havia a crença de que o governo deveria ser destinado aos mais sábios, o que era denominado *tutoria*. Platão advogava que o poder político e a filosofia deviam convergir na mesma pessoa, a fim de que o indivíduo mais sábio, o filósofo, fosse o governante. Porém, para nós, há relevante diferença entre delegar decisões secundárias a especialistas e a eles ceder o controle axiológico de grandes

DA CORRUPÇÃO | 35

questões, como o rumo que uma determinada sociedade deseja percorrer. No caso da corrupção, por exemplo, pressupõe-se que um auditor do Tribunal de Contas tenha conhecimento específico para análise do fechamento das contas, mas não por isso cabe a ele delinear exclusivamente o que constituiria ou não uma conduta improba, sob pena de se arvorar na competência do legislador. Por tal razão, Robert Dahl lembra que governar exige, de fato, mais do que apenas conhecimento técnico-científico:

> *"Exige também a honestidade sem corrupção, a resistência firme a todas as enormes tentações do poder, além de uma dedicação constante e inflexível ao bem público, mais do que aos benefícios de uma pessoa ou seu grupo"[63].*

Da clássica lição de Aristóteles colhe-se que o homem é um animal político, detentor de um *zoon politikon*[64], ou seja, ele não se volta exclusivamente a seus interesses privados e a uma vida individual, possuindo afecção geral comum à vida em sociedade. O filósofo grego construiu seis tipologias de poder baseadas na *finalidade* do poder político, bons e maus governos, e no *número* de governantes. Entre as formas boas de governo, por aspirarem ao bem comum, Aristóteles coloca a monarquia, a aristocracia e a *politeia*. A cada uma das formas boas corresponderia uma forma corrompida, diante da elevação das paixões particulares em detrimento do bem comum, gerando a degradação da ordem. As formas ruins decorrem de um mau exercício *efetivo* do poder, abandonando o governante a busca do bem comum e

---

[63] DAHL, Robert. *Sobre a democracia*. Trad. Beatriz Sidou. Brasília: Editora Universidade de Brasília, 2001, p. 87. O mesmo autor pontifica: *"Se podemos dizer que a história da humanidade nos proporciona algumas lições, certamente uma dessas é o fato de que, pela corrupção, pelo nepotismo, pela promoção dos interesses do indivíduo e seu grupo, pelo abuso de seu monopólio da força coercitiva do estado para reprimir a crítica, extrair riqueza dos súditos ou governados e garantir sua obediência pela força, é muito provável que os tutores de um estado se transformem em déspotas"* (p. 88).

[64] *"É, portanto, evidente que toda Cidade está na natureza e que o homem é naturalmente feito para a sociedade política. Aquele que, por sua natureza e não por obra do acaso, existisse sem nenhuma pátria seria um Indivíduo detestável, muito acima ou muito abaixo do homem, segundo Homero: Um ser sem lar, sem família e sem leis".* ARISTÓTELES. *A Política.* Trad. Roberto Leal Pereira.). São Paulo: Martins Fontes, 2002, p. 4.

dedicando-se aos interesses particulares. Assim, à monarquia corresponderá a tirania, enquanto à aristocracia corresponderá a oligarquia e, por fim, à *politeia* corresponderá a democracia, forma corrompida na medida em que o povo aspira a vantagens para a massa e não ao bem comum de toda a sociedade[65]. Aristóteles propõe, por fim, o governo misto, em que a busca da mediania e o controle das paixões ocorreriam de forma institucional, de modo que cada governante fosse refreado pelos demais, criando-se um sistema mais resistente à corrupção e voltado para a virtude[66]. Para tanto, haveria um rei ou chefe do executivo (monarquia), assessorado por uma assembleia de homens destacados, que fariam as leis e julgariam os crimes (aristocracia), e em momentos mais importantes a população seria convocada para deliberar (politeia)[67].

Até a segunda metade do século XX, a democracia, tanto na teoria como na prática, não correspondia ao sistema mais adotado no mundo. Houve, então, uma mutação semântica que permitiu, ao contrário

---

[65] *"Não é sem razão que se censura tal governo e, de preferência, o chamam democracia ao invés de República; pois onde as leis não têm força não pode haver República, já que este regime não é senão uma maneira de ser do Estado em que as leis regulam todas as coisas em geral e os magistrados decidem sobre os casos particulares. Se, no entanto, pretendermos que a democracia seja uma das formas de governo, então não se deverá nem mesmo dar este nome a esse caos em que tudo é governado pelos decretos do dia, não sendo então nem universal nem perpétua nenhuma medida"*, Idem, p. 126.

[66] Fernando Filgueiras aponta que no referencial aristotélico a virtude corresponde a toda disposição moral destinada a controlar as paixões humanas, que naturalmente tendem à corrupção. A virtude seria um estado de caráter dos homens em relação às paixões. A política ocorre como ato, ao passo que a corrupção corresponde em potência, sendo a virtude o elemento estabilizador do sistema. FILGUEIRAS, Fernando. *Corrupção, Democracia e Legitimidade*. Belo Horizonte: Editora UFMG, 2008, p. 34.

[67] *"Por outras palavras, se os aristocratas tendem a se tornar oligarcas, encontram oposição por parte do monarca, que teme perder o seu poder, e do povo, que teme se tornar oprimido. Do mesmo modo, se o povo se torna desejoso, cabe aos aristocratas e ao monarca moderarem suas paixões, com o objetivo de alongar a vida institucional. Isso só é possível, entretanto, contrabalançando, com os excessos da ação e as deficiências das paixões, as virtudes do corpo político, tais como a coragem, a temperança e a justiça"*. FILGUEIRAS, Fernando. *Corrupção, Democracia e Legitimidade*. Belo Horizonte: Editora UFMG, 2008, p. 38.

DA CORRUPÇÃO | 37

do que ocorria na Antiguidade, que os intelectuais passassem a ser favoráveis à democracia[68].

O surgimento do Estado de Direito emerge em paralelo à ideiade cidadania, porquanto ambos surgem na Idade Moderna, inspirados na Revolução Francesa, após a queda do regime monárquico na França. O Estado de Direito se apresenta como a forma política em que os poderes atuam de forma autônoma, sob o império da lei, que garante também determinados direitos fundamentais. Em relação à sujeição do Estado às leis, cumpre lembrar que o direito pré-moderno se caracterizava pela forma não legislativa, em que preponderava a doutrina e a jurisprudência. Nesse período, a validade da norma decorria de sua racionalidade ou justiça substancial, e não de sua fonte formal. Assim, a jurisdição nada mais era do que a *"aplicação do direito 'dado' ou pressuposto como autonomamente existente, segundo o princípio moderno da sujeição do juiz à lei"*[69].

A cidadania, de seu turno, representa a base da participação política democrática, e na clássica lição de Marshall "é um *status* concedido àqueles que são membros integrais de uma comunidade", ainda que não se saiba quais são esses direitos, pois cada sociedade historicamente idealiza e concretiza o objeto dos direitos essenciais[70]. Porém, sobre este *status,* Marshall dizia se tratar ao mesmo tempo de um direito e de um dever para com a comunidade, com vistas a alterar o padrão de desigualdade social. Nessa linha, cidadania representará *efetivamente* a participação em Estado democrático, conforme lição de Jorge Miranda e, portanto, a determinação da cidadania de cada

---

[68] "(...) *ter-se-á produzido uma revolução semântica que propiciou que 'democracia' tenha sido, e ainda seja hoje, a palavra utilizada, nas suas diversas variantes linguísticas locais, universalmente, para designar, afinal, 'o bom governo'.* CUNHA, Paulo Ferreira da. *Da Constituição Antiga à Constituição Moderna: república e virtude. In: Revista Brasileira de Estudos Constitucionais.* Belo Horizonte: Ed. Fórum – Instituto Brasileiro de Estudos Constitucionais – IBEC, n° 5, 2008, p. 115.

[69] FERRAJOLI, Luigi. O Estado de Direito entre o passado e o futuro. In: COSTA, Pietro e ZOLO, Danilo (org.). O Estado de Direito: história, teoria, crítica. Trad. Carlos Alberto Dastoli.). São Paulo: Martins Fontes, 2006, p. 421.

[70] MARSHAL, Thomas Humphrey. *Cidadania, classe social* e status. Rio de Janeiro: Jorge Zahar Ed., 1967, p. 76.

indivíduo equivale à determinação do povo e, assim, do Estado a que se vincula[71]. Gianpaolo Poggio Smanio bem adverte que a cidadania *"pressupõe a igualdade entre todos os membros da sociedade, para que inexistam privilégios de classes ou grupos sociais no exercício de direitos"*[72].

Os regimes de governo podem ser autocráticos, totalitários e democráticos, sendo que a democracia atualmente se consolidou como o regime hegemônico no mundo contemporâneo[73]. Sobre o regime democrático, lembra-se que o próprio Robert Dahl, grande entusiasta da democracia, reconhece que nela também podem ser praticadas injustiças e abusos, mas aponta se tratar do regime mais desejável[74]. Ele arrola cinco critérios aptos a identificar se todos os membros, de uma sociedade estão igualmente capacitados a participar das decisões sobre a sua política: (1) *participação efetiva e igualitária* de todos os membros de forma que estejam aptos a conhecer as opiniões sobre qual deveria ser a política adotada; (2) *igualdade de voto*; (3) *entendimento esclarecido*, ou seja, dentro de um limite razoável de tempo os membros devem ter oportunidades iguais e efetivas de aprender sobre as políticas e suas prováveis consequências; (4) *controle do programa de planejamento*, de modo que os membros devem ter a oportunidade

---

[71] MIRANDA, Jorge. *Manual de Direito Constitucional: estrutura constitucional do Estado*. Coimbra, Portugal: Coimbra Editora, 1996. p. 102.

[72] SMANIO, Gianpaolo Poggio. A conceituação da cidadania brasileira e a Constituição Federal de 1988. In: MORAES, Alexandre de et al. (coord.). *Os 20 anos da Constituição da República Federativa do Brasil*. São Paulo: Editora Atlas, 2008, pp. 334-335.

[73] Manuel Gonçalves Ferreira Filho esclarece que no regime totalitário existe uma ideologia oficial, partido político único, de massa, que tem o controle da mobilização social, ficando o governo circunscrito a um pequeno grupo de pessoas que não pode ser removida do poder por meios ordinários e institucionais. Sobre o regime autocrático aponta que implica um limitado pluralismo político, sem uma ideologia elaborada, com baixa mobilização política, e com um grupo que governa dentro de limites mal definidos. FERREIRA FILHO, Manuel Gonçalves. *Curso de direito constitucional*. 35ª ed. São Paulo: Saraiva, 2009, p. 79.

[74] O autor elenca as razões pelas quais a democracia possui consequências desejáveis: (1) evitar a tirania; (2) direitos essenciais; (3) liberdade geral; (4) autodeterminação; (5) autonomia moral; (6) desenvolvimento humano; (7) proteção aos interesses pessoais essenciais; (8) igualdade política; (9) busca pela paz; (10) prosperidade. DAHL, Robert. *Sobre a democracia. op. cit.,* p. 58.

DA CORRUPÇÃO | 39

de decidir como e, se preferirem, quais questões devem ser colocadas no plano; (5) *inclusão dos adultos*, afastando-se do acesso censitário[75]. Tais critérios, quando violados, representam a quebra da igualdade política. Para o autor, uma democracia em grande escala exigirá: (1) funcionários eleitos; (2) eleições livres, justas e frequentes; (3) liberdade de expressão; (4) fontes de informação diversificadas; (5) autonomia para associações; (6) cidadania inclusiva. Ele reconhece que o atingimento de todos esses requisitos não constitui tarefa simples, e que nenhum Estado jamais possuiu um governo que estivesse plenamente de acordo com todos os critérios de um processo democrático. De qualquer forma, tal qual na corrupção, em que a extirpação completa é utópica, restando o implemento de condutas que permitam fazê-la recrudescer, em relação à democracia, a análise de seus pressupostos deve servir de base ao incremento do sistema representativo[76].

Atualmente, a democracia sofre por não mais corresponder aos anseios da população, de modo que Cláudio Lembo lamenta que o conteúdo da política e da ética tenha sido substituído pela força e pela ganância, o que tem gerado a ausência da prática política no mundo contemporâneo[77].

Jacques Rancière arrola alguns indicativos mínimos para que um sistema representativo se intitule democrático, entres os quais menciona mandatos eleitorais curtos e não renováveis; monopólio dos representantes do povo na elaboração de legislação; vedação de representação popular por meio de funcionários do Estado; e, finalmente, redução ao mínimo de campanhas e gastos com campanha e controle

---

[75] *Idem*, pp. 49-50.

[76] Um dado bastante interessante é que das 34 guerras internacionais ocorridas entre 1945 e 1989 nenhuma ocorreu entre países democráticos, o que comprovaria que as democracias modernas não guerreiam entre si. A razão provavelmente está relacionada ao comércio internacional, até porque, se no passado a exploração de um povo dependia da tomada física do poder, hoje o arrebatamento pode se fazer pela via comercial, mercê da própria globalização. RUSSETT, Bruce. *Controlling the Sword: The Democratic Governance of National Security*. Cambridge, EUA: Harvard University Press, 1990, cap. 5, pp. 119-145.

[77] LEMBO, Cláudio. Ética e Poder. In: ZILVETI, Fernando Aurélio e LOPES, Sílvia. *O Regime Democrático e a Questão da Corrupção Política*. São Paulo: Atlas, 2004, p. 82.

da ingerência das potências econômicas nos processos eleitorais[78]. Todavia, afirma que o que chamamos de democracia atualmente representa, na verdade, o oposto de tais ideias:

> *"eleitos eternos, que acumulam ou alternam funções municipais, estaduais, legislativas ou ministeriais, e veem a população como o elo fundamental da representação dos interesses locais; governos que fazem eles mesmos as leis; representantes do povo maciçamente formados em certa escola de administração; ministros ou assessores de ministros realocados em empresas públicas ou semipúblicas; partidos financiados por fraudes nos contratos públicos; empresários investindo uma quantidade colossal de dinheiro em busca de um mandato; donos de impérios midiáticos privados apoderando-se do império das mídias públicas por meio de suas funções públicas. Em resumo: apropriação da coisa pública por uma sólida aliança entre a oligarquia estatal e econômica"[79].*

No passado a democracia simbolizava exatamente a vitória do povo em face da monarquia, de modo que naturalmente o regime desfrutava de grande prestígio. Com o passar do tempo, tem-se observado que a democracia envelheceu, não é mais reverenciada como no passado, e tem se limitado ao momento do sufrágio. Esse desprestígio pode ser verificado no resultado de pesquisa realizada em 2006, pela ESEB – Estudo Eleitoral Brasileiro, em que 64,8% dos entrevistados apontaram a democracia como melhor forma de governo, mas 13,5% asseveraram que a melhor forma seria a ditadura e 16,9% disseram que não se importavam se o sistema de governo fosse uma democracia ou uma ditadura. De qualquer forma, Rachel Meneguello recorda que a memória política de avaliação do sistema democrático está conectada ao funcionamento do governo vigente ao tempo da pesquisa, bem como seu recente desempenho na economia e na área de direitos humanos[80].

---

[78] RANCIÈRE, Jacques. *O ódio à democracia*. São Paulo: Boitempo, 2014, pp. 92-93.

[79] *Idem*, p. 93.

[80] MENEGUELLO, Rachel. O lugar da corrupção no mapa de referências dos brasileiros: aspectos da relação entre corrupção e democracia. In: AVRITZER, Leonardo e FILGUEIRAS, Fernando. *Corrupção e sistema político no Brasil.* op. cit., pp. 68 e 75.

José Wellington Bezerra da Costa Neto bem lembra que o modelo liberal não sustentou a *ferocidade das forças econômicas*, daí emergindo a questão social que levou ao intervencionismo estatal inerente ao *welfare state*, culminando com a projeção do Executivo em face das demais forças políticas, por legislar com a celeridade demandada pelo mercado[81].

Os atuais sistemas presidencialistas pluripartidários caracterizam-se pelo chamado "presidencialismo de coalizão", que impõe um fenômeno em que o presidente se elege com muito mais votos do que seu partido, em decorrência de alianças políticas. Essas alianças, negociadas antes do pleito eleitoral, implicam a troca de recursos públicos do Orçamento, bem como cargos na administração pública direta e indireta[82]. Em relação às negociações e composições políticas que permeiam o processo constituinte democrático, Vladmir Oliveira da Silveira bem adverte que "*as negociações muitas vezes executadas no 'toma lá, dá cá' acabam gerando muito problemas no futuro*"[83].

Nota-se que as bases criadas pela democracia no Brasil dialogam estruturalmente com o fenômeno da corrupção. Nesse sentido, Wanderley Guilherme dos Santos pontifica que, com a democracia, transferiu-se para a sociedade um conjunto de atributos que antes se limitava ao governo absolutista, como acesso aos lugares de poder e as transações que envolvem o público e o privado. Por isso, o autor disse que na democracia "*na mesma extensão em que se distribui o poder, distribuem-se as oportunidades de corrupção nele implícitas*"[84]. No governo democrático essa dispersão de poder entre vários agentes oferece a cada qual parcela de poder de barganha diante do interesse do setor privado. Assim, tanto um juiz pode "vender" uma sentença, um

---

[81] COSTA NETO, José Wellington Bezerra da. *Assistência Judiciária Gratuita: acesso à justiça e carência econômica.*Coord. Ada Pellegrini Grinover e Petronio Calmon. 1ª ed. Brasília: Gazeta Jurídica, 2013, p. 13.

[82] AVRITZER, Leonardo. Governabilidade, sistema político e corrupção no Brasil. In: AVRITZER, Leonardo e FILGUEIRAS, Fernando. *Corrupção e sistema político no Brasil.* op. cit., pp. 44-45.

[83] SILVEIRA, Vladmir Oliveira da. *O poder reformador na Constituição Brasileira de 1988.* São Paulo: RCS Editora, 2006, p. 115.

[84] DOS SANTOS, Wanderley Guilherme. Democracia. In: AVRITZER, Leonardo et al. (org.). *Corrupção*: ensaios e críticas. op. cit., p. 107.

promotor pode negociar um arquivamento de inquérito, e um delegado pode permitir uma detenção ilegal, como um servidor responsável por organizar a senha de acesso a um serviço público pode "vender" um número mais baixo de senha, como um arquiteto público pode "vender" a aprovação de uma planta que contém obra em desacordo com o plano diretor municipal. Em todas essas hipóteses, o agente dispõe de esfera de poder, conferido *a priori* democraticamente, já que todos são servidores públicos, sejam concursados ou não, e utilizam tal poder como forma de barganha para obter quantia espúria. Por tal razão, Livianu adverte que o crescimento da corrupção leva a coletividade à sensação de que *"o que importa não é a lei, e sim quem você conhece e quanto está disposto a pagar"*[85].

A falta de mecanismos de controle após a eleição faz com que o mandato mais se preste aos interesses do governante e sua agremiação do que propriamente aos da coletividade, exceto no que pertine ao próximo pleito eleitoral, cabendo lembrar que o Brasil permite a reeleição de forma indefinida no Poder Legislativo e por um mandato consecutivo para cargos do Poder Executivo. Diante disso, Gersbach e Liessem apontam que as chances de reeleição aumentam quando o trabalho do mandante de cargo executivo não pode ser observado de forma precisa, propondo que aquele que almeja concorrer à reeleição apresente um determinado nível mínimo de performance, representado pelo cumprimento de um contrato (*threshold contract*)[86].

Mônica Herman Salem Caggiano também alerta para os riscos da reeleição no que pertine à alternância de poder:

---

[85] LIVIANU, Roberto. *Corrupção – Incluindo a Lei Anticorrupção*. 2ª ed. São Paulo: Quartier Latin, 2014, p. 161.

[86] GERSBACH, Hans e LIESSEM, Verena. Reelection threshold contracts in politics. Social Choice and Welfare, vol. 31 (2), 2008, p. 234. Este instrumento de controle também pode ser utilizado mesmo para candidatos em primeiro mandato, com o escopo de verificar a eficiência do governo, ainda quando não exista aspiração à reeleição. Os autores propõem que uma Corte estabeleça os parâmetros a serem atingidos no período de governo, o que a nosso ver deveria ser proposto pelo próprio candidato, antes da eleição, de tal sorte que descumprido o patamar mínimo do programa, vedada estaria a possibilidade de concorrer à reeleição. Medidas como essa buscam incrementar a comunicação entre mandantes e mandatário, assim como a transparência em sua execução.

"Em verdade, como assinalado nos nossos Sistemas Eleitorais x Representação Política, o princípio decorre de interpretação extremamente restritiva do standard *republicano que impõe a alternância, evitando-se a perpetuação e a personificação do poder. (...) O continuísmo e o sempre presente perigo anunciado por Montesquieu, de que o poder corrompe o próprio poder, encontram-se como base a servir de respaldo à regra da inelegibilidade"*[87].

Por tal razão, discute-se a possibilidade de uma maior participação do cidadão nas deliberações do Estado (democracia participativa ou deliberativa), enquanto outros aspiram um maior aprofundamento dos espaços democráticos já existentes (democracia social). Além disso, a evolução tecnológica dos meios de comunicação pode vir a resolver os problemas logísticos que impedem reuniões em assembléia, permitindo que o cidadão se expresse politicamente de sua própria casa ou por meio de um aparelho de telefonia celular, de forma relativamente segura, inclusive por meio de assinatura digital criptografada. Seja como for, cumpre lembrar que na democracia existe um dilema básico que consiste no conflito entre a maior participação que pode ser obtida por meio da assembléia, em confronto com a maior eficácia que pode ser atingida pela representação, a despeito da menor participação, porquanto a representação permite um maior debate de ideias, possuindo uma verticalização mais pronunciada.

Acerca do crescimento da participação direta no regime democrático, Norberto Bobbio lembra que o excesso de participação igualmente pode produzir um efeito de saciedade política e, consequentemente, o aumento da apatia eleitoral. *"Nada ameaça mais matar a democracia do que o excesso de democracia"*[88]. O autor explica que tecnocracia e democracia são antitéticas, pois na sociedade contemporânea, pós-industrial, o protagonismo está com o especialista, aquele que detém conhecimentos peculiares, enquanto a democracia baseia-se na premissa de que todos podem decidir a respeito de tudo[89].

---

[87] CAGGIANO, Monica Herman Salem. *A reeleição: tratamento constitucional (breves considerações).* Preleções Acadêmicas, CEPS - Centro de Estudos Políticos e Sociais de São Paulo, Caderno 1, 1997, pp. 7-8.

[88] BOBBIO, Norberto. *O Futuro da Democracia. Trad. Marco Aurélio Nogueira.* São Paulo: Paz e Terra, 2000, p. 39.

[89] BOBBIO, Norberto. *O Futuro da Democracia. Op. cit.,* p. 46.

CORRUPÇÃO POLÍTICA
GLAUCO COSTA LEITE

Assim, após pouco mais de um século, a libertação do jugo monárquico levou à crença de que a representação democrática e a lei conduziriam todas as sociedades à ascensão. Após as duas grandes guerras, porém, quando a lei e a própria representação política legítima de alguns líderes serviram de escudo para que fossem perpetradas grandes atrocidades, o estigma do império da lei sofreu seu primeiro baque. Com o passar do tempo, diversos direitos foram sendo criados, mas cada vez mais se observa uma descrença quanto a sua efetividade aos olhos da sociedade e dos próprios estudiosos. Tal descrédito passa, na mesma medida, pelo atual descrédito da democracia representativa.

O constitucionalismo formal, que se limita a organizar o Estado, desde meados do século passado, não mais respondia aos anseios da sociedade, observando-se o fortalecimento das constituições e a incidência de princípios e conceitos jurídicos indeterminados, o que vem demandando uma ampliação dos mecanismos de controle de constitucionalidade[90]. A complexidade e o dinamismo das relações na sociedade contemporânea geram constantemente problemas relacionados a situações não contempladas pelo ordenamento, sobretudo em se tratando de colisão de direitos fundamentais, havendo natural complexidade e dificuldade de levar à concretude os princípios, conforme adverte José Carlos Francisco:

> *"embora princípios fundamentais tenham elevado grau de abstração, todos eles apresentam algum conteúdo identificável, e, justamente porque foram positivados, servem como orientação e redutores do grau de discricionariedade interpretativa dos operadores do Direito"*[91].

---

[90] Ronald Dworkin conceituará *política* como padrão que estabelece um objetivo a ser alcançado, uma melhoria econômica ou social, ao passo que *princípio* identifica um padrão que deve ser observado enquanto exigência da justiça, equidade ou moralidade, possuindo uma dimensão maior de peso ou importância do que as regras. DWORKIN, Ronald. *Levando os direitos a sério*. Trad. Nelson Boeira. 2ª ed. São Paulo: Martins Fontes, 2007, pp. 36-37.

[91] FRANCISCO, José Carlos. (Neo) Constitucionalismo na pós-modernidade: princípios fundamentais e justiça pluralista. In: FRANCISCO, José Carlos (coord.). *Neoconstitucionalismo e atividade jurisdicional: do passivismo ao ativismo judicial*. Belo Horizonte: Del Rey, 2012, pp. 53 e 65.

DA CORRUPÇÃO | **45**

Elival da Silva Ramos oferece interessante crítica ao art. 5°, §1°, da Constituição Federal, asseverando que as normas que definem direitos e garantias fundamentais têm aplicação imediata, "entretanto, *sem que se deva proclamar a inutilidade do dispositivo, é preciso reconhecer que não há correspondência plena entre a sua dicção textual e as consequências que dele efetivamente dimanam*"[92].

Os conceitos jurídicos indeterminados e os denominados tipos abertos têm gerado incerteza semântica que implica verdadeira inconsistência com a legislação especial do período republicano. A atividade hermenêutica tem claudicado por labirintos normativos, fórmulas confusas e polivalentes ou confiando escolhas normativas à aplicação judiciária. Segundo Luigi Ferrajoli, tal processo gera

> *"ineficiência, enfim, da máquina judiciária obstruída por uma infinidade de processos cartáceos inúteis e custosos, cujo único resultado é o de ofuscar no senso comum a fronteira entre o lícito e o ilícito e de subtrair tempo e recursos às investigações mais importantes destinadas sempre mais àquela forma de anistia sub-reptícia, que é a prescrição"*[93].

O crescimento da constitucionalização dos direitos e a abertura da incidência principiológica para atendimento dos anseios da sociedade de massa repercutem no tema por nós estudado, pois geram a ampliação do espectro de discricionariedade de diversas condutas a cargo dos servidores públicos, ampliando o flanco aberto à incidência da corrupção. Nessa linha, acompanha-se Eros Roberto Grau, para quem

> *"A Constituição Formal, em especial enquanto concebida como meramente programática (...) consubstancia um instrumento retórico de dominação. Porque esse o seu perfil, ela se transforma em mito"*[94].

---

[92] RAMOS. Elival da Silva. *Controle Jurisdicional de Políticas Públicas*: a efetivação dos direitos à luz da Constituição brasileira de 1988. Revista da Faculdade de Direito da Universidade de São Paulo, vol. 102, 2007, p. 339.

[93] FERRAJOLI, Luigi. O Estado de Direito entre o passado e o futuro. In: COSTA, Pietro e ZOLO, Danilo (org.). O Estado de Direito: história, teoria, crítica. Trad. Carlos Alberto Dastoli. São Paulo: Martins Fontes, 2006, p. 441.

[94] GRAU, Eros Roberto. *A ordem econômica na Constituição de 1988*. 6ª ed. São Paulo: Malheiros, 2000, p. 24.

Ronald Dworkin oferece três conceitos de poder discricionário, divisando a teoria em sentido *fraco e forte*. Em um sentido *fraco*: (a) a conduta do agente não pode ser objeto de mecanismo técnico, ou seja, não é autoaplicável, o que reclama um julgamento por parte do funcionário encarregado de decidir; (b) trata-se de manifestação de um agente público com autoridade em última instância, imune a revisões ou cancelamentos. Já em um sentido *forte*: não há limitação aos padrões de autoridade em questão para o exercício do poder discricionário:

> *"Neste sentido, podemos dizer que um sargento tem um poder discricionário quando lhe for dito para escolher quaisquer cinco homens para uma patrulha (...) Se o sargento recebe uma ordem para escolher os cinco homens mais experientes, ele não possui o poder discricionário nesse sentido forte, pois a ordem pretende dirigir a sua decisão.*

> *O poder discricionário de um funcionário não significa que ele esteja livre para decidir sem recorrer a padrões de bom senso e equidade, mas apenas que sua decisão não é controlada por um padrão formulado pela autoridade particular que temos em mente quando colocamos a questão do poder discricionário"*[95].

Todos esses problemas relacionados à corrupção e à falta de representatividade foram observados de maneira mais vincada no Brasil diante dos protestos de junho de 2013, em que milhares de pessoas foram às ruas em diversas cidades do país, reclamando melhores serviços públicos e a contenção da corrupção. Chamou a atenção o fato de que em muitas manifestações não se protestava contra esta ou aquela administração, este ou aquele partido político, mas sim sobre o todo, sobre um sistema que não funciona por diversas razões, entre elas, a falta de canais políticos de representação, falta de controle sobre a corrupção, etc[96]. Mais recentemente, em março de 2015, um grande número de pessoas retornou às ruas para protestar, desta vez de forma específica contra a corrupção, o sistema político e, por consequência, o governo que titulariza o poder.

---

[95] DWORKIN, Ronald. *Levando os direitos a sério*. Trad. Nelson Boeira. 2ª ed. São Paulo: Martins Fontes, 2007, pp. 51-53.

[96] *Em protesto de São Paulo maioria não tem partido*, diz Datafolha. Disponível em: <http://www1.(...). Acesso em 2/08/2014.

Sobre tais fatos é pertinente lembrar que Nicolau Maquiavel fazia interessante analogia do povo com um animal feroz que, criado em cativeiro, após ser solto em campo aberto, por não estar acostumado a conhecer a floresta e a alimentar-se sozinho, torna-se presa fácil de quem pretender aprisioná-lo novamente. Para ele, um povo que é submetido ao governo dos outros, por não saber se defender, não conhecer os problemas públicos, não conhecer os governantes e nem ser por eles conhecido, ainda que removido o governante corrupto, logo se submeterá a novo jugo[97]. Em suma, no cenário político, embora exista a troca dos personagens, o enredo é sempre o mesmo.

Outrossim, toda a discussão acerca das possibilidades da democracia não pode ignorar a relação existente entre o regime de produção capitalista e o poder, sendo que inclusive Aristóteles já asseverava a relação entre *riqueza e liberdade* como fundamentos para a *busca do poder*[98]. Alysson Leandro Mascaro faz pertinente crítica às organizações políticas estatais capitalistas modernas em que a *finalidade*, que Aristóteles buscava conforme anteriormente mencionado, fica relegada a segundo plano prevalecendo a *forma*:

> *"Assim sendo, para os modernos, a democracia passa a ser boa porque todos votam, ainda que ela seja em proveito da minoria detentora do poder econômico. Na modernidade, a preocupação sobre a extensão do poder governante chama mais a atenção do jurista, do político e do cidadão do que a sua finalidade e os objetivos que persegue"*[99].

O mesmo autor afirma que a forma política democrática está entranhada na forma jurídica, fornecendo seu espaço e seus limites. Ao tratar da democracia eleitoral, dirá Mascaro que a livre disposição de vontade no plano político, o voto, é similar à autonomia da vontade do sujeito de direito que tem, por exemplo, a liberdade de contratar, gerando a derivação da forma-mercadoria na forma-política democrática, com a correspondência entre os conceitos de sujeito de direito e

---

[97] MAQUIAVEL, Nicolau. *Discursos sobre a primeira década de Tito Lívio*. op. cit, p. 65.

[98] ARISTÓTELES. *A Política*, op. cit., p. 95.

[99] MASCARO, Alysson Leandro. *Filosofia do Direito*. 2ª ed. São Paulo: Atlas, 2012, p. 89.

CORRUPÇÃO POLÍTICA
GLAUCO COSTA LEITE

cidadão. Porém, os mecanismos democráticos não conseguem fornecer acesso igualitário das classes ao Estado. Historicamente, a classe que detém os meios de produção sempre obtém maior acesso e representatividade nos meios estatais do que as classes trabalhadoras. Assim, para o autor, o sistema político é enquadrado pelo sistema jurídico, que talha o espaço franqueado à mudança, o que se dá por meio dos direitos subjetivos fundamentais, pelas cláusulas pétreas constitucionais e pelos ritos e procedimentos previamente instituídos, que facultam a livre deliberação a um espaço já delimitado e formalizado, mas sem movimentar as estruturas do sistema de produção capitalista[100].

Nesta linha, Wanderley Guilherme dos Santos aponta que em todas as sociedades capitalistas observa-se a existência de hábitos de corrupção e *"onde quer que a estratificação social dependa, pelo menos em parte, da acumulação de riqueza material, aí se descobrirá a incidência de transações ilícitas entre o público e o privado"*[101]. O sistema de produção capitalista impõe e demanda diversos custos existenciais que naturalmente prejudicam a percepção social sobre a representação democrática[102]. Conclui-se que o capitalismo é

---

[100] *"A forma política do capitalismo dá o limite da própria liberdade da vontade democrática. (...) A democracia, lastreada no direito e nas formas da sociabilidade capitalista, representa tanto um espaço de liberdade de deliberação quanto um espaço interditado às lutas contra essas mesmas formas"*. MASCARO, Alysson Leandro. *Forma Política e Estado*. São Paulo: Boitempo Editorial, 2013, pp. 85-89.

[101] DOS SANTOS, Wanderley Guilherme. Democracia. In: AVRITZER, Leonardo et al. (org.). Corrupção: ensaios e críticas. op. cit., p. 109.

[102] García-Pelayo aponta para os custos existenciais gerados pelo capitalismo, tais como: *"distanciamento das origens gerado pela frequente mudança do local de trabalho; a obsolescência dos conhecimentos profissionais, que, a partir de certa idade, produz uma incômoda sensação de frustração; o agravamento do conflito entre gerações que viveram em contextos econômicos e culturais diferentes; a crescente dependência do indivíduo em relação a sistemas sobre os quais ele não tem o menor controle; a degradação das cidades; suportar mão-de-obra estrangeira em conflito cultural com padrões dominantes no país anfitrião, que gera fenômenos correlativos de discriminação, racismo etc.; os fenômenos do protesto anômico, a poluição do ambiente, a d*GARCÍA-PELAYO, Manuel. *As Transformações do Estado Contemporâneo*. Trad. Agassiz Almeida Filho. *In: Revista Brasileira de Estudos Constitucionais*. Rio de Janeiro: Editora Forense, 2008, p. 55.

democrático em um espaço limitado da liberdade de deliberação, sem promover movimento nas próprias estruturas da reprodução social e econômica capitalista. E sempre que houver um tensionamento tendente a romper os limites impostos, haverá desbordo a formas políticas não democráticas, como fascismo, nazismo e ditaduras militares. Juarez Guimarães adverte que exatamente esse distanciamento entre a vontade popular e a busca da tutela do privativismo gera o fenômeno corruptivo:

> *"A corrupção do corpo político, significando o impedimento, a restrição ou o desvirtuamento da vontade soberana do povo, introduz o reino dos privilégios ao acesso a direitos e a deveres e devasta o interesse público pela força do privativismo e do particularismo"*[103].

A democracia, no dizer de Ranciére, como praticada atualmente, corresponde ao governo oligárquico, que rebaixa os interesses democráticos para os prazeres privados, tornando-o insensível ao bem comum. Por isso, a política deve representar mais do que a mera substituição de oligarcas substituíveis, sejam eles de direita ou de esquerda[104]. Dessa forma, o poder estatal e o poder da riqueza reúnem-se em uma gestão única de fluxos de dinheiro e populações, reduzindo o espaço político e criando uma radicalização contra o que se denomina democracia, mas que, na verdade, presta-se a servir de justificativa em si mesma para tudo. Ao concluir seu pensamento, o autor adverte que *"a democracia está nua em sua relação com o poder da riqueza"*, não tendo por fundamento a natureza das coisas e não possuindo forma institucional[105].

No plano histórico, é nítida a maior facilidade do incremento do sistema democrático entre economias colonialistas, imperialistas ou exploradoras, em contraposição às economias coloniais, dependentes ou exploradas, com maiores dificuldades para assentar base de liberdade política aos seus próprios grupos ou classes

---

[103] GUIMARÃES, Juarez. Sociedade civil e corrupção: Crítica à razão liberal. In: AVRITZER, Leonardo et al. (org.). Corrupção: ensaios e críticas. op. cit.

[104] RANCIÈRE, Jacques. *O ódio à democracia*. São Paulo: Boitempo, 2014, pp. 95 e 97.

[105] *Idem*, pp. 120-122.

explorados internamente. Nesse contexto, é certo que a ausência de mecanismos eficazes de controle após a eleição faz com que o mandato mais se preste aos interesses do governante e seu partido/base aliada do que propriamente à coletividade, exceto no que pertine ao próximo pleito eleitoral.

Ignacio Walker aponta a existência de um "déficit democrático" na América Latina, pois, embora existam eleições para a escolha dos governantes – o que configura a democracia eleitoral –, existe grande lacuna entre as aspirações da população e a realidade encontrada[106].

Desse modo, segundo lição de Paulo Ferreira da Cunha, atualmente identificam-se quatro desafios para a democracia e a cidadania: (1) virtude para a governança; (2) dinheiros públicos: gestão e pagamento dos serviços prestados à coisa pública; (3) governo por maioria ou minoria e relação das classes com o poder; (4) escolha dos titulares dos órgãos políticos, especialmente o processo eleitoral[107].

Diante de todos esses elementos, a conclusão é de que existe um déficit democrático na contemporaneidade, diante da saturação dos canais políticos existentes e da insatisfação com o conteúdo da política.

---

[106] *"Passar do autoritarismo à democracia foi, sem sombra de dúvida, uma grande conquista para a região. De fato, podemos falar diretamente de uma consolidação da democracia na América Latina, se por tal entendemos a institucionalização de eleições livres e competitivas (O'Donnell, 1996). Entretanto, ainda estamos longe de chegar a uma verdadeira democracia representativa, na medida em que muitos dos países da região encontram-se em situações democráticas – em muitos casos, nem sequer cabe falar de 'regimes' democráticos propriamente ditos – caracterizados pela fragilidade de suas instituições e debilidade dos Estados, quando não de formas de democracia personalistas e plebiscitárias que muitas vezes chegam a constituir uma séria ameaça para a própria subsistência da democracia representativa e de suas instituições"*. WALKER, Ignacio. Democracia de Instituições. In: CARDOSO, Fernando Henrique e FOXLEY, Alejandro. Rio de Janeiro: Elsevier; São Paulo: Instituto Fernando Henrique Cardoso (iFHC), 2009, p. 36.

[107] CUNHA. Paulo Ferreira da. Da Constituição Antiga à Constituição Moderna: república e virtude. *In: Revista Brasileira de Estudos Constitucionais*. Belo Horizonte: Ed. Fórum – Instituto Brasileiro de Estudos Constitucionais – IBEC, n° 5, 2008, p. 118.

1.4 Interesse público e lobby

O interesse público é o bem jurídico tutelado no combate à corrupção. Tal interesse, refletido especificamente na moralidade administrativa, possui caráter difuso, de modo que os sujeitos atingidos nem sempre são identificados, uma vez que, em regra, a ofensa atinge toda a coletividade. Evidente, contudo, que podem existir situações em que há prejudicados diretos circunscritos em um grupo determinado. Se uma empresa, à guisa de exemplo, comete ato de corrupção para conseguir praticar conduta que lese o meio ambiente, a comunidade local será atingida de forma mais direta, sem prejuízo da lesão a toda a coletividade tanto no aspecto material, qual seja, da tutela do meio ambiente, como também da tutela do interesse público.

Fernando Filgueiras lembra que o conceito de interesse público possui ressonância moral, malgrado a discussão repouse sobre valores e normas políticas, sendo que a compreensão da corrupção demanda uma crítica moral da política e suas instituições. Para o autor, a corrupção política se tornará mais evidente em cenários de crises políticas, quando os valores e normas são atingidos pelas mudanças sociais em um contexto de crise de legitimidade que leve à colisão entre as instituições e as demandas comunitárias e republicanas da sociedade[108].

Seguindo a linha republicana, Juarez Guimarães arrola quatro questões pertinentes ao estudo do interesse público: (1) trata-se de um princípio cultural de legitimação fundado na lei, de modo a compatibilizar, regular e conter os interesses privados; (2) o interesse público tem um caráter histórico, ou seja, varia no tempo, espaço e em sua interação dinâmica com os contextos socioculturais; (3) compete à maioria definir o que é interesse público; (4) o interesse público deve ser universalizável, mas respeitar direitos de minorias e situações particulares irrelevantes para os interesses comuns do corpo político, o que representa o princípio de autocontenção do interesse público[109].

---

[108] FILGUEIRAS, Fernando. *Corrupção, Democracia e Legitimidade*. Belo Horizonte: Editora UFMG, 2008, pp. 20-22.

[109] GUIMARÃES, Juarez. Interesse Público.In: AVRITZER, Leonardo et al. (org.). Corrupção: ensaios e críticas. op. cit., pp. 150-151.

A emissão de um juízo moral sobre a corrupção tem por pressuposto a reunião das expectativas normativas estabelecidas consensualmente por parte dos envolvidos. Nesse aspecto, o contexto social de um determinado agrupamento refletirá a universalização da aceitação racional da ordem, hábil a mediar os agentes envolvidos e as formas de agir consensualmente aceitas. Assim, a corrupção será uma ação ilegítima dos agentes à luz dos valores e normas consensualmente estabelecidos. Ao indicar quais são os comportamentos indevidos, a corrupção acaba por permitir a identificação, no plano prático, dos valores e normas que legitimam uma determinada coletividade.

Nas sociedades de massas contemporâneas a ideia de interesse público e coletividade perde espaço para a busca frenética pela tutela do interesse privado e pelo acompanhamento das mudanças tecnológicas, gerando desinteresse por aquilo que corresponde a questões coletivas, exceto quando existe um interesse oculto privado. Por exemplo, malgrado seja notório que a qualidade do ensino público fundamental tenha direta relação com índices de criminalidade, é certo que os movimentos sociais em busca de melhora da qualidade deste serviço público são apenas aqueles que diretamente dele usufruem, sendo que aqueles que dele não se utilizam preferem pleitear o mero endurecimento da esfera penal, valendo-se do argumento de que o reforço penal reflete o interesse público[110]. Na verdade, a deficiência educacional brasileira compromete a evolução de todos os demais direitos de cidadania.

O desinteresse pela coisa pública decorrente da própria queda de representatividade democrática abre margem para que a corrupção encontre terreno fértil à proliferação sistemática e endêmica, transformando o regime em uma *cleptocracia*, ou seja, o Estado governado

---

[110] Dados obtidos junto ao Sistema Integrado de Informações Penitenciárias (Infopen) do Ministério da Justiça mostram que no Brasil, em junho de 2013, dos 513.713 presos condenados, apenas 2.179 possuíam ensino superior completo. Disponível em: http://portal.mj.gov.br/main.asp?View=%7BD574E-9CE-%203C7D-437A-A5B6-22166AD2E896%7D&Team=&params=itemID%7BD82B764A-E854-4DC2-A018-450D0D1009C7%7D;&UI%20PartUID=%7B%2028%2068BA3C-1C72-4347-BE11-A26F70F-4CB26%7D. Acesso em 17/08/2014.

por ladrões, em que a corrupção é organizada estruturalmente de cima para baixo[111]. Nesse sentido, Monica Herman adverte:

"(...) *o fenômeno da corrupção, quando elevado a potências máximas, poderá conduzir à anomia, uma plataforma de deterioração total; alcançada neste momento – qualificado pelo vazio de normas coercitivas –, a corrupção perde sua função e linha operativa*"[112].

A busca pelo interesse público, agregada à falta de representatividade e a um cansaço social diante de práticas de corrupção, tem levado à criação de alguns partidos políticos que têm por objeto principal exatamente a luta contra a corrupção, o que é verificado pela existência do *Partido Anticorrupción* em Honduras[113] e pelo *Partido Aam Aadmi* na Índia[114].

A valorização do interesse público passa pelo incremento de uma cultura cidadã e de uma maior interação com os movimentos e representações sociais. Essa restruturação da sociedade com maior viés participativo vai de encontro às tradições de corrupção "sistêmica,

---

[111] Nas cleptocracias o governante influencia as taxas, regulamentos, subsídios, fixação de preços e privatizações como atividades que podem ser manipuladas em benefício próprio. Um exemplo consiste em fixar altas taxas que podem ser excepcionadas mediante pagamento de propina. Além disso, nas privatizações, o governante pode tanto receber propina para privatizar empresas estatais eficientes mediante preços baixos quanto para nacionalizar empresas privadas ineficientes mediante preços elevados. ROSE-ACKERMAN, Susan. *Corruption Government: Causes, Consequences and Reform*. Cambridge, Reino Unido: Cambridge Press, 1999, p. 119.

[112] CAGGIANO, Monica Hermann S. Corrupção e Financiamento das Campanhas Eleitorais. In: ZILVETI, Fernando Aurélio e LOPES, Sílvia. *O Regime Democrático e a Questão da Corrupção Política*. São Paulo: Atlas, 2004, p. 125.

[113] Art. 2° do Estatuto do Partido Anticorrupción: "*El Partido Anticorrupción tiene como objetivo la lucha contra la corrupción y que los ciudadanos de la República gocen de la justicia, la libertad, la cultura, el bienestar económico y social, y la felicidad. (...)*". Disponível em: <http://www.tse.hn/web/documentos/Estatutos-PAC.pdf>. Acesso em 26/08/2014.

[114] Em tradução livre, o nome significa Partido dos Homens Comuns e tem como símbolo a vassoura. Entre os objetivos do partido está o de livrar a Índia da corrupção. Disponível em: <http://www.aamaadmiparty.org/our-constitution.> Acesso em 26/08/2014.

patrimonialista e liberais oligárquicas encrustadas no Estado brasileiro", no dizer de Juarez Guimarães[115].

Por estar a corrupção na interseção entre o direito e a moral, é indispensável que se observe com cuidado a forma como será identificado o interesse público para que a interpretação do agente responsável pela análise da conduta não desborde ao subjetivismo ou mesmo resulte de suas raízes sociais, como bem adverte Ronald Dworkin[116].

O combate à corrupção passa necessariamente pelo crescimento da escolarização e redução da pobreza, tornando eleitores mais atentos e menos dependentes das benesses governamentais, o que por sua vez implica a exigência dos governos mais transparentes, permitindo uma melhor identificação e perseguição do interesse público[117]. Robert Dahl lembra que *"cidadãos silenciosos podem ser perfeitos para um governo autoritário, mas seriam um desastre para uma democracia"*[118].

Os *lobbies* se constituem como grupos de interesse semelhantes aos partidos políticos, que se organizam de forma perene e estruturada, visando a um determinado interesse, perseguido por meio de uma atuação disfarçada, mas sem uma organização institucional[119].

---

[115] GUIMARÃES, Juarez. *Sociedade civil e corrupção*: Crítica à razão liberal. In: AVRITZER, Leonardo e FILGUEIRAS, Fernando. *Corrupção e sistema político no Brasil*. op. cit., p. 93.

[116] *"(...) os juízes com origens econômicas e políticas específicas ou oriundos de tipos específicos de práticas jurídicas, ou adeptos de sistemas de valores específicos, ou com afiliações políticas específicas, tendem a decidir em favor de réus com as mesmas origens sociais e institucionais? Os juízes da Suprema Corte formam blocos que se mantêm unidos quando têm de decidir casos que envolvem raça, sindicatos ou trustes? Essas questões empíricas parecem relevantes, porque se a origem social ou as lealdades preexistentes determinam a decisão de um juiz, isso sugere que ele não está seguindo regras"*. DWORKIN, Ronald. *Levando os direitos a sério*. 2ª ed. São Paulo: Martins Fontes, 2007, p. 10.

[117] CARVALHO, José Murilo. Passado, Presente e Futuro da Corrupção Brasileira. In: AVRITZER, Leonardo et al. (org.). *Corrupção: ensaios e críticas*. op. cit., p. 205.

[118] DAHL, Robert. *Sobre a democracia*. op. cit., 2001, p. 110.

[119] CAGGIANO, MONICA HERMAN SALEM. OPOSIÇÃO NA POLÍTICA. SÃO PAULO: MADRAS/ANGELOTTI, 1995, p. 89. Lembra a autora que o termo tem origem americana e designava as conversas que ocorriam nas antessalas, ou seja, nos *lobbies*, do Congresso Americano.

O instituto tem origem nos Estados Unidos, tendo sido inicialmente regido pelo *Federal Regulation of Lobbying Act of 1946*, que determinava a necessidade do registro prévio dos lobistas junto à secretaria das casas legislativas como condição para sua atuação. Considera-se lobista aquele que, mediante remuneração, representa um determinado grupo de interesse, tendo por objetivo influenciar, direta ou indiretamente, na aprovação ou não aprovação de uma determinada legislação. A regulamentação foi posteriormente substituída pelo *Lobbying Disclosure Act of 1995* que, de forma muito mais detalhada, buscou levar maior transparência à atividade, que passou a abranger também a influência perante o Poder Executivo, devendo o lobista indicar, no registro, quem são seus clientes.

No Brasil, durante quase duas décadas tramitou projeto de lei que visava a regulamentação do lobby, mas restou arquivado. Atualmente há outro projeto de lei em trâmite com o mesmo objetivo[120]. Embora a atividade não seja regulamentada, o art. 259 do Regimento Interno da Câmara dos Deputados permite o credenciamento de representantes de "*entidades de classe de grau superior, de empregados e empregadores, autarquias profissionais e outras instituições de âmbito nacional da sociedade civil*" junto à Mesa para que possam, eventualmente, prestar esclarecimentos específicos.

Diante da falta de regulamentação e da atuação às escuras, o *lobby* é visto com maus olhos pela sociedades, quase sempre identificado como atividade corruptiva. Sobre os riscos do exercício não regulamentado do *lobby* adverte Monica Herman:

> "*Reflexo dessa influência de penumbra, por vezes até nociva ao interesse público, resulta a hostilidade que o regime democrático edificou em torno desses consórcios, rotulando-os de 'força sinistra em ação, roendo o cimento do governo representativo'*"[121].

Para Claudio Lembo, a presença do lobista é inerente a uma sociedade pluralista e representa a atividade do porta-voz de cada

---

[120] Projeto de Lei nº 6.132/90, arquivado em 07/02/2007 e Projeto de Lei nº 1.202/07, em trâmite na Câmara dos Deputados.
[121] CAGGIANO, MONICA HERMAN SALEM. OPOSIÇÃO NA POLÍTICA. SÃO PAULO: MADRAS/ANGELOTTI, 1995, p. 89-90.

segmento[122]. Destarte, melhor que exista uma atividade regulamentada e cuja atuação seja limitada e transparente, do que um sistema oculto e escuso que atua à margem da esfera publicista.

Assim, em sede preliminar, evidenciam-se diferentes análises relacionadas às origens que podem ser atribuídas à corrupção, a saber: (1) a corrupção se relacionaria à sociabilidade humana e estaria diretamente ligada ao materialismo e ao individualismo, traços marcantes nas sociedades de massas; (2) a colonização ibérica representaria a causa da maior incidência de corrupção na sociedade brasileira; (3) a pujança e a complexidade da organização política estatal favoreceriam a instalação do fenômeno corruptivo, criando maior espaço de interface entre as esferas pública e privada; (4) em processos de modernização a corrupção se constituiria como fator necessário à aceleração do crescimento econômico; (5) a corrupção guardaria relação com a má distribuição de riquezas e, portanto, com a dificuldade de acesso aos serviços estatais; (6) a existência de um déficit democrático, consistente na falta de representatividade do cidadão em face do sistema político, representaria um fator de fomento à corrupção.

Na verdade, entendemos que todos os fatores mencionados podem, de alguma forma, contribuir para o nascimento ou desenvolvimento da corrupção. Na esfera política a corrupção está presente na interface entre os campos público e privado, especificamente no que tange ao exercício do poder político, demandando, assim, a existência de diversos instrumentos de contenção e controle como forma de refrear o interesse privado.

---

[122] LEMBO, Cláudio. *A Pessoa: Seus Direitos. Barueri-SP:* Manole, 2007, p. 207.

2

DO TRATAMENTO CONSTITUCIONAL E LEGAL DA PROBIDADE ADMINISTRATIVA NO BRASIL

Diante de alguns argumentos fornecidos nos itens anteriores, notadamente o fato de que os países que sofreram colonização em sua história têm maiores dificuldades com questões relacionadas à probidade e representação democrática, podemos agora voltar os olhos para o caso do Brasil, que enquanto país colonizado bem se encaixa no perfil retratado. Sobre a recorrência do tema da corrupção na história política do Brasil, o historiador José Murilo de Carvalho muito bem sintetiza diferentes episódios da história política nacional em que a corrupção teve grande destaque:

> *"Corrupção política, como tudo mais, é fenômeno histórico. Como tal, ela é antiga e mutante. Os republicanos da propaganda acusavam o sistema imperial de corrupto e despótico. Os revolucionários de 1930 acusavam a Primeira República e seus políticos de carcomidos. Getúlio Vargas foi derrubado em 1954 sob a acusação de ter criado um mar de lama no Catete. O golpe de 1964 foi dado em nome da luta contra a subversão e a corrupção. A ditadura militar chegou ao fim sob acusações de corrupção, despotismo, desrespeito pela coisa pública. Após a redemocratização, Fernando Collor foi eleito em 1989 com a promessa de caça aos marajás e foi expulso do poder por fazer o que condenou"*[1].

---

[1] CARVALHO, José Murilo de. Passado, Presente e Futuro da Corrupção Brasileira. In: AVRITZER, Leonardo et al. (org.). Corrupção: ensaios e críticas. op. cit., p. 200.

Em relação a período mais recente, podemos acrescentar os escândalos conhecidos como *Mensalão* e *Petrolão*, conforme a denominação pelos quais ficaram conhecidos na imprensa. Como menciona o autor, corrupção política é um fenômeno histórico e assim deve ser analisado. Ignorar as raízes culturais de um povo implica desconhecer o processo de evolução e/ou involução da corrupção em um determinado agrupamento.

No Brasil colonial sequer existia a dicotomia hoje existente entre público e privado, sendo que os cargos ou ofícios na administração colonial pertenciam ao rei, como desdobramento de sua soberania. O rei podia vender os cargos, arrendá-los ou cedê-los de forma temporária ou vitalícia[2].

Raymundo Faoro traça interessante perfil de como a corrupção se engendra a partir de negócios privados, que se tornam públicos, mantendo uma tradição de lógica política nesse sentido:

> "*A comunidade política conduz, comanda, supervisiona os negócios, como negócios privados seus, na origem, como negócios públicos depois, em linhas que se demarcam gradualmente. O súdito, a sociedade, se compreendem no âmbito de um aparelhamento a explorar, a manipular, a tosquiar nos casos extremos. Dessa realidade se projeta, em florescimento natural, a forma de poder, institucionalizada num tipo de domínio: o patrimonialismo, cuja legitimidade assenta no tradicionalismo — assim é porque sempre foi*"[3].

Diante disso, parece-nos importante analisar sob o enfoque histórico a evolução com que as constituições federais brasileiras passaram a inserir dispositivos em seu texto com o escopo de tutelar a probidade administrativa, de modo a prevenir e reprimir a prática de atos de corrupção.

---

[2] "*Magistrados, capitães, governadores, vice-reis, meirinhos, contratadores, eclesiásticos não desperdiçavam chances de cultivar ganhos paralelos. Em troca deles, guardas facilitavam a soltura de condenados, juízes calibravam o rigor das sentenças, fiscais unhavam parte das mercadorias que deveriam tributar. A participação em atividades de contrabando revelava-se também tolerada*". FIGUEIREDO, Luciano Raposo. A corrupção no Brasil Colônia. In: AVRITZER, Leonardo et al. (org.). *Corrupção: ensaios e críticas*, op. cit., p. 177.

[3] FAORO, Raymundo. *Os donos do poder: formação do patronato político brasileiro. op. cit.*, p. 819.

DO TRATAMENTO CONSTITUCIONAL E LEGAL DA PROBIDADE ADMINISTRATIVA NO BRASIL | **59**

2.1 Da Tutela Constitucional

2.1.1 Constituição de 1824

A Constituição do Império, de 1824, tinha como principal característica a existência do Poder Moderador que, de forma expressa, indicava que o soberano não poderia ser responsabilizado de forma alguma em relação a seus atos[4]. A despeito de a Constituição naturalmente representar um freio à monarquia absolutista até então vigente, a irresponsabilidade administrativa se compatibilizava com a ideia de proteção ao monarca, de modo que a conduta do imperador não precisava ser pautada por princípios relacionados à probidade, honestidade, preocupação com o erário, etc. Malgrado a Constituição trouxesse a previsão acerca da existência dos três Poderes, o controle sobre eles acabava recaindo sobe o Poder Moderador, havendo clara proeminência em relação aos demais.

Contudo, havia previsão de que lei complementar regulamentaria a responsabilização de juízes de direito e oficiais de justiça pelos *abusos de poder e prevaricações* que cometessem no exercício de seus empregos (art. 156). Em tais hipóteses, contra eles caberia ação popular, em razão da prática de *suborno, peita, peculato e concussão* (art. 157). Em relação aos funcionários públicos havia genérica advertência sobre a sua responsabilização por abusos ou omissões praticadas no exercício de suas funções e, ainda, por não se fazerem efetivamente responsáveis aos seus subalternos (art. 179, XXIX). Portanto, além da irresponsabilidade do imperador, nota-se que a tímida e genérica previsão de responsabilização recaía apenas sobre o funcionário público, sem previsão para o particular que incitasse ou agisse como coautor com o funcionário. É interessante também a alusão de que a responsabilidade do administrador se estenderia também em relação aos atos de seus subordinados, sem referência sobre a sua ciência ou participação nos atos, criando espécie de responsabilização objetiva por ato ou omissão de preposto.

---

[4] Art. 99. A Pessoa do Imperador é inviolável, e Sagrada: Elle não está sujeito a responsabilidade alguma.

CORRUPÇÃO POLÍTICA
GLAUCO COSTA LEITE

Em tal período, os fatos ligados à corrupção eram tidos como decorrência do próprio sistema, ou seja, a causa da corrupção era a *degradação do sistema político*, que por sua vez permitia a corrupção, e não especificamente fruto de agentes com baixa virtude moral. Lila Moritz Schwarcz bem assevera que *"fatos tornam-se eventos quando ganham significações políticas e culturais de maior abrangência"*. A autora narra que a partir de 1880 o Império passou a sofrer acusações, questionando-se o poder do monarca com o ingresso da imprensa na vida privada real[5].

2.1.2 Constituição de 1891

A Constituição da Primeira República, baseada na Constituição dos Estados Unidos, extinguiu o Poder Moderador, inseriu o Federalismo e o Presidencialismo, com o advento de eleições diretas em que podiam votar apenas homens não analfabetos. Como consectário lógico do abandono da monarquia e adoção da república e do presidencialismo, o Chefe do Executivo detinha legitimidade para ser sujeito ativo em crimes de responsabilidade, dentre outras matérias, em razão da prática de atos contra a probidade administrativa e guarda e emprego dos *"dinheiros públicos"*[6].

---

[5] SCHWARCZ, Lila Moritz. Corrupção no Brasil Império. In: AVRITZER, Leonardo et al. (org.). Corrupção: ensaios e críticas. op. cit., pp. 193-195. A autora também cita o emblemático episódio que ficou conhecido como o "roubo das joias da coroa", na verdade, furto, ocorrido em 18 de março de 1882, nos aposentos do Palácio de São Cristóvão, e encontradas após o recebimento de carta anônima indicando o local onde haviam sido escondidas. Após algumas investigações, descobriu-se que o envolvido trabalhava no palácio e embora tenha sido afastado, continuava contando com a proteção do monarca, que se empenhou em promover a liberação dos acusados e silenciar os policiais com a concessão de títulos de nobreza, o que a imprensa interpretou como corrupção política e favoritismo, ainda que à época esses não fossem os termos empregados. A imprensa da época questionava o fato de o governo não ser capaz sequer de proteger seu próprio patrimônio, de modo que não teria habilidade para tutelar o povo. Questionamentos deste jaez, juntamente com diversos outros fatores, contribuíram para que o império ruísse, emergindo os ideais republicanos.

[6] Art. 54. São crimes de responsabilidade os atos do Presidente que atentarem contra: (...) 6º) a probidade da administração; 7º) a guarda e emprego constitucional dos dinheiros públicos.

Como se abandonava um regime em que o monarca controlava de forma juridicamente irresponsável, buscou-se afiançar ao Poder Judiciário garantias que pudessem permitir o livre exercício independente de suas funções, o que é observado na vitaliciedade dos juízes, a autotutela dos Tribunais para escolha de seus presidentes e organização de suas secretarias (art. 57 e 58). Tal questão é relevante de forma indireta para o tema tratado porquanto a repressão à corrupção passa necessariamente pela atuação do Poder Judiciário que, para tanto, deve possuir independência funcional e administrativa. Sobre tal independência, inclusive, desde então, até a vigente Constituição Federal de 1988, há expressa previsão de que o Presidente é responsável por nomear os ministros da Corte Suprema (art. 48, 12°), o Procurador-Geral da República (art. 58, §2°) e os membros do Tribunal de Contas (art. 89), questão que será abordada por nós mais adiante.

No que tange aos funcionários, a Constituição de 1891 repetiu o dispositivo que tratava da responsabilização por abusos e omissões próprias e dos subalternos, acrescentando que, ao tomar posse, o funcionário público obrigava-se por *compromisso formal* ao desempenho dos seus deveres legais (art. 82, parágrafo único). Tal compromisso parece apelar para um ingrediente moral, para que à luz do pactuado, o funcionário estabelecesse uma ligação direta com a nação, tornando mais relevante a observância do princípio da probidade.

2.1.3 Constituição de 1934

Fruto da Revolução Constitucionalista de 1932, a Assembleia Nacional Constituinte editou a Constituição de 1934 que apresentava preocupação com a tutela da probidade administrativa. A Constituição inseriu limitação à liberdade de contratar por parte dos deputados, a quem era vedado celebrar contrato com a administração pública federal, estadual ou municipal, exercer cargo, comissão ou emprego público remunerado ou ser proprietário ou sócio de empresa beneficiada com privilégio, isenção ou favor, em virtude de contrato com a administração pública (art. 33, 1, 2, e §1°, 1). Tais previsões são muito saudáveis em homenagem à probidade, buscando afastar os negócios particulares de parlamentares do exercício da função pública. Porém, à míngua de controle e repressão, o dispositivo é facilmente desvirtuado por meio da utilização de terceiros, comumente denominados "laranjas".

No que pertine ao Poder Executivo, a preocupação legal da utilização espúria da administração pública com fins eleitorais, vulgarmente conhecida como *uso da máquina* pelo Presidente da República, elencou rol de pessoas inelegíveis, dentre os quais seus parentes até o 3° grau (art. 52, § 6°, a), bem como fixou período de quarentena de um ano após o término do mandato (art. 112, 1, a). Os crimes de responsabilidade a que estaria sujeito o Presidente da República, arrolados no art. 17, eram entre outras hipóteses, decorrentes de ofensa à probidade da administração e à guarda ou emprego legal dos dinheiros públicos (alíneas f e g). A mesma preocupação fez com que se inserisse dispositivo que previa que o Estatuto dos Funcionários Públicos deveria tratar do funcionário que se valesse de sua autoridade em favor de Partido Político, ou exercesse pressão partidária sobre os seus subordinados, com punição que implicasse a perda do cargo, quando provado o abuso, em processo judicial (art. 170, § 9°).

Em relação ao Poder Judiciário foi mantida a regra de que a nomeação dos ministros da Corte Suprema, Procurador Geral da República e membros do Tribunal de Contas cabia ao Presidente da República, mas atualizada na forma atualmente vigente, ou seja, com aprovação pelo Senado Federal (art. 74 e 95, § 1°, e 100).

Os funcionários públicos eram responsáveis em razão de negligência, omissão ou abuso no exercício dos seus cargos, em solidariedade com o ente federativo a que pertencessem (art. 171).

Por fim, a previsão de voto secreto (art. 181) decorreu das diversas práticas de corrupção e coerção eleitoral até então vigentes, como o voto a bico de pena[7] e o voto de cabresto, conforme descrição de José Murilo de Carvalho[8].

---

[7] *"Nos dias de eleição, bandos armados saíam pelas ruas amedrontando os incautos cidadãos. Pode-se compreender que, nessas circunstâncias, muitos votantes não ousassem comparecer, com receio de sofrer humilhações. Votar era perigoso. Mas não acabavam aí as malandragens eleitorais. Em caso de não haver comparecimento de votantes, a eleição se fazia assim mesmo. A ata era redigida como se tudo tivesse acontecido normalmente. Eram as chamadas eleições feitas 'a bico de pena', isto é, apenas com a caneta. Em geral, eram as que davam a aparência de maior regularidade, pois constava na ata que tudo se passara sem violência e absolutamente de acordo com as leis"*. CARVALHO, José Murilo de. *Cidadania no Brasil, o longo Caminho*. 3ª ed. Rio de Janeiro: Civilização Brasileira, 2002, pp. 34-35.

[8] Prática corrente no período coronelista, em que os coronéis, chefes políticos locais, compravam votos e usavam de violência para que fossem eleitos seus

2.1.4 Constituição de 1937

A Constituição de 1937 foi criada para legitimar o Estado Novo, após o golpe de estado operado por Getúlio Vargas, sob a suposta alegação de ameaça comunista, impondo regime de natureza ditatorial no país. A denominada constituição polaca, em virtude de sua inspiração polonesa, impôs regime autoritário, de viés nacionalista, com grande concentração de poder, o que naturalmente elimina e faz recrudescer mecanismos de controle da probidade da administração, como decorrência natural do sufocamento de um Poder em face dos demais. Paulo Bonavides diz que a Carta de 1937 teria *"consagrado a independência e harmonia dos Poderes apenas na aparência, sem real embasamento da realidade da estrutura legislativa e judiciária"*[9].

Embora seu art. 85 repetisse o rol de crimes de responsabilidade atribuíveis ao Presidente da República[10], é certo que sua eventual apuração restava naturalmente prejudicada, à vista do regime ditatorial vigente, porquanto o Presidente da República poderia dissolver a Câmara dos Deputados (art. 74, c) de acordo com seu interesse.

Outra limitação, essa de caráter mais genérico, vedava ao Poder Judiciário o conhecer de questões exclusivamente políticas (art. 94), sem definir a que corresponderiam tais questões, deixando o flanco aberto ao arbítrio. Mais grave era a previsão do art. 91, que permitia à constituição restringir as garantias da magistratura, como inamovibilidade, vitaliciedade e irredutibilidade de vencimentos, atingindo-lhe a independência funcional.

---

candidatos. *"Nenhum coronel aceitava perder as eleições. Os eleitores continuaram a ser coagidos, comprados, enganados, ou simplesmente excluídos. Os historiadores do período concordam em afirmar que não havia eleição limpa. O voto podia ser fraudado na hora de ser lançado na urna, na hora de ser apurado, ou na hora do reconhecimento do eleito. Nos estados em que havia maior competição entre oligarquias, elegiam-se às vezes duas assembléias estaduais e duas bancadas federais, cada qual alegando ser a legítima representante do povo. A Câmara federal reconhecia como deputados os que apoiassem o governador e o presidente da República, e tachava os demais pretendentes de ilegítimos"*. Idem, p. 42.

9   BONAVIDES, Paulo e ANDRADE, Paes de. História Constitucional do Brasil, 3ª ed. Rio de Janeiro: Paz e Terra, 1991, p. 344.

10 d) a probidade administrativa e a guarda e emprego dos dinheiros público.

A Constituição de 1937 criou o Conselho Federal que, na verdade, substituía o Senado Federal, que fora dissolvido pela própria constituição. O Conselho Federal era composto por representantes dos Estados e do Distrito Federal, eleitos pelo sufrágio direito e entre suas atribuições estava a aprovação das nomeações de Ministros do Supremo Tribunal Federal, realizada pelo Presidente da República, em substituição ao Senado Federal (art. 50, 55 e 98)[11]. Contudo, a nomeação do Procurador-Geral da República pelo Presidente não mais necessitava de aprovação, quer do Conselho Federal, quer do Senado Federal, sendo o cargo de livre nomeação e demissão pelo Presidente da República (art. 99), ou seja, o Chefe do Executivo, Getúlio Vargas no caso, dispunha de total controle sobre quem poderia investigar eventuais atos de improbidade por ele praticados, bem como poderia exonerar o detentor do cargo caso não estivesse satisfeito com sua conduta.

De outro lado, um passo importante acerca da forma de ingresso na administração pública foi dado com o art. 156, b, que apontava que o Estatuto dos Funcionários Públicos deveria dispor que a primeira investidura nos cargos de carreira far-se-ia mediante concurso de provas ou de títulos. Nota-se aqui uma intenção do legislador, ainda que talvez panfletária, por não haver elementos que indiquem a lisura dos certames, de impedir que as nomeações ao serviço público atendessem a interesses exclusivamente políticos ou particulares do nomeante.

A partir de 1945, segundo José Murilo de Carvalho, as acusações relacionadas à corrupção deixam de focar o *sistema* e passam a focar as *pessoas* detentoras do poder, especificamente Getúlio Vargas, comandadas pelos políticos da UDN (União Democrática Nacional). Ele esclarece que a corrupção também se apresentava como componente sistêmico de caráter ideológico, pois enquanto uma vertente aponta a concepção de bom governo como aquele que apresenta gestão correta, eficiente e honesta do bem público, outra linha crê na importância do governo como instrumento de redução das diferenças econômicas e sociais em busca de igualdade real, sem maior preocupação com a lisura das formas adotadas para tal fim[12].

---

[11] Redação dada pela Lei Constitucional nº 9, de 1945.

[12] CARVALHO, José Murilo de. Passado, Presente e Futuro da Corrupção Brasileira. In: AVRITZER, Leonardo et al. (org.). Corrupção: ensaios e críticas. op. cit.,

2.1.5 Constituição de 1946

A restauração da República resgatou alguns dispositivos da Constituição de 1934, como a vedação à liberdade dos deputados e senadores de celebrar contratos com a administração pública ou fazer parte de sociedade que gozasse de benefício público (art. 48, I e II), bem como a responsabilização criminal do Presidente da República no que toca a crimes contra a probidade e a guarda e emprego dos dinheiros públicos (art. 89, V e VII).

Em relação à magistratura surgiram vedações, como ao exercício de atividade político-partidária e outras, ululantes quando se pensa em probidade, como a vedação ao recebimento, *sob qualquer pretexto, percentagens, nas causas sujeitas a seu despacho e julgamento* (art. 96, II e III).

As nomeações dos Ministros do Supremo Tribunal Federal e Procurador-Geral de República voltam a receber o escrutínio do Senado Federal, após nomeação pelo Presidente da República, sendo que o Procurador-Geral da República segue demissível *ad nutum* (art. 99 e 126). Repete-se, também, a regra do concurso para o primeiro ingresso na administração pública (art. 186).

No cenário político, a corrupção terá grande importância histórica nos desdobramentos que se seguiram até o golpe de 1964. Logo no início da gestão Juscelino Kubitschek em 1956 ocorreu o episódio de Jacareacanga, em que uma base aérea no Amazonas foi tomada por oficiais da Força Aérea contra o novo governo, acusando-o de tolerante com a corrupção. Anos depois, a campanha de Jânio Quadros, nas eleições de 1960, foi estruturada na promessa de por fim à corrupção no país, tendo inclusive adotada a vassoura como símbolo. Por fim, o governo de João Goulart foi acusado de ser tolerante com a corrupção, sendo este um dos argumentos do golpe de 1964.

---

pp. 201-203. Segundo o autor, atualmente a classe média luta sozinha contra a corrupção, sem a solidariedade das classes superiores, satisfeitas com a lucratividade financeira, e sem o apoio das classes inferiores, beneficiada pelas políticas sociais até então inexistentes.

2.1.6 Ato Institucional n° 1 - "Constituição de 1964"

O Ato Institucional n° 1, de 09/04/1964, pode ser entendido como ato que teve natureza de Constituição, notadamente diante do exercício de Poder Constituinte Originário na modalidade outorgada. Embora mencionasse a manutenção da validade da Constituição de 1964, alterava pontos nevrálgicos do documento anterior, como a eleição do Presidente da República e seu vice, que passava a ocorrer por meio de eleição indireta dentre os membros do Congresso Nacional (art. 2°), e a suspensão temporária das garantias constitucionais ou legais de vitaliciedade e estabilidade (art. 7°).

2.1.7 Constituição de 1967 e o Ato Institucional n° 5

Ainda sob a égide do regime militar, foram mantidas na Constituição de 1967 as limitações de contratar aos Senadores e Deputados (art. 36), cujo descumprimento imporia a perda do mandato, bem como a declaração de ato incompatível com o *decoro parlamentar* (art. 37, I e II). A expressão se consolidou na política brasileira e foi repetida na Constituição de 1988, servindo para a cassação de mandatos sob o argumento de descumprimento do dever de probidade.

A fiscalização financeira e orçamentária da União era exercida pelo Congresso Nacional por meio de controle externo, com o auxílio do Tribunal de Contas (art. 71), devendo fornecer previamente parecer sobre as contas do Presidente da República, que deveriam ser prestadas anualmente (art. 71, § 2°). As nomeações para os mais altos cargos do Supremo Tribunal Federal, Procuradoria Geral da República e Tribunal de Contas seguem como atribuição do Presidente da República, com aprovação pelo Senado Federal (art. 73, §3°, 113 e 138).

As limitações ao exercício da magistratura são integralmente repetidas da Constituição de 1946 (art. 109), bem como a responsabilização do Presidente da República por crimes de improbidade (art. 84, V).

Na Constituição de 1967 surgiu uma inovação em relação ao ingresso na administração pública diante da previsão de que, além da hipótese de concurso, a lei poderia prever cargos em comissão, de livre nomeação e exoneração. Tal previsão, desde então, fez multiplicar os cargos em comissão pelos entes públicos de todas

DO TRATAMENTO CONSTITUCIONAL E LEGAL DA PROBIDADE ADMINISTRATIVA NO BRASIL | **67**

as esferas, em afronta ao princípio da impessoalidade e eficiência, regentes da administração pública, de reeleição, com o exclusivo escopo de garantir a manutenção de seu cargo, conforme será abordado no capítulo 3.

O advento da denominada "linha dura" do regime militar ganhou corpo, entres outras razões, porque se acreditava que o então Presidente Castello Branco não combatia de forma suficiente a corrupção. Daí a afirmação de Rodrigo Patto Sá Motta de que o Ato Institucional n° 5, de 13/12/1968, restringiu as liberdades e garantias individuais aumentando os poderes discricionários do Estado para retirar entraves à desejada limpeza[13].

As conhecidas restrições promovidas pelo AI n° 5 e que interessam ao tema tratado foram: 1) a suspensão dos direitos políticos e a possibilidade de cassar mandatos eletivos nas três esferas (art. 4°); 2) suspensão da garantia de *habeas corpus* para crimes políticos (art. 10); 3) suspensão da vitaliciedade e estabilidade (art. 7°).

O art. 8°, contudo, talvez seja o que mais chama a atenção em relação ao tema da probidade no AI n° 5, pois autorizava o Presidente da República a confiscar os bens de todos aqueles que tenham enriquecido *ilicitamente* no exercício de cargo ou função pública. Nota-se que o tema da corrupção, uma vez mais, é usado como instrumento político para legitimar a conduta autoritária. Como já mencionado, a concentração de poder, que se encontrava na natureza do regime militar, enfraquece, ou mesmo aniquila, os mecanismos de controle da corrupção, conforme bem esclarece Heloisa Maria Murgel Starling:

> *"(...) se o sentido político da corrupção está associado diretamente à incapacidade institucional de permitir a participação dos Indivíduos na vida pública, numa ditadura onde governar é reprimir a participação dos indivíduos na vida pública, não há jeito de evitar que a corrupção se inscreva como desagregação do espaço público e consequente degradação da idéia de interesse público (...). Nesse mundo regido pelo arbítrio, não cabia regra capaz de*

---

[13] Motta, Rodrigo Patto Sá. Corrupção no Brasil Republicano 1954-1964. In: AVRITZER, Leonardo et al. (org.). Corrupção: ensaios e críticas. op. cit., p. 211.

impedir a desmedida: havia privilégios do que seria o bem público, havia impunidade, havia excessos"[14].

Portanto, para Starling a corrupção tem a função de dissipar a vida pública nos regimes autoritários e, nas democracias, presta-se a dissolver os princípios políticos que sustentam as condições para o exercício da cidadania. Para a autora, a própria tortura era instrumento da corrupção de forma que ambas se sustentavam reciprocamente[15].

2.1.8 Constituição Federal de 1988

O art. 37, *caput*, da Constituição Federal consagrou os princípios da legalidade, impessoalidade, moralidade, publicidade e eficiência como regentes da administração pública direta e indireta. Sobre o princípio da moralidade, que mais nos interessa para o tema tratado, embora os demais igualmente guardem com ele relação, disserta Alexandre de Moraes que, além do cumprimento da estrita legalidade pelo administrador, deverá ele *"no exercício de sua função pública, respeitar os princípios éticos de razoabilidade e justiça, pois a moralidade constitui (...) pressuposto de validade de todo ato da administração pública"*[16]. Sobre o mesmo princípio, Maria Sylvia Zanella de Pietro aponta que sua inserção na Constituição Federal é coerente com a evolução do princípio da legalidade, ocorrida no sistema jurídico de outros países e *"passou a abranger valores outros, como o da razoabilidade, boa-fé, moralidade, economicidade e tantos outros"*[17.]

A analítica constituição cidadã de 1988, sem dúvida, é a que reúne o maior número de normas sobre a tutela da probidade dentre todas as constituições nacionais. Por tal razão, com o objetivo de somente gerar um panorama da evolução constitucional da proteção da probidade, elencamos as disposições relevantes para a matéria, a saber:

---

[14] STARLING, Heloisa Maria Murgel. *Ditadura Militar*. In: AVRITZER, Leonardo et al. (org.). Corrupção: ensaios e críticas. op. cit., p. 218.

[15] *Idem*, p. 220.

[16] MORAES, Alexandre de. *Direito constitucional*, 25ª ed., São Paulo: Atlas, 2010, p. 328.

[17] DI PIETRO, Maria Sylvia Zanella. *Direito administrativo*. 20ª ed. São Paulo: Atlas, 2007, p. 474.

2

DO TRATAMENTO CONSTITUCIONAL E LEGAL DA PROBIDADE ADMINISTRATIVA NO BRASIL | 69

(1) legitimidade do cidadão para a propositura de ação popular que vise anular ato lesivo à moralidade administrativa (art. 5°, LXXII-I)[18]; (2) moralidade como princípio da administração pública (art. 37, *caput*); (3) possibilidade de exercício de cargos em comissão, de livre nomeação, para atribuições de direção, chefia e assessoramento (art. 37, V); (4) limitações aos negócios particulares de deputados e senadores (art. 54); (5) perda de mandato de congressista que pratique ato declarado incompatível com o decoro parlamentar, conforme regimento interno ou a percepção de vantagens indevidas (art. 55, II, e §1°); (6) perda do mandato de congressista em decorrência de condenação criminal transitada em julgado, após decisão da respectiva Casa Legislativa (art. 55, VI, e § 2°)[19]; (7) comissões parlamentares de inquérito com poderes investigativos (art. 58, §3°); (8) controle externo da União pelo Congresso Nacional e Tribunal de Contas (art. 70 e 71); (9) Presidente da República sujeito à prática de crime de responsabilidade por ofensa à probidade da administração (art. 85, V); (10) escolha de um quinto dos membros dos Tribunais pelo Chefe do

---

[18] Regulamentada pela Lei Federal n° 4.717, de 29 de junho de 1965.

[19] Muito se discutiu no Supremo Tribunal Federal no ano de 2013 sobre a possibilidade de perda automática do mandato após o trânsito em julgado de sentença penal condenatória, ou da necessidade da prática de ato pela Câmara dos Deputados ou pelo Senado Federal do respectivo congressista condenado, como condicionante da perda. Três casos foram emblemáticos. Na AP 470/MG, nacionalmente conhecida como o "julgamento do mensalão", o pleno, em 17/12/2012, havia reconhecido, por maioria, que a perda do mandato era automática. O mesmo entendimento havia sido inicialmente mantido na AP n° 396, em 26/06/2013, no julgamento de questão de ordem, após a condenação criminal do deputado Natan Donadon. A Presidência da Câmara, porém, recusando-se a cumprir a determinação e acreditando em sua competência constitucional para apreciar a questão, submeteu o deputado a escrutínio, em que, por votação secreta, foi ele absolvido por seus pares, em 28/08/2013. Diante de repercussão altamente negativa da presença de um parlamentar condenado criminalmente e encarcerado mantido como deputado em razão de voto secreto, em 28/11/2013 foi publicada a Emenda Constitucional n° 76, alterando o parágrafo 2° do art. 55, para suprimir a votação secreta em escrutínios deste jaez. Via de consequência, após anulação pelo Supremo Tribunal Federal da primeira sessão na Câmara, em votação aberta, o deputado foi cassado, em 12/12/2014. Por fim, no julgamento da AP n° 565, em 08/08/2013, o Senador Ivo Cassol foi condenado, mas com o advento da nova composição de ministros no Supremo Tribunal Federal, entendeu-se que a decisão acerca da perda do mandato caberia ao Senado Federal.

Executivo dentre os integrantes da advocacia e do Ministério Público (art. 94)[20]; (11) garantias da magistratura e do Ministério Público de inamovibilidade, vitaliciedade e irredutibilidade de vencimentos, agregada a limitações nos negócios particulares de juízes e membros do Ministério Público (art. 95 e 128); (12) nomeação de ministros do Supremo Tribunal Federal indicados pelo Presidente da República e sabatinados pelo Senado Federal (art. 101, parágrafo único); (13) Conselho Nacional de Justiça e Conselho Nacional do Ministério Público que exercem controle administrativo sobre juízes, tribunais e integrantes do *Parquet* (art. 103-B e 130-A).

Cada um dos itens mencionados mereceria um estudo à parte. Contudo, o que se observa é que em 1988, inclusive como consequência do final do regime militar, uma gama de instrumentos de controle foi criada, além de outros que advieram com emendas constitucionais, como a criação dos Conselhos Nacionais de Justiça e do Ministério Público. As garantias fornecidas à magistratura e ao Ministério Público nitidamente pretendem conferir um sistema de proteção às classes sociais em face do poder governante.

De qualquer forma, a despeito da existência de diversos institutos e órgãos encarregados de investigar e punir desvios de condutas relacionados à probidade, muitas vezes a eficácia da tutela protetiva resta prejudicada, mercê da própria forma de escolha dos membros integrantes de alguns órgãos e instituições. Seja como for, não se pode olvidar que o Brasil já teve um Presidente da República, Fernando Collor de Mello, que se elegeu sob a bandeira do combate à corrupção e sofreu processo de *impeachment* exatamente pela prática de conduta improba[21]. Nas manifestações de março de 2015, parcela das pessoas que foram às ruas pediam o *impeachment* da Presidente

---

[20] A escolha de membros do Poder Judiciário pelo Executivo será tratada no capítulo 3.

[21] Fernando Affonso Collor de Mello tomou posse como Presidente da República em 15/03/1990, tendo renunciado ao cargo em 29/12/1992. Na mesma data, o Senado Federal julgou o processo de *impeachment*, conforme a Resolução n° 101, publicada no dia 30/12/1992, condenando o ex-presidente à perda do cargo, prejudicada em razão da renúncia, e à inabilitação para o exercício de função pública por oito anos.

Dilma Rousseff, também sob a bandeira de seu suposto envolvimento com a prática de corrupção.

A Lei Federal nº 1.079/50 delineia as hipóteses e o procedimento a ser observado quando o Presidente da República, em tese, pratica crime de responsabilidade. O artigo 4º elenca as hipóteses legais, das quais destacamos os incisos V e VII, que tratam, especificamente, da probidade na administração e da guarda e o emprego legal dos dinheiros públicos. Nesse caso, havendo indícios da prática de crime de responsabilidade, o processo de *impeachment* terá início na Câmara dos Deputados e será realizado pelo Senado Federal, mediante presidência do Presidente do Supremo Tribunal Federal.

No plano geral, a Constituição de 1988 representa importante instrumento de combate à corrupção, especialmente se cotejada com as constituições anteriores. Contudo, isso não quer dizer que está ela isenta de críticas relevantes, como poderá ser observado nos capítulos que seguem.

2.2 *Documentos Internacionais*

A corrupção assola todos os países e culturas do globo, não refletindo característica exclusiva dos países subdesenvolvidos, conforme assinala Sérgio Habib, apontando que a doutrina capitalista de sempre se possuir mais, muitas vezes é responsável pelo fortalecimento da corrupção[22].

A globalização e a integração econômica trazem como consequência uma nova ordem social e política, inclusive com o aparecimento de espaços supranacionais, como a União Europeia, gerando novas modalidades de delitos que passam a ser verificados a partir da corrupção dos funcionários de instituições de integração. Surge, então, uma criminalidade organizada, internacional, e chefiada por poderosos, de efeitos econômicos, políticos e sociais, dispondo de capacidade para desestabilizar mercados e corromper funcionários e governantes[23].

---

[22] HABIB, Sérgio. *Brasil: Quinhentos Anos de Corrupção – Enfoque sócio-histórico-jurídico-penal, op. cit.*, p. 80.

[23] LIVIANU, Roberto. *Corrupção – Incluindo a Lei Anticorrupção.* 2ª ed. São Paulo: Quartier Latin, 2014, pp. 64-65.

A corrupção tem gerado maiores preocupações na esfera internacional, sendo que diversos documentos têm sido editados.

Susan Rose-Ackerman aponta que, enquanto em países pouco corruptos os agentes privados se valem do Estado para obter benefícios particulares, em países muito corruptos os agentes públicos utilizam o Estado para extrair renda de empresas e cidadãos[24].

A Assembleia Geral das Nações Unidas abordou pela primeira vez o tema da corrupção por meio da Resolução n° 3.514, de 15 de dezembro de 1975, tratando de transações comerciais internacionais.

A Convenção Interamericana contra a Corrupção, da Organização dos Estados Americanos, foi firmada em 29 de março de 1996, e no artigo II traz como objetivo: (1) promover e fortalecer o desenvolvimento, por cada um dos Estados Partes, dos mecanismos necessários para prevenir, detectar, punir e erradicar a corrupção; (2) promover, facilitar e regular a cooperação entre os Estados Partes a fim de assegurar a eficácia das medidas e ações adotadas para prevenir, detectar, punir e erradicar a corrupção no exercício das funções públicas, bem como os atos de corrupção especificamente vinculados a seu exercício[25].

Atualmente, o documento anticorrupção de caráter internacional de maior abrangência é a Convenção das Nações Unidas contra Corrupção, aprovada em 09 de dezembro de 2003, que conta com o maior número de países signatários (140)[26].

Outro documento importante é a Convenção sobre o Combate da Corrupção de Funcionários Públicos Estrangeiros em Transações Comerciais Internacionais, da Organização para a Cooperação e

---

[24] *"In less corrupt countries, private actors seek to use the state to get benefits for themselves. In more corrupt ones, public officials use the state to extract rents from private individuals and firms"*. ROSE-ACKERMAN, Susan. *Corruption Government: Causes, Consequences and Reform.* Cambridge, Reino Unido: Cambridge Press, 1999, p. 102.

[25] A recepção pelo ordenamento interno brasileiro ocorreu em junho de 2002, por meio do Decreto Legislativo n° 152, de 25 de junho de 2002, e promulgada pelo Decreto Presidencial n° 4.410, de 7 de outubro de 2002.

[26] Assinada pelo Brasil em 09 de dezembro de 2003 e ratificada em 15 de junho de 2005.

Desenvolvimento Econômico (OCDE), que foi firmada em 17 de dezembro de 1997[27].

No ano 2000, o escritório central da Organização das Nações Unidas lançou o Pacto Global (*Global Compact*), que consiste em promover o diálogo e incentivar empresas a adotar políticas de responsabilidade social, corporativa e sustentabilidade. O Pacto apresenta dez princípios, sendo que o último adverte que "as empresas *devem combater a corrupção em todas as suas formas, inclusive extorsão e propina*"[28].

Observa-se a grande preocupação com o tema na esfera internacional, o que tem promovido estudos que viabilizem a implementação e verificação dos esforços promovidos pelas nações para combater a corrupção.

Os índices de corrupção internacionalmente reconhecidos são *CPI (Corruption Perception Index)* e *CCI (Corruption Control Indicator)*, que foram desenvolvidos respectivamente pela ONG Transparência Internacional e pelo Banco Mundial. O Índice de Percepção da Corrupção é uma iniciativa da Universidade de Göttinger, na Alemanha, adotado pela Transparência Internacional, com sede em Berlim, e visa ao combate à corrupção no mundo.

2.3 Da Tutela Legal da Probidade Administrativa no Brasil

Além das questões de natureza constitucional delineadas no início do capítulo, é certo que a legislação infraconstitucional referente à proteção da moralidade possui tanto reflexos de natureza penal, como cíveis e administrativos. Contudo, como nosso escopo não é observar de maneira analítica a legislação nacional, mas apenas dela nos valer para agregar elementos a nosso argumento relacionado a fatores estruturantes hoje inerentes ao nosso sistema político-jurídico, deixaremos de pormenorizar cada diploma legislativo, tentando

---

[27] *CORRUPTION Perception Index.* Disponível em: <https://www.unglobalcompact.org/Languages/portuguese/dez_principios.html>. Acesso em 04/01/2015. Ratificada pelo Brasil em 15 de junho de 2000 por meio do Decreto nº. 3.678, de 30 de novembro de 2000.

[28] *CORRUPTION Control Indicator. Council on guidelines for managing conflict of interest in public service, 2000.* Disponível em: <http://www.oecd.org/gov/ethics/2957360.pdf>. Acesso em 04/01/2015.

CORRUPÇÃO POLÍTICA
GLAUCO COSTA LEITE

oferecer um breve panorama geral da tutela da moralidade no sistema jurídico brasileiro.

Optamos por não tratar do Código Eleitoral diante da abrangência da matéria, embora seja importante mencionar que, entre os artigos 289 a 354 do Código, encontram-se tipificados os crimes eleitorais, nos quais em muitas figuras observa-se o intuito de punir as tentativas de corrupção do processo eleitoral.

Portanto, não nos aprofundaremos nos aspectos técnicos da aplicação das referidas normas, exceto no que for reputado pertinente a questões ligadas à probidade, corrupção e transparência, apenas para que os instrumentos sirvam de reflexão acerca da eficácia das normas na tutela da probidade.

2.3.1 Código Penal e Código de Processo Penal

A legislação criminal do vetusto Código Penal de 1940, no Título XI, elenca o rol de Crimes contra a Administração Pública, trazendo diversas figuras típicas relacionadas a práticas corruptivas[29]. Interessam-nos, especificamente, os artigos 317 e 333, que tratam, respectivamente, das figuras da corrupção passiva e da corrupção ativa. Enquanto na primeira figura o funcionário solicita vantagem indevida para praticar ou deixar de praticar ato em prejuízo da administração pública, no segundo pune-se a conduta do particular que realiza oferta indevida ao servidor para que ele realize, omita ou retarde ato que deveria praticar. Cumpre observar que até o ano de 2003 ambos os delitos tinham por preceito secundário pena de reclusão de 1 a 8 anos e multa. Porém, a Lei Federal nº 10.763, de 12/11/2003, majorou as reprimendas para a pena mínima de 2 anos e a máxima de 12 anos,

---

[29] Concussão; corrupção passiva; facilitação de contrabando ou descaminho; prevaricação; condescendência criminosa; advocacia administrativa; violação de sigilo funcional; violação do sigilo de proposta de concorrência; tráfico de influência; corrupção ativa; fraude de concorrência; sonegação de contribuição previdenciária; corrupção ativa em transação comercial internacional; tráfico de influência em transação comercial internacional; favorecimento pessoal; fuga de pessoa presa ou submetida à medida de segurança; exploração de prestígio; violência ou fraude em arrematação judicial.

DO TRATAMENTO CONSTITUCIONAL E LEGAL DA PROBIDADE ADMINISTRATIVA NO BRASIL | **75**

o que aparentemente reflete um crescimento com a preocupação de delitos dessa natureza, visando fortalecer sua repressão.

O artigo 33, §4º, do Código Penal condiciona a progressão de regime ao condenado por crime contra administração pública à *reparação do dano que causou ou à devolução do produto do ilícito praticado*, com os acréscimos legais[30]. Se o delito for praticado com abuso de poder ou violação de dever para com a administração pública, o condenado à pena superior a um ano *perderá o cargo, função pública ou mandato eletivo*, nos termos do art. 92, I, 'a'[31]. O Código Penal pune ainda o funcionário que divulga indevidamente segredo da administração pública (art. 153, §1º-A)[32], bem como aquele que pratica advocacia administrativa (art. 321), ou seja, vale-se da condição de funcionário para tutelar, direta ou indiretamente, interesse privado.

Por meio da Lei Federal nº 10.467 de 11/06/2002, em alinhamento com a Convenção sobre o Combate da Corrupção de Funcionários Públicos Estrangeiros em Transações Comerciais Internacionais, da Organização para a Cooperação e Desenvolvimento Econômico (OCDE), foi incluído o Capítulo II-A no Título X, que trata dos Crimes Praticados por Particular contra a administração pública Estrangeira, trazendo as figuras típicas de corrupção ativa em transação internacional e tráfico de influência em transação comercial internacional (artigos 337-B e 337-C). Note-se que, embora o legislador tenha ampliado a pena do delito de corrupção ativa previsto no art. 333, olvidou-se de majorar a reprimenda do delito vazado no art. 337-B, cuja pena, de reclusão, remanesceu no interstício entre 1 e 8 anos, tornando menos gravosa a conduta em face de funcionário estrangeiro em cotejamento com a conduta praticada em face de funcionário nacional.

O Código Penal traz, ainda, no Capítulo IV, do Título XI, o rol de crimes contra as finanças públicas, tornando típicas algumas condutas que estejam em desacordo com deveres dos administradores em relação às contas públicas, como, por exemplo, ordenar, autorizar ou

---

[30] Incluído pela Lei Federal nº 10.763 de 12/11/2003.
[31] Incluído pela Lei Federal nº 9.268 de 1/04/1996.
[32] Incluído pela Lei Federal nº 9.983 de 14/07/2000.

realizar despesas de forma indevida, sem previsão legal ou sem prévio empenho[33].

No que tange ao Código de Processo Penal não caberia, à luz da delimitação do tema, discorrer sobre os procedimentos relacionados aos delitos de corrupção praticados por funcionários públicos, cuja especificidade, tratando-se de crime afiançável, implica a notificação do funcionário para responder à acusação por escrito (art. 514). Só então o juiz apreciará peça vestibular acusatória e, recebendo a denúncia ou queixa, determinará a citação do réu (art. 517).

Contudo, cabe anotar que a Lei Federal n° 12.403/11, ao tratar das medidas que buscam evitar o aprisionamento cautelar, inaugurou uma nova lógica, inserindo no art. 319 do Código de Processo Penal nove medidas diversas da prisão cautelar. Nesta seara, interessa-nos o inciso VI do artigo 319 do código de rito penal, diante da relevância que possui para o tema da corrupção, ao prever a medida cautelar de *"suspensão do exercício de função pública ou de atividade de natureza econômica ou financeira quando houver justo receio de sua utilização para a prática de infrações penais"*. Assim, diante de fortes indícios de que o funcionário se vale do cargo para a prática de infrações, poderá o juiz, de plano, em sede cautelar, promover o seu afastamento, independentemente da existência de medidas administrativas para tal fim.

2.3.2 Lei da Ação Civil Pública (Lei Federal n° 7.347/85)

A Lei da Ação Civil Pública representou grande avanço na tutela dos direitos coletivos, notadamente da moralidade administrativa. No artigo 1°, que elenca os possíveis objetos para a tutela coletiva no que tange a danos morais e patrimoniais, destacam-se, na redação vigente, os incisos IV e V que, nesta ordem, dispõem sobre qualquer interesse difuso e coletivo, e infração à ordem econômica[34].

---

[33] Incluído pela Lei Federal n° 10.028, de 19/10/2000.

[34] O parágrafo único do artigo 1° excepciona hipóteses em que não será cabível a propositura de ação civil pública, quando envolvam: tributos, contribuições previdenciárias, o Fundo de Garantia do Tempo de Serviço – FGTS, ou outros fundos de natureza institucional cujos beneficiários podem ser individualmente determinados.

DO TRATAMENTO CONSTITUCIONAL E LEGAL DA PROBIDADE ADMINISTRATIVA NO BRASIL | **77**

Possuem legitimidade para a propositura de ação civil pública o Ministério Público, a Defensoria Pública, a União, os Estados, o Distrito Federal e os Municípios, a autarquia, empresa pública, fundação ou sociedade de economia mista e associações constituídas há mais de um ano e que possuam pertinência entre seu objeto social e a questão a ser discutida (art. 5º). Portanto, trata-se de instrumento que possui número razoável de legitimados ativos, o que expande horizontalmente o alcance do instituto.

O papel do Ministério Público é bastante relevante, pois, quando não é autor da demanda, obrigatoriamente atuará como fiscal da lei. O Ministério Público poderá, inclusive, instaurar inquérito civil para reunir elementos potencialmente necessários ao ingresso da demanda, o que não está à disposição dos demais legitimados. Se, ao final, o promotor de justiça ou procurador da república a cargo do inquérito entender ser o caso de arquivamento, não poderá fazê-lo de plano, devendo submeter o pedido ao Conselho Superior do Ministério Público para homologação (art. 8º).

2.3.3 Lei de Improbidade Administrativa (Lei Federal nº 8.429/1992)

Apartando-se da legislação penal, a lei ordinária de maior envergadura no combate à corrupção é a Lei de Improbidade Administrativa (Lei Federal nº 8.429/1992)[35]. Improbidade, em sentido amplo, pode ser tomada como sinônimo jurídico de corrupção. Nesse sentido, Marino Pazzaglini Filho conceitua a improbidade do agente público como

---

[35] Como antecedente à Lei de Improbidade Administrativa, pode-se citar a condenação por enriquecimento ilícito na Lei nº 3.164/57 (Lei Pitombo-Godoy Ilha), que previa o sequestro e perda, em favor da Fazenda Pública, de bens adquiridos por servidor público por influência ou abuso de cargo ou função ou emprego em Autarquia, e na Lei nº 3.502/58 (Lei Bilac Pinto), que previa a mesma sanção para servidor ou empregado de autarquia, sociedade de economia mista ou servidor público, que enriquecesse ilicitamente.VASCONCELOS, Caio Tácito. Improbidade Administrativa como Forma de Corrupção. In: ZILVETI, Fernando Aurélio e LOPES, Sílvia. *O Regime Democrático e a Questão da Corrupção Política*. São Paulo: Atlas, 2004, p. 189.

> *"toda conduta ilegal (corrupta, nociva ou inepta) do agente público, dolosa ou culposa, no exercício (ainda que transitório ou sem remuneração) de função, cargo, mandato ou emprego público, com ou sem participação (auxílio, favorecimento ou indução) de terceiro, que ofende os princípios constitucionais (expressos e implícitos) que regem a Administração Pública"[36].*

Para José Afonso da Silva, a improbidade se caracteriza como uma imoralidade qualificada pelo dano ao erário:

> *"A probidade administrativa é uma forma de moralidade administrativa que mereceu consideração especial da Constituição, que pune o improbo com a suspensão de direitos políticos (art. 37, §4º). A probidade administrativa consiste no dever de o 'funcionário servir a Administração com honestidade, procedendo no exercício das suas funções, sem aproveitar os poderes ou facilidades delas decorrentes em proveito pessoal ou de outrem a quem queira favorecer'. Cuida-se de uma imoralidade administrativa qualificada. A improbidade administrativa é uma imoralidade qualificada pelo dano ao erário e correspondente vantagem ao improbo ou a outrem"[37].*

Manoel Gonçalves Ferreira Filho classifica três hipóteses para o estudo da corrupção, em ordem crescente de aprofundamento: (1) *corrupção-suborno* – que se dá por meio de retribuição material; (2) *corrupção-favorecimento* – que importa no privilegiamento do privado em prejuízo do público, e é mais sentida onde não há clara separação entre as esferas privada e pública; (3) *corrupção-solapamento* – que atinge o próprio fundamento da legitimidade[38].

Nessa linha, a Lei de Improbidade arrola as condutas consideradas ímprobas entre os artigos 9º e 11, abarcando condutas que impliquem vantagem econômica indevida decorrente de comportamento ilegal,

---

[36] PAZZAGLINI FILHO, Marino. *Lei de Improbidade Administrativa Comentada: aspectos constitucionais, administrativos, civis, criminais, processuais e de responsabilidade fiscal: legislação e jurisprudência atualizadas*. São Paulo: Atlas, 2002, p. 17.

[37] SILVA, José Afonso da. *Curso de direito constitucional positivo*. 19ª ed. São Paulo: Malheiros, 2001, p. 653.

[38] FERREIRA FILHO, Manoel Gonçalves. A corrupção como fenômeno social e político. Revista de Direito Administrativo, vol. 185. Rio de Janeiro: Fundação Getúlio Vargas/Renovar /Atlas, 1991, p. 4.

em razão do exercício de cargo, mandato ou função, que causem dano ao erário ou atentem contra os princípios regentes da administração pública, violando "*os deveres de honestidade, imparcialidade, legalidade, e lealdade às instituições*".

O artigo 12 do diploma apresenta as sanções aplicáveis, que podem ser: (1) de natureza *política* – suspensão dos direitos políticos; (2) de natureza *civil* – perda dos bens ou valores acrescidos ilicitamente ao patrimônio, ressarcimento integral do dano e pagamento de multa civil; (3) de natureza *administrativa* – perda da função pública e proibição de contratar com o poder público ou receber benefícios ou incentivos fiscais ou creditícios, direta ou indiretamente. A legislação atinge os agentes públicos envolvidos, bem como no que couber, a todo aquele que *induza ou concorra para a prática do ato de improbidade ou dele se beneficie sob qualquer forma direta ou indireta* (art. 3°).

A Constituição Federal, no artigo 37, §4°, reza que os atos de improbidade administrativa importarão: a suspensão dos direitos políticos, a perda da função pública, a indisponibilidade dos bens e o ressarcimento ao erário.

Relevante anotar também que a Lei de Improbidade Administrativa tem como vantagem o fato de que as autoridades não estão sujeitas ao foro por prerrogativa de função, reservado à esfera penal[39].

Como medida preventiva e de promoção da transparência, o artigo 13 determina que a posse e o exercício de agente público ficam condicionados à apresentação de declaração dos bens, visando ao cotejamento de seu patrimônio antes de ingressar no serviço público e após sua saída. São igualmente saudáveis, embora insuficientes – já que o

---

[39] "*Já o tratamento judicial por crime comum tem o efeito de concentrar essa prerrogativa nos órgãos de cúpula da instituição, muito mais sujeitos, segundo alguns, à influência de governadores, presidente e membros dos respectivos legislativos, que participam da escolha e nomeação dos procuradores-gerais de Justiça nos estados e do procurador-geral da República no nível federal*" ARANTES, Rogério Bastos, LOUREIRO, Maria Rita, COUTO, Cláudio e TEIXEIRA, Marco Antonio Carvalho. Controles democráticos sobre a administração pública no Brasil: Legislativo, tribunais de contas, Judiciário e Ministério Público. In: LOUREIRO, Maria Rita, ABRUCIO, Fernando e PACHECO, Regina. *Burocracia e Política no Brasil: desafios para a ordem democrática no século XXI*. Rio de Janeiro: Editora FGV, 2010, p. 143.

corrupto em geral se preocupa com a ocultação do patrimônio ilícito amealhado –, as medidas que determinam que os servidores anualmente apresentem suas declarações de imposto de renda com o objetivo de efetuar a verificação da evolução patrimonial do funcionário.

Malgrado muito se tenha avançado por conta da aplicação da Lei de Improbidade Administrativa, é certo que os resultados poderiam ser bem melhores, não fosse a enorme gama de recursos judiciais protelatórios agregada à lentidão da máquina judiciária. Tal diagnóstico, partindo-se da premissa de que o combate na esfera administrativa deixou de avançar e teria atingido um certo limite, tem conduzido a uma retomada do tratamento da corrupção como crime comum, com a realização de operações policiais, destacadamente pela Política Federal, envolvendo a participação de membros do Ministério Público e outros órgãos públicos, com o escopo de reduzir a impunidade na busca de resultados mais rápidos e eficazes, inclusive por meio de prisões cautelares[40].

2.3.4 Lei de Licitações (Lei Federal n° 8.666/93)

A lei que trata dos procedimentos legais para aquisição de bens e serviços por parte da Administração Pública impõe uma série de regras com o objetivo de vincular a atividade do administrador, dificultando a prática de condutas corruptas, como o direcionamento de licitação ou o favorecimento de determinadas empresas nos procedimentos. Tal conduta muitas vezes se reflete na elaboração de edital de chamamento, em que a especificação do produto ou serviço é realizada de forma a alijar todas as demais empresas do certame, já que apenas uma delas preenche determinado requisito absolutamente desnecessário para o atingimento da finalidade almejada pela administração.

---

[40] ARANTES, Rogério Bastos, LOUREIRO, Maria Rita, COUTO, Cláudio e TEIXEIRA, Marco Antonio Carvalho. Controles democráticos sobre a administração pública no Brasil: Legislativo, tribunais de contas, Judiciário e Ministério Público. In: LOUREIRO, Maria Rita, ABRUCIO, Fernando e PACHECO, Regina. *Burocracia e Política no Brasil: desafios para a ordem democrática no século XXI.* op. cit, p. 143.

DO TRATAMENTO CONSTITUCIONAL E LEGAL DA PROBIDADE ADMINISTRATIVA NO BRASIL | 81

A lei, inclusive, tipifica condutas para a hipótese de dispensa indevida de licitação, fraude, patrocínio de interesse privado, entre outras condutas, sempre tendo como fio condutor a tipificação de condutas que visam prejudicar a higidez do processo licitatório (arts. 89 a 98).

Deve-se ter presente que em muitas fraudes a licitações o processo é conduzido de forma absolutamente legal, sob os aspectos formais, mas a fraude reside no fato de que as próprias empresas participantes, em parceria adrede combinada com membros do Poder público, especificam uma alternância entre aqueles que fatalmente vencerão o certame, o que constitui prática conhecida como cartel.

Os órgãos fiscalizatórios encontram dificuldades para cumprir sua atividade neste tema, uma vez que o número de processos licitatórios que ocorre diariamente em todas as esferas e órgãos de governo é enorme e, invariavelmente, envolvem diversos documentos, o que demanda processo de análise bastante complexo e exige um número de funcionários imenso para tal atividade em órgãos de controle.

2.3.5 Lei de Lavagem de Capitais (Lei Federal n° 9.613/98)

Trata-se de importante ferramenta de combate à corrupção que reside exatamente em punir a lavagem de dinheiro, ou seja, a conduta de transformar o capital de origem ilícita, fruto de corrupção ou outros crimes, omitindo sua procedência por meio da dissimulação de operações, e fazendo com que se tornem ativos com aparência legítima.

O artigo 1°, §5°, deste diploma legal trouxe importante inovação ao permitir a supressão da pena ou sua redução, de um a dois terços, bem como regime de cumprimento menos gravoso, caso o autor ou partícipe colabore espontaneamente com as autoridades, fornecendo esclarecimentos que permitam a apuração das infrações penais, identificação de outros agentes ou a localização de bens, direitos ou valores objetos do crime.

Há também previsão de apreensão de bens e valores, bem como seu perdimento em caso de condenação, com alienação em hasta pública (arts. 4° a 7°).

Ao final, o artigo 10 da lei criou o Conselho de Controle de Atividades Financeiras (COAF), que integra o Ministério da Fazenda,

CORRUPÇÃO POLÍTICA
GLAUCO COSTA LEITE

com a finalidade de disciplinar, aplicar penas administrativas, receber, examinar e identificar as ocorrências suspeitas de atividades ilícitas previstas na lei em comento.

2.3.6 Lei de Responsabilidade Fiscal (Lei Complementar n° 101/2000)

A Lei de Responsabilidade Fiscal tem por objetivo submeter a administração à disciplina orçamentária, estabelecendo metas de resultados entre receita e despesas. Para tanto, anota a lei que a responsabilidade na gestão fiscal pressupõe

> *a ação planejada e transparente, em que se previnem riscos e corrigem desvios capazes de afetar o equilíbrio das contas públicas, mediante o cumprimento de metas de resultados entre receitas e despesas e a obediência a limites e condições no que tange a renúncia de receita, geração de despesas com pessoal, da seguridade social e outras, dívidas consolidada e mobiliária, operações de crédito, inclusive por antecipação de receita, concessão de garantia e inscrição em Restos a Pagar (art. 1º, §1º).*

Naturalmente, a existência de rígido controle sobre as finanças públicas serve de instrumento preventivo à prática corruptiva, visando afastar do administrador a livre disposição das verbas públicas, ao arrepio do interesse público, o que pode comprometer, inclusive e especialmente, as finanças do governo de eventual sucessor.

Trata-se de legislação de viés eminentemente preventivo, que busca a boa governança antevendo as situações de improbidade, ou, caso venham a ocorrer, pretende que sejam elas mais visíveis aos órgãos repressivos[41].

---

[41] Art. 48. São instrumentos de transparência da gestão fiscal, aos quais será dada ampla divulgação, inclusive em meios eletrônicos de acesso público: os planos, orçamentos e leis de diretrizes orçamentárias; as prestações de contas e o respectivo parecer prévio; o Relatório Resumido da Execução Orçamentária e o Relatório de Gestão Fiscal; e as versões simplificadas desses documentos.
Parágrafo único. A transparência será assegurada também mediante: (Redação dada pela Lei Complementar n° 131, de 2009).
I – incentivo à participação popular e realização de audiências públicas, durante os processos de elaboração e discussão dos planos, lei de diretrizes orçamentárias e orçamentos; (Incluído pela Lei Complementar n° 131, de 2009).

DO TRATAMENTO CONSTITUCIONAL E LEGAL DA PROBIDADE ADMINISTRATIVA NO BRASIL | 83

A fiscalização da gestão fiscal é realizada de forma permanente por diversos órgãos, a saber: (1) sistema de controle interno de cada Poder; (2) Poder Legislativo de forma direta ou com o auxílio do Tribunal de Contas; (3) Conselho de Gestão Fiscal, formado por representantes de todos os Poderes e esferas de Governo, Ministério Público e de entidades representativas da sociedade (arts. 59 a 67); (4) sociedade em geral[42].

Como mencionado anteriormente, o Código Penal sofreu alteração em que foram incluídos os artigos 359-A a 359-H, que tipifica condutas relacionadas à malversação fiscal pública.

2.3.7 Lei da "Ficha Limpa" (Lei Complementar n° 135/2010)

O rol de inelegibilidades previsto no art. 14, §9°, da Constituição Federal, aponta que Lei Complementar Federal estabelecerá os casos de inelegibilidade, *a fim de proteger a **probidade administrativa, a moralidade** para o exercício de mandato, considerada a vida pregressa do candidato, e a normalidade e legitimidade das eleições contra a influência do poder econômico ou o abuso do exercício de função, cargo ou emprego na administração direta ou indireta* (grifo nosso).

A gênese da Lei da Ficha Limpa, na verdade, ocorreu com a Ação de Descumprimento de Preceito Fundamental (ADPF) n° 144, proposta pela Associação de Magistrados Brasileiros (AMB), visando garantir a inelegibilidade daqueles que sofrem processo penal, com o objetivo de moralizar o processo eleitoral. Ao final a ação foi julgada improcedente, sendo que os principais argumentos apresentados

---

II – liberação ao pleno conhecimento e acompanhamento da sociedade, em tempo real, de informações pormenorizadas sobre a execução orçamentária e financeira, em meios eletrônicos de acesso público; (Incluído pela Lei Complementar n° 131, de 2009).

III – adoção de sistema integrado de administração financeira e controle, que atenda a padrão mínimo de qualidade estabelecido pelo Poder Executivo da União e ao disposto no art. 48-A. (Incluído pela Lei Complementar n° 131, de 2009).

[42] PAZZAGLINI FILHO, Marino. *Lei de Improbidade Administrativa Comentada: aspectos constitucionais, administrativos, civis, criminais, processuais e de responsabilidade fiscal: legislação e jurisprudência atualizadas.* São Paulo: Atlas, 2002, p. 56.

foram a ausência de autoaplicabilidade do art. 14, §9º, da Constituição Federal, que demandaria lei complementar para que fossem especificadas as hipóteses de inelegibilidade, conforme supra mencionado, bem como o fato de que meras ações penais em curso não poderiam afastar a idoneidade moral do candidato, mercê do constitucional princípio da presunção de inocência. Entretanto, a discussão jurídica tomou corpo no meio social e fez com que a própria sociedade buscasse preencher as lacunas apontadas pelo Supremo Tribunal Federal.

Assim, a Lei Complementar nº 135/2010, de iniciativa popular, e que ficou conhecida com a Lei da Ficha Limpa, promoveu alteração da Lei Complementar nº 64/1990, modificando as hipóteses de inelegibilidades existentes, incluindo-se, por exemplo, a rejeição de contas relativas ao exercício de cargos ou funções públicas, bem como o momento de sua verificação, a fim de tutelar a probidade administrativa. A lei passou a incluir também novas hipóteses de inelegibilidades, vedando a políticos que tenham sofrido determinadas condenações a possibilidade de concorrer a cargos públicos eletivos[43].

A principal inovação surgiu em decorrência da previsão legal de que a inelegibilidade não demandaria o trânsito em julgado da sentença condenatória proferida pela Justiça Eleitoral, Cível ou Criminal, bastando que tenha sido emitida por órgão colegiado (art. 1º, §1º, d, e, h, j, l, n e p). A questão é bastante polêmica à luz do princípio constitucional da não culpabilidade, cravado no artigo 5º, LVII, da Constituição Federal. Contudo, por maioria de votos, o Supremo Tribunal Federal entendeu pela integral constitucionalidade da Lei Complementar nº 135/2010[44].

---

[43] Condenação criminal em alguns delitos; rejeição de contas; renúncia após protocolo de denúncia capaz de levar à cassação; quebra de decoro parlamentar; chefes do executivo cassados; aposentadoria compulsória; praticantes de abuso de poder político, econômico ou dos meios de comunicação; expulsos por conselhos profissionais; condenação por improbidade administrativa à suspensão dos direitos políticos, em decisão transitada em julgado ou proferida por órgão judicial colegiado, por ato doloso de improbidade administrativa que importe lesão ao patrimônio público e enriquecimento ilícito; servidores demitidos; realizadores de doações ilegais.

[44] Ações Declaratórias de Constitucionalidade nº 29 e 30 e a Ação Direta de Inconstitucionalidade 4.578.

2
DO TRATAMENTO CONSTITUCIONAL E LEGAL DA PROBIDADE ADMINISTRATIVA NO BRASIL | 85

Cláudio Lembo lembra que o artigo 107 da Constituição da Colômbia de 1991[45] possui disposição semelhante, mas que impõe ao partido político responsabilização caso seu filiado venha a ser condenado por vinculação a grupos armados ilegais e atividades do narcotráfico. Embora a hipótese de responsabilização da agremiação pela escolha do candidato seja limitada, de fato, seria importante que existisse dispositivo semelhante no direito pátrio, porquanto o receio de ser responsabilizado objetivamente pela conduta do filiado levaria o partido a um maior zelo sobre a análise da vida pregressa daqueles que pleiteiam filiação, à vista das consequências que potencialmente poderiam ser sofridas pela agremiação. Nesse sentido, Lembo assevera: *"Além da agremiação, que poderá perder benefícios de ordem financeira e sofrer multas, também os dirigentes partidários respondem pela inoperância ou má-fé na apresentação dos candidatos"*[46].

André de Carvalho Ramos aponta que a implementação da lei enfrenta alguns desafios decorrentes da diversidade das hipóteses de inelegibilidades criadas por ela, bem como sua aplicabilidade em todo o território nacional, de modo que alguém que receba uma condenação no Rio Grande do Sul estará impedido de concorrer também no estado do Amazonas. Desse modo, é imperioso que exista um sistema eficaz de cruzamento das informações dos diferentes órgãos responsáveis por decisões que impliquem em inelegibilidades, além da constante atualização dos bancos de dados, para que possa ser conferida eficácia ao diploma em comento[47].

---

[45] *"Los Partidos y Movimientos Políticos deberán responder por toda violación o contravención a las normas que rigen su organización, funcionamiento o financiación, así como también por avalar candidatos elegidos en cargos o Corporaciones Públicas de elección popular, quienes hayan sido o fueren condenados durante el ejercicio del cargo al cual se avaló mediante sentencia ejecutoriada en Colombia o en el exterior por delitos relacionados con la vinculación a grupos armados ilegales y actividades del narcotráfico o de delitos contra los mecanismos de participación democrática o de lesa humanidad"*. Redação dada pelo Acto Legislativo 1 de 2009.

[46] LEMBO, Cláudio. Faltou algo na lei da ficha limpa. In: CAGGIANO, Monica Herman Salem (coord.). FICHA LIMPA — *Impacto nos tribunais: tensões e confrontos*. São Paulo: Revista dos Tribunais, 2014, pp.119-120.

[47] RAMOS, André de Carvalho. Lei da Ficha Limpa após as eleições de 2012: como podemos avançar? In: CAGGIANO, Monica Herman Salem (coord.). FICHA LIMPA — *Impacto nos tribunais: tensões e confrontos*. op. cit., pp. 103-104.

2.3.8 Responsabilização dos Prefeitos Municipais e Vereadores (Decreto-lei n° 201/67)

O Decreto-lei n° 201/67 elenca os crimes de responsabilidade a que se sujeitam os Prefeitos Municipais. Dentre as 23 modalidades de condutas típicas previstas no artigo 1°, destacamos os primeiros dois incisos: I - apropriar-se de bens ou rendas públicas, ou desviá-los em proveito próprio ou alheio; II - utilizar-se, indevidamente, em proveito próprio ou alheio, de bens, rendas ou serviços públicos.

O processo criminal terá trâmite perante o Tribunal de Justiça do Estado em que estiver localizado o município, mercê da prerrogativa de foro por função prevista no art. 29, X, da Constituição Federal, e eventual condenação em quaisquer dos crimes previstos no decreto importará perda do cargo e inabilitação pelo prazo de cinco anos para o exercício de cargo ou função pública (art. 1°, §2°).

O art. 4° do decreto elenca as infrações político-administrativas que podem ser praticadas por prefeitos municipais, sujeitas ao julgamento pela Câmara dos Vereadores, e que igualmente acarretam a cassação do mandato, valendo ressaltar a previsão do inciso X, que consiste em *proceder de modo incompatível com a dignidade e com o decoro.* Embora a expressão decoro seja ampla e permita diversas interpretações sobre seu significado e alcance, é indubitável que a prática de corrupção consiste em proceder incompatível com a dignidade e com o decoro.

O artigo 7° do Decreto-lei atribui à Câmara dos Vereadores competência para cassar o mandato de vereador que se utilizar do mandato para a prática de atos de corrupção ou de improbidade administrativa (inciso I).

2.3.9 Lei de Acesso à Informação (Lei Federal n° 12.527/2011).

A Lei Federal n° 12.527, de 18/11/2011, reforçou o dever de acesso à informação aos órgãos de administração pública federal sob o aspecto de direito subjetivo do cidadão, cumprindo importante papel com o escopo de efetivar a transparência das contas públicas, dando maior eficácia ao princípio da publicidade, previsto no art. 37, *caput,*

2
DO TRATAMENTO CONSTITUCIONAL E LEGAL DA PROBIDADE ADMINISTRATIVA NO BRASIL | 87

da Constituição Federal, e também obrigando o administrador a publicar na internet dados e informações administrativas, tal qual a Lei de Responsabilidade Fiscal[48].

Sobre a transparência, pontifica Leonardo Avritzer acerca da relação público-privada:

> *"Uma relação entre público e privado sem nenhuma transparência gera um sistema de obrigações recíprocas sem nenhuma legalidade. No entanto, esses compromissos ou obrigações assumidos por membros do sistema político alteram fortemente os comportamentos do setor público e, ao serem expostos publicamente, ferem a imagem do Congresso e do sistema político"*[49].

Embora seja extremamente saudável a edição da referida lei, é certo que ela chega ao ordenamento pátrio com bastante atraso, sobretudo se tivermos presente que desde 1988 a Constituição Federal consagra o princípio da publicidade. A título de exemplo, cabe anotar que enquanto nossa Lei de Acesso à Informação foi aprovada em 2012, na Suécia legislação semelhante data de 1766[50].

2.3.10 Nova Lei Anticorrupção (Lei Federal n° 12.846/2013)

Recentemente foi editada a Nova Lei Anticorrupção – Lei Federal n° 12.846/2013, que trata da responsabilização objetiva de *pessoas*

---

[48] Contudo, há previsão para que determinados documentos sejam mantidos sob sigilo durante determinado período. A despeito de se reconhecer que, de fato, é prudente que determinados documentos sejam preservados durante um determinado lapso temporal, especialmente em homenagem à segurança de autoridades, não se pode deixar de atentar para o fato de que se trata de mais um flanco aberto à discricionariedade em que informações de possível conteúdo improbo venham a ficar afastadas das luzes da publicidade por longo período, tuteladas pelo manto do sigilo.

[49] AVRITZER, Leonardo. *Governabilidade, sistema político e corrupção no Brasil*. In: AVRITZER, Leonardo e FILGUEIRAS, Fernando. *Corrupção e sistema político no Brasil*. op. cit., p. 57.

[50] *"His Majesty's Gracious Ordinance Relating to Freedom of Writing and of the Press"* Estocomo, 02/12/1766. O §6° do documento trata do acesso público a decisões judiciais e administrativas. Disponível em: < http://www.chydenius.net/pdf/worlds_first_foia.pdf > p. 8, tradução de Peter Hogg. Acesso em 05/01/15.

jurídicas por condutas ilícitas praticadas por seus empregados em face da administração pública.

Trata-se de legislação de caráter não penal. A inovação fazia-se necessária na medida em que, até então, diante de omissão legislativa, a responsabilização recaía apenas sobre a pessoa física que praticava a conduta, ficando a empresa, usualmente a maior interessada e beneficiária da prática, alijada de qualquer consequência. Seguindo o modelo da Lei de Improbidade Administrativa, a Nova Lei Anticorrupção elenca as condutas puníveis em seu artigo 5°, e arrola as punições no art. 6°: multa de até 20% (vinte por cento) do faturamento bruto da empresa e/ou publicação extraordinária da decisão condenatória em meio de comunicação de grande circulação a expensas da empresa, além do dever de reparar o dano.

Tais punições independem de processo judicial e podem ser aplicadas no bojo de procedimento administrativo. A nova lei merece aplausos ao trazer no art. 16 o instituto do *acordo de leniência,* por meio do qual a autoridade máxima de cada órgão ou entidade pública pode celebrar acordo com as pessoas jurídicas responsáveis pela prática dos atos previstos na lei, desde que colaborem efetivamente com as investigações e o processo administrativo, permitindo que, assim, não seja publicada a decisão condenatória, o que protegeria o nome da empresa condenada, podendo ainda reduzir em até dois terços o valor da multa aplicada[51].

A instauração e o julgamento do processo administrativo cabem à autoridade máxima de cada órgão ou entidade dos Poderes Executivo, Legislativo e Judiciário, que agirá de ofício ou mediante provocação. O Ministério Público e a Advocacia Pública estão legitimados a propor ações visando ao perdimento de bens, suspensão ou interdição parcial de atividades, ou dissolução compulsória da pessoa jurídica. A Controladoria Geral da União tem competência concorrente no

---

[51] O acordo de leniência tem o sentido de suavizar as sanções aplicáveis àquele que pratica ato lesivo à administração pública, desde que, em contrapartida, ocorra colaboração efetiva da pessoa jurídica, que permita a identificação de demais envolvidos no ato ilícito e garanta maior celeridade na obtenção de provas. DAL POZZO, Antonio Araldo Ferraz et al. *Lei Anticorrupção – Apontamentos sobre a Lei n° 12.846/2013.* Belo Horizonte: Fórum, 2014, p. 63.

DO TRATAMENTO CONSTITUCIONAL E LEGAL DA PROBIDADE ADMINISTRATIVA NO BRASIL

âmbito do Poder Executivo Federal. Todavia, a exequibilidade da lei dependia de regulamentação, o que foi cumprido recentemente diante da edição do decreto presidencial n° 8.420, de 18/03/2015[52].

Alinhamo-nos ao posicionamento de Roberto Livianu, para quem seria interessante que o Ministério Público também fosse legitimado a realizar o acordo de leniência[53] ou ao menos obrigatoriamente emitisse parecer a seu respeito. Tal medida se justifica não apenas pela experiência no manejo de Termos de Ajustamento de Conduta, mas também para que se evite que acordos de leniência possam ser realizados em condições desvantajosas à administração, com o singelo objetivo de evitar que fatos de maior gravidade cheguem ao conhecimento de outros órgãos e não venham a ser apurados. Além disso, existe o risco de que os órgãos legitimados celebrem o acordo de leniência sem dispor de informações relacionadas a investigações de natureza criminal a cargo do Ministério Público, com as quais talvez não celebrassem a colaboração ou a fizessem sob diferentes condições.

O parágrafo 7° do artigo 16 da lei é expresso no sentido de que o acordo de leniência rejeitado não importará em reconhecimento da prática de ato ilícito, o que é absolutamente correto, na medida em que eventual condenação sempre demanda a produção de prova. Entretanto, não se ignora que podem ocorrer situações curiosas, em que a empresa formula proposta reconhecendo ter pago propina para ter acesso a um contrato público, e se compromete a restituir elevados valores e indicar coautores; porém, recusada a proposta, sustenta negativa de autoria, ou seja, a ausência de qualquer envolvimento com os fatos.

Sob o viés dos acusados pessoas físicas, a celebração do acordo de leniência pela empresa poderia vir a prejudicá-los na esfera criminal, o que pode impedir a empresa de celebrar o acordo para não complicar a situação de seus próceres quando houver o envolvimento de empregados de cargos elevados.

O art. 7° da lei revela critérios a serem considerados na aplicação da pena, como a existência de mecanismos internos de integridade,

---

[52] No Estado de São Paulo a regulamentação ocorreu pelo Decreto n° 60.106/2014.

[53] LIVIANU, Roberto. *Corrupção – Incluindo a Lei Anticorrupção*. 2ª ed. São Paulo: Quartier Latin, 2014, p. 187.

auditoria e incentivo a denúncia de irregularidades, ou seja, a existência de programas de *compliance*[54], que representam instrumentos para que sejam cumpridas as normas legais e éticas na condução dos negócios.

Em relação às sanções que dependem de processo *judicial*, o art. 19 arrola as sanções de natureza *civil*, quais sejam, o perdimento dos bens, direitos ou valores que representem vantagem ou proveito direta ou indiretamente obtidos da infração, suspensão ou interdição parcial de suas atividades, e dissolução compulsória da pessoa jurídica, bem como as sanções de índole *administrativa*, nomeadamente a proibição de receber incentivos, subsídios, subvenções, doações ou empréstimos de órgãos ou entidades públicas e de instituições financeiras públicas ou controladas pelo poder público.

2.3.11 Lei Federal n° 12.813/2013

A Lei Federal n° 12.813, de 16 de maio de 2013, trata do conflito de interesses públicos e privados, tanto de servidores como de ex-servidores, gerando situação que "*possa comprometer o interesse coletivo ou influenciar, de maneira imprópria, o desempenho da função pública*"[55].

A lei estabelece prazo de quarentena pelo período de seis meses após a extinção do vínculo com a administração pública, impedindo que algumas autoridades, salvo autorização expressa, possam praticar atos que configurem conflito de interesses[56].

---

[54] O temo tem origem na língua inglesa, no verbo *comply*, que significa concordar, obedecer.

[55] Art. 3°, I.

[56] Art. 6°. Configura conflito de interesses após o exercício de cargo ou emprego no âmbito do Poder Executivo federal:
(...)
II - no período de 6 (seis) meses, contado da data da dispensa, exoneração, destituição, demissão ou aposentadoria, salvo quando expressamente autorizado, conforme o caso, pela Comissão de Ética Pública ou pela Controladoria-Geral da União:
a) prestar, direta ou indiretamente, qualquer tipo de serviço a pessoa física ou jurídica com quem tenha estabelecido relacionamento relevante em razão do exercício do cargo ou emprego;

A norma tem o claro objetivo de afastar a influência de que alguns servidores poderiam dispor perante a administração, atuando na esfera privada. Trata-se de preocupação relevante, pois é cediço que diversos funcionários que deixam a administração pública passam a ser cobiçados pela esfera privada em razão dos conhecimentos que possuem acerca do funcionamento interno da administração, mas também em virtude de eventuais facilidades de acesso que podem dispor junto a órgãos públicos.

---

b) aceitar cargo de administrador ou conselheiro ou estabelecer vínculo profissional com pessoa física ou jurídica que desempenhe atividade relacionada à área de competência do cargo ou emprego ocupado;

c) celebrar com órgãos ou entidades do Poder Executivo federal contratos de serviço, consultoria, assessoramento ou atividades similares, vinculados, ainda que indiretamente, ao órgão ou entidade em que tenha ocupado o cargo ou emprego; ou

d) intervir, direta ou indiretamente, em favor de interesse privado perante órgão ou entidade em que haja ocupado cargo ou emprego ou com o qual tenha estabelecido relacionamento relevante em razão do exercício do cargo ou emprego.

3
DOS FATORES ESTRUTURANTES DA CORRUPÇÃO NO SISTEMA JURÍDICO BRASILEIRO

Rose-Ackerman menciona a história em que o governante A exibe sua nova mansão ao governante B, aponta na direção de uma nova estrada e explica que deve a mansão ao ganho de 30% com o valor de uma determinada obra. Tempos depois, B chama A para conhecer sua nova mansão, duas vezes maior do que a de A. Indagado por A como teria conseguido a mansão, B aponta para o nada e diz que foi por conta daquela estrada. Intrigado, A diz que não há estrada alguma ali, ao que B esclarece que o ponto é exatamente este: *100% de ganho*[1]. Isso mostra que, dentre os diversos níveis de corrupção, esta é ainda mais grave quando, além do superfaturamento, a obra sequer chega a ser realizada.

A corrupção se desenvolve na constituição de obrigações recípro-cas. Não raro um político apoia e vota um projeto de outro político, não por acreditar no interesse público do projeto, mas como condição para que em outro projeto, de seu interesse, receba o voto do colega. É o que os americanos denominam *mutual back scratching*. Distinguir o jogo político democrático da venda ideológica de decisões e manifestações é a difícil tarefa que devemos enfrentar.

---

[1]   ROSE-ACKERMAN, Susan. *Corruption Government: Causes, Consequences and Reform*. Cambridge, Reino Unido: Cambridge Press, 1999, pp. 122-123.

É imperioso, então, tentar compreender a razão pela qual a corrupção política se insere em nosso sistema, mesmo a despeito de número tão elevado de normas protetivas e de instituições de controle da probidade.

Ao tratarmos de fatores estruturantes da corrupção pretendemos lançar luz sobre questões legais que fomentam a prática corruptiva, demonstrando que o combate à corrupção não ocorre simplesmente por meio da repreensão de condutas improbas e da melhora da *accountability*, ou seja, dos instrumentos de transparência e aprimoramento na gestão administrativa. É certo que o problema da corrupção é fundamentalmente político, de modo que é importante que exista um incremento da máquina administrativa, da boa governança, para que se vislumbre melhoras no combate à prática da improbidade.

Contudo, determinados instrumentos jurídicos, a despeito de apresentar roupagem de melhor eficiência administrativa ou de prestígio ao equilíbrio de poderes, em verdade, enfraquecem a tutela de probidade, como tentaremos demonstar.

3.1 Vínculos partidário-eleitorais e seus reflexos

O partido político pode ser conceituado de forma singela como um agrupamento livre e estável de pessoas que, reunidas em razão de um conjunto de ideias em comum, se dispõe a participar do certame eleitoral com o escopo de conquistar poder político para então implementar políticas próprias. Emergem duas características inerentes às agremiações políticas: a existência de vínculo ideológico expresso em um programa partidário e o conteúdo teleológico, qual seja, o objetivo de conquistar poder para organizar a sociedade e obter apoio para o governo[2].

A efetivação da democracia depende da existência e bom funcionamento dos partidos políticos. Como já observado, o partido político é o meio natural e adequado para a reunião de diferentes correntes ideológicas com o escopo de oferecer ao eleitor e, em última análise, à sociedade, a oportunidade de escolha de um projeto de administração com determinado viés. Assim, o eleitor pode se identificar mais com propostas de natureza social, liberal, ecológica,

---

[2] STRECK, Lenio Luiz e MORAIS, José Luis Bolsan de. *Ciência Política & Teoria do Estado*. 7ª ed. Porto Alegre: Livraria do Advogado Editora, 2012, p. 184.

enfim, com diversas matrizes de pensamento político. Contudo, a relação existente entre os partidos políticos, o poder governante e as divisas necessárias à realização de campanhas eleitorais demandam análise diferenciada.

O representante, uma vez eleito, desliga-se do eleitor e de suas propostas, passando a representar, em tese, a coletividade. Na prática, não é isso o que normalmente acontece, pois é muito comum que o representante, inclusive a bem de sua sobrevivência política, siga as diretrizes de seu partido político e de seu grupo de suporte. Por isso, Costa Neto adverte que as limitações democráticas fizeram com que o *"Estado se limitasse ao papel de intermediário, agente de acomodação de interesses parciais contrapostos"[3]*.

Não há nada de errado com o fato de o representante defender os interesses do grupo que representa. Ao contrário, tal conduta reflete o fortalecimento dos partidos políticos e, por consequência, da democracia. Entretanto, esse cenário impõe que se analise a forma pela qual os partidos políticos ganham representatividade, quais situações motivam ou induzem a conduta dos parlamentares, qual o vínculo entre os representantes e aqueles que o financiam, etc.

Na Alemanha, o artigo 108e do Código Penal (*stGB*) –, embora no passado punisse a conduta do parlamentar quando ele tentava vender ou efetivamente vendia seu voto no Parlamento Europeu, em assembleias de representação da federação, de Estados Federados, de comunidades ou agrupamentos de comunidades –, não reprimia condutas como a recompensa por certa votação nem a concessão prévia de presentes sem uma vinculação direta a interesse imediato. Entretanto, após recente alteração legislativa que deu nova redação ao dispositivo mencionado, a partir de 01/09/2014 a legislação passou a tratar de qualquer tipo de vantagem indevida, relacionada à ação ou omissão do agente público, punindo-se tanto aquele que oferece como também aquele que recebe vantagem indevida[4].

---

[3]   COSTA NETO, José Wellington Bezerra da. *Assistência Judiciária Gratuita: acesso à justiça e carência econômica*. Coord. Ada Pellegrini Grinover e Petronio Calmon. 1ª ed. Brasília: : Gazeta Jurídica, 2013, p. 20.

[4]   Bestechlichkeit und Bestechung von Mandatsträgern. Disponível em <http://dejure.org/gesetze/StGB/108e.html. Acesso em 04/01/2015.

Uma primeira questão a ser abordada, que recentemente tem sido objeto de grande repercussão, é o problema do financiamento eleitoral de campanhas políticas. Tem-se observado que grandes empresas e conglomerados financeiros realizam doações milionárias a partidos políticos, sem qualquer viés minimamente ideológico, já que as grandes empresas costumam efetuar doações tanto aos partidos de situação quanto aos de oposição. Esse comportamento, sobretudo à vista dos valores envolvidos e da pujança que impõe ao pleito eleitoral, gera um sistema de obrigação dos partidos/candidatos eleitos para com os doadores. Por tal razão, nos últimos anos tem sido levantada a possibilidade de alteração do sistema de financiamento de campanhas, de privado para público.

Ao indicar a necessidade de financiamento para a realização de campanhas eleitorais, embora aponte o risco de manipulação diante de financiamento público, Noonan lembra que os doadores privados acreditam que, ao menos em algumas questões principais, o donatário votará em alinhamento com o interesse do doador. À vista disso, questiona-se: até que ponto essa reciprocidade tácita não seria semelhante à propina?[5] E nessa linha, complementamos: até que ponto, então, a suposta igualdade democrática estaria contaminada, de modo que o vencedor do pleito tende a ser não aquele que tem melhores propostas, em condições iguais de disputa, mas aquele que tem maior capacidade para arrecadação?

Huntington bem descreve o funcionamento do sistema de troca existente na corrupção política: *"Uns trocam dinheiro pelo poder político, os outros trocam o poder político pelo dinheiro. Mas, em ambos os casos, vende-se algo público (um voto, um cargo ou uma*

---

[5] *"Campaigns require money. Unless only the rich are to run, the money must be raised. If the government supplied it, the danger of manipulation by incumbents would be great. If the money comes from citizens, they give it to candidates they expect to vote, on at least some issues, in accordance with the donors' desires. Normally, at any rate, money is given to an officeseeker whose views on important issues coincide with the giver's. The money is translated into particular votes. A tacit reciprocity exists. How is money given a candidate different from a bribe?".* NOONAN, John Thomas Jr. Bribes. The Intellectual History of a Moral Idea. Califórnia, EUA: University of California Press, 1987, p. 621.

decisão) para um ganho particular"[6]. Lamentavelmente, é isso o que tem ocorrido com o atual sistema de financiamento de campanhas políticas no Brasil.

A Lei dos Partidos Políticos, Lei nº 9.096/95, teve como traço marcante a liberação de doações empresariais, alterando o regramento até então vigente. Todavia, não foi estabelecido um teto para as campanhas eleitorais, o que se prestaria a tentar ao menos limitar a influência maciça do capital na disputa democrática. O Estado financia, desde a edição do mencionado dispositivo, os partidos políticos que, de acordo com seu desempenho nas eleições, têm direito a determinada parcela do fundo partidário. Porém, o Estado não financia os partidos para o certame eleitoral, liberando-os para angariar recursos na esfera privada.

Sobre as doações eleitorais, que ostentam verdadeira natureza de tráfico de influência, assevera Pierre-Antoine Lorenzi:

> *"Para obter um mercado, uma empresa deve efetuar uma 'doação' ao partido político que está ligado ao poder de decisão. O pagamento financeiro apresentado como uma 'doação' é perfeitamente legal (...) Entretanto, esta 'doação' não é desinteressada. Ela é resultado de um tráfico de influência. É o prêmio pela obtenção de um ou vários mercados públicos"* (tradução nossa)[7].

Nas eleições de 2010, do total arrecadado para as campanhas eleitorais, 53,3% foram provenientes de pessoas jurídicas[8]. Não por coincidência, as maiores doadoras estão envolvidas em escândalos de corrupção. Qual Seria, então, o erro nesse modelo? As empresas

---

[6] HUNTINGTON, Samuel Phillips. A ordem política nas sociedades em mudança. Trad. Pinheiro de Lemos. Rev. Renato Raul Bochi. São Paulo: Editora Forense-Universitária, 1975, p. 75.

[7] *"Pour obtenir un marché, une enterprise doit effectuer un << don >> au parti politique auquel est lié le décideur. Le versement financier présenté comme un << don >> est parfaitement legal (...) Cependant, ce << don >> n'est pas désintéressé. Il est le résultat d'un trafic d'influence. Il est le prix de l'obtention d'un ou plusieurs marchés publics"*. LORENZI, Pierre-Antoine. *Corruption et Imposture*, Paris: Éditions Balland, 1995, pp. 129-130.

[8] SPECK, Bruno Wilhelm. O financiamento político e a corrupção no Brasil. In: BIASON, Rita de Cássia (Org.). *Temas de corrupção política*. São Paulo: Balão Editorial, 2012, p. 71.

que atualmente doam cifras altíssimas para determinados candidatos e partidos políticos fariam o mesmo se a doação fosse indistinta a um fundo que beneficiasse a todos os partidos, na mesma proporção?

Alguns dados interessantes podem ser colhidos também das eleições municipais de 2012. Observou-se que seis dos dez maiores doadores privados às campanhas eleitorais eram empreiteiras que possuem contratos com o setor público, sendo que a maior doadora repassou 23 milhões de reais à direção de 14 partidos políticos[9]. A conduta, a despeito de legal diante das normas vigentes, é deveras acintosa, apartada de qualquer convicção política, permitindo que a empresa efetue doação a 14 agremiações distintas e, terminado o pleito, identifique os locais em que cada qual saiu vencedora, aproximando-se para a celebração de contratos, ciente da importância que teve para o sucesso daqueles candidatos.

Os defensores do financiamento privado sustentam que os recursos injetados em determinado partido ou candidato prestam-se a refletir uma expressão de preferência política, ou seja, um engajamento político. Argumenta-se também que a escassez de verbas públicas à vista da elevada demanda por serviços públicos implicaria em desperdício de divisas que poderiam incrementar os serviços básicos, como educação, saúde, segurança, etc. Bruno Speck, porém, adverte que *"onde o financiamento político depende basicamente de empresas, é colocado em risco o papel central do cidadão no processo eleitoral"*[10], ou seja, quanto mais o sistema de financiamento político estiver atrelado livremente a doações privadas, sobretudo de pessoas jurídicas que inclusive prestam serviços à administração pública, mais o cidadão, cada vez mais descrente com a política, é colocado à margem do processo. Por tal razão, países como a França vedam totalmente o financiamento privado por pessoas jurídicas[11].

---

[9] Empreiteiras lideram ranking de doação privada. Estadão. São Paulo, 15/07/2012. Disponível em: <http://politica.estadao.com.br/noticias/ geral,empreiteiras-lideram-ranking-de-doacao-privada,930787>. Acesso em 29/07/2014.

[10] SPECK, Bruno Wilhelm. O financiamento político e a corrupção no Brasil. In: BIASON, Rita de Cássia Biason (org.). Temas de corrupção política. op. cit., p. 76.

[11] Code Électoral. Article L52-8. *Les personnes morales, à l'exception des partis ou groupements politiques, ne peuvent participer au financement de la*

DOS FATORES ESTRUTURANTES DA CORRUPÇÃO NO SISTEMA JURÍDICO BRASILEIRO | **99**

Discute-se, portanto, se um parlamentar que aceita altas somas de dinheiro para sua campanha estaria vendendo seu voto ou apenas valendo-se da prerrogativa democrática de tutelar os interesse de seu grupo de suporte.

Para que o processo eleitoral seja equânime é indispensável que os candidatos possam partir, ao menos em tese, do mesmo ponto, ou seja, com recursos igualitários ou ao menos similares. Imaginemos a competição olímpica de atletismo dos 100 metros rasos. A disputa é reputada como justa porque todos os que ali estão obtiveram as marcas necessárias para chegar à final, ainda que cada qual tenha uma estrutura diferenciada para treinos. Além disso, todos os competidores largarão do mesmo local e percorrerão a mesma distância, sob as mesmas condições de temperatura e pressão atmosférica. No caso do financiamento privado, os candidatos que tiverem milhões de reais a mais do que os outros candidatos não largam do mesmo ponto, mas sim da marca de 50 metros ou mais e sob temperatura mais amena. Embora a regra do jogo eleitoral fosse esta, em que as doações privadas, sobretudo de pessoas jurídicas, são reputadas legais à luz das normas vigentes, e sem a existência de um teto, não se pode deixar de mencionar as doações ilegais, não contabilizadas, que representariam, no exemplo, o *doping*.

Infelizmente, a experiência tem demonstrado o que a lógica já indicava, ou seja, que as empresas que realizam financiamento de campanhas eleitorais não o fazem por altruísmo ou preocupação com o incremento democrático. Ao revés, após o certame, colhem os louros da vitória de seus candidatos por meio de contratos de obras, bens e serviços, concessão de licenças e autorizações, verificações fiscais menos rigorosas, empréstimos estatais com condições mais favoráveis, etc[12]. Nesse sentido, escândalos de corrupção são encontrados

---

campagne électorale d'un candidat, ni en lui consentant des dons sous quelque forme que ce soit, ni en lui fournissant des biens, services ou autres avantages directs ou indirects à des prix inférieurs à ceux qui sont habituellement pratiqués. Disponível em: <http://www.legifrance.gouv.fr/affichCode.do;jsessionid=27B18D51C3CADD0B6DCC31AAA9960245.tpdila18v_2?idSectionTA=LEGISCTA000006148459&cidTexte=LEGITEXT000006070239&dateTexte=20150424>. Acesso em 23/04/2015.

[12] SPECK, Bruno Wilhelm. O financiamento político e a corrupção no Brasil. In: BIASON, Rita de Cássia Biason (org.). Temas de corrupção política. op. cit., pp. 80-81.

aos borbotões. Além disso, os benefícios aos doadores não se limitam a decisões administrativas, abrangendo o próprio norte da atividade dos candidatos eleitos, ao que Bruno Speck denomina *captura de Estado*[13].

Embora esses benefícios possam ser obtidos por meio de suborno a funcionários públicos, sua aquisição por meio do financiamento político é mais vantajosa. Speck diferencia a *corrupção administrativa*, o suborno, da *concessão de favores em consequência de doações políticas* por meio de três fatores. Enquanto na corrupção administrativa o abuso do poder público é usado para obter fins privados, no financiamento político o escopo é obter vantagens políticas, que consistem, principalmente, em incrementar as chances de eleição com os recursos doados. A corrupção administrativa é ilegal e invariavelmente redunda em atividade criminosa, ao passo que a corrupção com fins políticos, consubstanciada em doações eleitorais, é lícita, desde que observados os limites legais. Outra diferença reside na dimensão temporal dos benefícios almejados. Na corrupção administrativa, o pagamento da propina ocorre normalmente próximo ao momento em que é praticado o benefício concedido ao agente privado, em que os negócios não são mensurados no varejo (excetuadas as redes de corrupção amplamente organizadas). Já na corrupção política, por meio do financiamento eleitoral, o doador está ciente de que os benefícios espúrios somente ocorrerão depois do pleito eleitoral. Por fim, o autor anota que os benefícios advindos de doações de campanha provêm da administração pública e só funcionam porque os políticos donatários eleitos possuem influência sobre a rotina do serviço público, diferentemente da corrupção administrativa, em que o elemento político não é indispensável para a concretização do ato, bastando a troca entre agentes privados e servidores públicos[14].

---

[13] *"Um chefe de governo que obteve financiamento do crime organizado poderá afrouxar a fiscalização da venda de produtos pirateados, permitindo margem de lucro maior para o setor. Igualmente, legisladores que tiveram apoio financeiro de empresas do setor farmacêutico poderão levá-lo em conta no momento de decidir sobre a regulação de pontos críticos para o setor, como a venda de remédios fragmentados".* Idem, pp. 80-81.

[14] *Idem*, pp. 87/88.

Os grandes doadores de campanhas políticas buscam a tutela do favorecimento tanto em decisões de viés político como também para lidar com a burocracia na obtenção de contratos e concessões, o que naturalmente orienta o trabalho dos eleitos, atingindo os valores democráticos, salvo raras exceções[15]. Portanto, as doações eleitorais que são realizadas por pessoas jurídicas têm objetivo a médio e longo prazos, pretendendo criar uma relação de confiança entre doador e donatário, que possa permitir o alinhamento dos interesses privados da empresa aos interesses pessoais do candidato eleito. Outrossim, mesmo quando se trata de doações legais, muitos candidatos e doadores preferem que elas sejam realizadas de forma ilegal, ocultamente, por meio do denominado "caixa 2" de campanha, para que no futuro, quando o candidato eleito vier a praticar atos em benefício da empresa, não seja acusado de favorecimento. Tal razão, inclusive, nos leva a desacreditar as propostas que mantêm o financiamento privado, desde que realizado apenas por pessoas físicas. A burla a tal sistema dependeria apenas de empresas e candidatos que, imbuídos de má-fé, realizassem a distribuição de valores por meio de pessoas físicas. De qualquer forma, ainda que instituído o sistema exclusivamente público de financiamento eleitoral, será imperioso também estabelecer regras e mecanismos de controle para exigir que os candidatos recebam os recursos de forma igualitária. Do contrário, um determinado partido poderia vincular grande parte de sua verba a um candidato específico, de modo que ele tenha grande vantagem em comparação a candidatos de agremiações menores, cuja verba seria evidentemente inferior em decorrência de uma menor bancada.

Recentemente, o Supremo Tribunal Federal, por maioria de votos, na Ação Direta de Inconstitucionalidade nº 4650, reconheceu a inconstitucionalidade de dispositivos legais constantes da Lei das Eleições (Lei nº 9.504/1997) e Lei dos Partidos Políticos (Lei nº 9.096/1995) que autorizavam as contribuições de pessoas jurídicas às campanhas eleitorais. Na essência, o julgamento reconhece que as eleições não

---

[15] Rose-Ackerman cita que no estado da Carolina do Norte, nos Estados Unidos, em 1997, uma construtora que não recebeu o benefício que esperava após a eleição do governador a quem havia efetuado doação pediu o dinheiro de volta. ROSE-ACKERMAN, *Susan. Corruption Government: Causes, Consequences and Reform.* Cambridge, Reino Unido: Cambridge Press, 1999, p. 133.

podem estar sujeitas à influência do poder econômico e tenta reduzir a força do capital nas campanhas eleitorais, que gera grave desigualdade existente entre candidatos e partidos. Contudo, conforme retro assinalado e nos termos do voto da Min. Carmen Lúcia no referido julgamento, é imperioso que se faça o devido controle da decisão, sob pena de deixar aberto flanco à contribuição não contabilizada.

Com efeito, tão importante quanto reprimir a doação eleitoral realizada por pessoa jurídica é impedir e reprimir exemplarmente as doações realizadas por meio do chamado "caixa 2", quando a doação ocorre ocultamente. Em síntese, contabilizada ou não, a doação por pessoa jurídica subjuga o poder democrático pelo poder econômico.

Diante dessa decisão, a PEC nº 182/2007, que prevê a alteração dos parágrafos 5 e 6 do artigo 17 da Constituição Federal, para autorizar as doações eleitorais por pessoas jurídicas a partidos políticos e candidatos, corre o risco de, incontinenti a sua aprovação, ser declarada inconstitucional, na esteira do que decidido na ADI 4650.

Nesse cenário, posicionamo-nos como Alysson Leandro Mascaro, para quem "*o juspositivismo fala de uma verdade que é uma mentira: é verdade que o direito atualmente é reduzido à técnica normativa, mas não é verdade que as razões do direito sejam limitadas somente ao mundo normativo-estatal*"[16]. E aqui, embora o direito ateste que doações desse jaez são legais e, em tese, legítimas, na medida em que serviriam ao incremento do regime democrático, em verdade balizam a aniquilação da essência do próprio regime, subjugando a democracia ao poder do grande capital privado.

Evidentemente, há muito a ser analisado sobre o financiamento público de campanha, até porque, se o financiamento público garante que não haverá doações privadas legais, não previne a ocorrência de doações ilegais. Porém, como já mencionado, não haveria como fornecer um panorama geral de diversas questões ligadas à probidade se realizássemos o devido aprofundamento de cada uma das questões levantadas neste trabalho.

---

[16] MASCARO, Alysson Leandro. *Filosofia do Direito*. 2ª ed. Sal Paulo: Atlas, 2012, p. 24.

DOS FATORES ESTRUTURANTES DA CORRUPÇÃO NO SISTEMA JURÍDICO BRASILEIRO | 103

Em síntese, conforme acreditamos ter assentado, parece-nos que o financiamento público de campanhas seria o melhor caminho para a tutela da democracia e, por via de consequência, da probidade. Naturalmente, não basta que o financiamento seja público, mas também é necessário que as condições para os candidatos sejam iguais. De nada adiantará que o financiamento seja público se, em última análise, a divisão dos valores corresponder à mesma proporção que hoje é verificada. Embora se possa afastar a influência direta de empresas, não se resolverá o problema da igualdade de condições para competir, elemento essencial à democracia, conforme já assinalado no início da pesquisa. Tratando-se de eleição para cargo majoritário, por exemplo, em que cada agremiação pode concorrer com um candidato, caberia a partilha idêntica de recursos e tempo de propaganda, independentemente do tamanho da bancada eleita e da existência de coligações, para que os candidatos possam, com paridade de armas, apresentar a si e suas propostas para a população.

Nessa mesma linha, não parece haver lógica na diferenciação de tempo de rádio e televisão para candidatos a cargos majoritários, favorecendo-se as coligações que visam à aquisição de preciosos segundos nos programas eleitorais, bem como impedindo que a população conheça candidatos que nada mais podem fazer além de declarar seu nome e seu respectivo número para votação.

É saudável que existam limitações à criação de partidos políticos, as denominadas cláusulas de barreira, mas uma vez legalmente criados, devem dispor de iguais condições para expor suas propostas, diretrizes e apresentar seus candidatos[17].

Outra questão de relevo é o fato de o instituto da reeleição demonstrar, estatisticamente, que a chance de um candidato ser reconduzido ao cargo é sempre maior do que a de ser eleito se estava fora do poder.

---

[17] Segundo a PEC nº 182/2007, que inclui o parágrafo 8 ao artigo 17 da Constituição Federal, o acesso ao fundo partidário e o acesso gratuito ao rádio e à televisão ocorreria exclusivamente aos partidos que, com candidatos próprios, elegessem ao menos um representante para qualquer das Casas do Congresso Nacional.

Na América Latina, podem ser observados diversos casos em que houve a recondução dos governantes que se encontravam no poder[18].

Muitos defendem o instituto da reeleição como instrumento de prestígio ao regime democrático, não se podendo retirar do eleitorado a possibilidade de escolher um determinado candidato, sobretudo alguém que já foi submetido ao escrutínio popular e aprovado por ele. Além disso, advogam os defensores do instituto que o governante, buscando o sucesso na reeleição, tenderia a se aproximar mais da vontade dos eleitores. De outro flanco, porém, há severas críticas à reeleição em virtude do risco de concentração de poder e personalização da figura do governante. A concentração de poder com a utilização dos recursos públicos, conhecida como *"uso da máquina"*, a seu favor, nos locais e segmentos que geram maior interesse político, militam contra o desenvolvimento dos regimes democráticos e empoderam excessivamente o executivo. Nessa linha, Monica Herman Salem Caggiano também adverte para os riscos da reeleição em relação à alternância de poder:

> *"Em verdade, como assinalado no nosso Sistemas Eleitorais x Representação Política, o princípio decorre de interpretação extremamente restritiva do* standard *republicano que impõe a alternância, evitando-se a perpetuação e a personificação do poder. (...) O continuísmo e o sempre presente perigo anunciado por Montesquieu, de que o poder corrompe o próprio poder, encontram-se como base a servir de respaldo à regra da inelegibilidade"*[19].

Diversos estudos apontam que aqueles que concorrem à reeleição têm significativa vantagem em comparação aos demais candidatos, conforme lembra Gabriel L. Negretto[20]. Tal poder de barganha

---

[18] Na América Latina o candidato à reeleição saiu vitorioso do pleito nas últimas eleições em diversos países: Equador (Rafael Correa); Brasil (Dilma Rousseff); Colômbia (Juan Manuel Santos Calderón); Bolívia (Evo Morales); Venezuela (Hugo Chaves faleceu quando já exercia o terceiro mandato); Argentina (Cristina Fernández de Kirchner).

[19] CAGGIANO, Monica Herman Salem. *A reeleição: tratamento constitucional (breves considerações)*. Preleções Acadêmicas, CEPS - Centro de Estudos Políticos e Sociais de São Paulo, Caderno 1, 1997, pp. 7-8.

[20] NEGRETTO, Gabriel Leonardo. *Making Constitutions*. Presidents, Parties and Institutional Choice in Latin America. Nova Iorque, EUA: Cambridge University Press, 2013, p. 32.

DOS FATORES ESTRUTURANTES DA CORRUPÇÃO NO SISTEMA JURÍDICO BRASILEIRO | 105

estende-se à sua influência junto ao Poder Legislativo, cujos membros, cientes de um provável sucesso do governante no pleito vindouro, o apoiam-no com o objetivo de integrar o próximo governo. Isso sem mencionar os cargos de destaque em ministérios e secretarias que são usados como moeda de troca para garantir o apoio do governo nas casas legislativas[21].

A limitação à rotatividade e alternância no Poder Executivo afetam elemento intrínseco ao regime democrático. As observações de Marcelo Figueiredo sobre a reeleição presidencial no Brasil, nesse sentido, são precisas:

> Conquanto tenhamos, no Brasil, apenas duas experiências históricas para fazer um juízo mais definitivo a respeito do tema, podemos ainda dizer que, aparentemente, a reeleição deturpa o processo eleitoral e desequilibra a disputa entre os candidatos. É muito difícil separar a figura do candidato da do governante. Há um evidente desequilíbrio na disputa a favor de quem detém o poder no momento da eleição.
>
> No Brasil, o que se viu nas duas (re)eleições dos candidatos Fernando Henrique Cardoso (FHC) e Lula foram abusos com a manipulação do ferramental administrativo, repasse de receitas e uso direto da máquina administrativa, como também com a visibilidade que a função dá a quem a exerce. Houve ainda em diversas oportunidades o uso indireto do cargo[22].

A PEC nº 182/2007, que trata da matéria, pretende alterar o artigo 14, parágrafo 5º, da Constituição Federal para vedar a reeleição imediata, ou seja, para o mandato subsequente, para a chefia do Poder Executivo nas três esferas. Parece-nos que seria saudável também que houvesse alguma limitação para o próprio Parlamento, com a possibilidade

---

[21] LOUREIRO, Maria Rita, OLIVIERI, Cecília e MARTES, Ana Cristina Braga. Burocratas, partidos e grupos de interesse: o debate sobre política e burocracia no Brasil. In: LOUREIRO, Maria Rita, ABRUCIO, Fernando e PACHECO, Regina. *Burocracia e Política no Brasil: desafios para a ordem democrática no século XXI*. Rio de Janeiro: Editora FGV, 2010, p. 105.

[22] FIGUEIREDO, Marcelo. *Direito Constitucional: estudos interdisciplinares sobre federalismo, democracia e Administração Pública*. Belo Horizonte: Fórum, 2012, p. 32.

de recondução a somente dois ou três exercícios consecutivos, visando exatamente prestigiar a alternância.

As emendas parlamentares constituem outro instrumento que, a nosso juízo, vinculam de maneira indevida a pessoa física do parlamentar à distribuição de verbas públicas a determinada localidade, e prestam-se a reforçar as facilidades relacionadas à reeleição. Além disso, lamentavelmente, diversos casos estruturam o sistema corruptivo na medida em que vinculam, mediante pagamentos, o parlamentar que destina a verba, o ente público que a recebe e as empresas privadas que realizarão as obras.

Marlon Reis editou livro em que, sob a condição do anonimato, colheu depoimentos de diversos políticos que revelavam as entranhas do poder em sua relação com a corrupção. No que tange às emendas parlamentares, colaciono trecho da referida obra:

> *"Conseguir uma emenda não é fácil. Exige muito esforço do parlamentar que, além do mais, precisa atender a uma multidão de pessoas que o procuram atrás desses recursos. Então, nada mais justo que remunerar de alguma maneira essa atuação do deputado. Não pode passar em branco. Suamos a camisa para direcionar o dinheiro, e quem vai recebê-lo sabe que merecemos bem mais do que um 'muito obrigado'. Afinal, como vamos nos eleger para continuar trazendo dinheiro para a comunidade?*
>
> *A prefeitura que recebe o dinheiro de uma emenda poderia não ter sido contemplada se não fosse por nós, então ela tem de pagar por essa lembrança. Ou por acaso o prefeito não vai retirar uma parte para ele a título de comissão?*
>
> *Além disso, há de se pesar o custo da atividade do parlamentar. Ele vai destinar seu tempo, sua energia para brigar, para inserir o projeto no orçamento e depois para vê-lo executado. Dá muito trabalho. E a regra é essa: o deputado que conquistou a emenda tem direito a 20% do valor transferido. No mínimo"*[23].

A inexistência de instrumento que obrigue os governantes a cumprirem suas promessas de campanha constitui outro óbice à evolução

---

[23] REIS, Marlon. *O Nobre Deputado: relato chocante (e verdadeiro) de como nasce, cresce e se perpetua um corrupto na política brasileira*. Rio de Janeiro: LeYa, 2014, p. 33.

do regime democrático eleitoral, esvaziando totalmente a garantia de higidez ideológica de uma agremiação e seu candidato, bem como a confiabilidade no pleito. O eleitor que votou no partido A diante de uma determinada proposta, nada pode fazer diante do descumprimento por parte do governante já no primeiro dia de governo, o que o meio político denomina *estelionato eleitoral*. Não se ignora que muitas propostas realizadas em campanha por vezes tornam-se inexequíveis em virtude de elementos alheios à intenção governamental, como desastres, alterações na conjuntura internacional, etc. Porém, a total desvinculação entre as propostas de campanha e a desnecessidade de sua mínima observância milita a favor da debilidade do sistema democrático, fazendo com que o eleitor desacredite da política e afaste-se dela ainda mais. Isso sem mencionar o fato de que alforria o governante eleito a se conduzir sem qualquer compromisso com o que foi anunciado em campanha ou com as bases ideológicas do partido político que integra.

A vinculação entre o eleitor e o eleito pode ser aprimorada por meio do voto distrital, de modo a vincular o eleito a uma determinada base territorial, de tal sorte que o eleitor saberá a quem recorrer para questionar problemas de sua localidade. Além disso, haverá redução dos gastos de campanha em virtude da diminuição da área a ser abrangida pelo candidato. Tal discussão, porém, comporta vários elementos, especialmente porque esse instituto possui tipologias distintas, como as modalidades simples e mista, cujo aprofundamento não cabe nesta pesquisa.

Após as manifestações públicas de junho de 2013, em que um dos temas de repúdio era a corrupção, a Presidente da República, Dilma Rousseff, em rede nacional, mencionou a necessidade de deliberarmos sobre a possibilidade de convocação de uma assembleia constituinte exclusiva para realizar a reforma política, por meio de plebiscito. A proposta imediatamente gerou alvoroço no meio jurídico e político, uma vez que na história nacional jamais foi realizada uma constituinte exclusiva. Para abordar o tema é necessário realizar breve digressão em questões relacionadas à dogmática constitucional.

Vladmir Oliveira da Silveira lembra que nos primórdios do constitucionalismo acreditava-se na rígida imutabilidade do texto constitucional. Porém, com o passar do tempo, verificou-se que a extrema rigidez, ao invés de proteger a constituição, favorecia a instabilidade política, podendo conduzir à ruptura constitucional. Assim, passou-se a entender ser mais eficiente e aconselhável que as alterações fossem permitidas, sem modificação de sua essência e de seus valores vitais. Indispensável, contudo, conforme inclusive defendido pelo autor, que a legitimidade da decisão decorra efetivamente dos anseios da sociedade[24].

A doutrina divide o poder constituinte em originário e derivado. O poder constituinte originário é ilimitado, rompe a ordem jurídica anterior e inaugura uma nova, instituindo nova constituição, ao passo que o poder constituinte derivado, que detém o poder de reformar a constituição existente, encontra limites de natureza material, formal e circunstancial. Interessam-nos os dois primeiros, sendo que aquele implica as vedações que recaem sobre o conteúdo intangível do texto e que, portanto, não pode ser objeto de alteração, enquanto o segundo descreve as formalidades necessárias ao escorreito processo para a emenda do texto maior.

Assim, a possibilidade de uma assembleia constituinte exclusiva criaria um *tertium genos*, ou seja, haveria um poder constituinte com características de originário, já que ilimitado no que se refere à reforma política e, ao mesmo tempo, com elementos de poder constituinte derivado, já que não poderia promover alteração nas demais cláusulas pétreas da constituição vigente que não se referissem à reforma política.

A crítica à proposta repousa sobre a impossibilidade jurídica, em tese, de realizar a constituinte nesses moldes, de modo que não haveria como limitar o poder de uma nova constituinte, já que estaria investida de poder constituinte originário. Além disso, discute-se sobre a necessidade da realização de consulta popular, pois o sistema atual, por meio de emendas à constituição, já permitiria a realização da reforma.

Entendemos ser juridicamente possível a realização da constituinte exclusiva. Como supramencionado, e na linha do que prescreve o artigo 1º, paragrafo único, da Constituição Federal, se todo o poder emana do povo, que detém legitimidade para decidir de forma soberana sobre a edição de uma nova constituição, no pleno exercício regular

---

[24] SILVEIRA, Vladmir Oliveira da. *O poder reformador na Constituição Brasileira de 1988*. São Paulo: RCS Editora, 2006, pp. 112-113.

do poder constituinte originário, não faria sentido que, verificado o anseio popular de promover a reforma política por meio de plebiscito, se exigisse que a reforma fosse realizada apenas por meio de nova constituição. Não parece lógico que o titular do poder, o povo, seja obrigado a desprezar todas as conquistas sociais obtidas com a Constituição Cidadã de 1988[25], editando uma nova constituição, que talvez repetisse a maioria dos dispositivos existentes, promovendo alteração apenas no que toca à reforma política. Além disso, a destruição da Constituição Federal de 1988 também prejudicaria toda a construção jurisprudencial realizada ao longo destes anos, sobretudo pelo Supremo Tribunal Federal.

Em síntese, se o povo pode "o mais", ou seja, eleger uma assembleia constituinte com poderes ilimitados para editar na íntegra uma nova ordem constitucional, também poderia "o menos": autorizar, por meio de plebiscito, a realização de uma assembleia constituinte com poderes limitados à reforma política.

Sob o aspecto político, apartando-se da técnica jurídica, parece-nos que, de um lado, a proposta tinha por escopo contornar o Congresso Nacional, talvez porque a Presidente da República não acreditasse que os parlamentares promoveriam as alterações substanciais necessárias à reforma política de modo a atingir os próprios benefícios e interesses eleitorais; de outro lado, os parlamentares repudiam a proposta exatamente por ser seu papel constitucional atuar como poder constituinte reformador e promover as alterações necessárias no texto magno.

Em suma, essas três questões – financiamento de campanha eleitoral, reeleição e ausência de instrumento cogente a obrigar o eleito a observar suas propostas de campanha –, embora legalmente previstas, por si, favorecem a corrupção política e estimulam a troca de dinheiro por poder e de poder por dinheiro, apartando o governante da busca de objetivos republicanos. Tais fatores contribuem para o crescimento da promiscuidade entre as esferas pública e privada, de modo a reclamar urgente reforma política.

---

[25] A destruição da Constituição Federal de 1988 também prejudicaria toda a construção jurisprudencial realizada ao longo dos últimos anos, sobretudo pelo Supremo Tribunal Federal.

3.2 Nomeação de altas autoridades de Estado e a nomeação de Ministros ao Supremo Tribunal Federal

Entre as brechas institucionais relacionadas à integridade, encontra-se, a nosso juízo, a indicação indiscriminada de altos cargos na administração pública pelo poder executivo, muitas vezes em troca de apoio político ao governo ou, em outras, como garantia de controle político e ideológico sobre um determinado órgão.

No Brasil, o Poder Executivo nomeia uma série de autoridades para cargos de alto escalão. Embora não se ignore que determinados cargos, como o de ministros e secretários, devam ser providos por livre nomeação, até para que o governo eleito democraticamente possa levar a efeito as propostas ideológicas que supostamente lhe garantiram o sucesso no escrutínio popular, é certo que em nosso país as nomeações adquirem outra feição e, muitas vezes, prestam-se à aquisição de apoio político por partidos ou implicitamente geram controle sobre órgãos que demandariam absoluta independência, como o Poder Judiciário e o Ministério Público.

Apenas à guisa de exemplo podemos lembrar que o Presidente da República, mercê do artigo 84 da Constituição Federal, tem por atribuição a nomeação de: (1) Ministros de Estado; (2) Comandantes da Marinha, do Exército e da Aeronáutica; (3) Ministros do Supremo Tribunal Federal; (4) Ministros dos Tribunais Superiores; (4) Procurador-Geral da República; (5) Presidente e os diretores do Banco Central; (6) Ministros do Tribunal de Contas da União; (7) Magistrados, nos casos previstos na Constituição, ou seja, as nomeações de 1/5 dos membros dos tribunais de natureza federal; (8) Advogado-Geral da União; (9) Membros do Conselho da República e do Conselho de Defesa Nacional; (10) a maioria dos diretores do Conselho de Administração da Petrobrás e, por consequência, o Presidente da empresa; (11) Presidência e outros cargos no Banco do Brasil e Caixa Econômica Federal.

Nos estados-membros e nos municípios, dentro de suas respectivas esferas de competência, opera-se conjuntura semelhante. Os governadores dos estados, por exemplo, nomeiam o Procurador Geral de Justiça, que dirige o Ministério Público estadual.

DOS FATORES ESTRUTURANTES DA CORRUPÇÃO NO SISTEMA JURÍDICO BRASILEIRO | 111

Como regra, o ingresso de servidores na administração pública dá-se por meio de concurso de provas ou provas e títulos, prestigiando-se os princípios constitucionais da impessoalidade, publicidade e eficiência, previstos no *caput* do artigo 37 da Constituição Federal. As exceções serão abordadas também no item 3.3, que trata exatamente do crescimento dos cargos em comissão, nos quais o concurso público é dispensado.

Portanto, indaga-se em que medida e até que ponto as nomeações se justificam como instrumento à concretização das propostas democráticas vencedoras ou apenas prestam-se a criar um ambiente confortável aos detentores do poder, misturando-se os conceitos de administração pública e governo. Importante observar que nas hipóteses em que o ingresso decorre de concurso público o servidor liga-se diretamente à administração sem a existência de interposta pessoa, como ocorre nos casos em que existe livre nomeação, oportunidade em que o servidor apenas se conecta à administração em decorrência de um ato de livre vontade praticado pelo nomeante. Nessa linha, Elival da Silva Ramos também se mostra favorável à alteração do texto constitucional em relação à nomeação de integrantes do Tribunal de Contas[26].

Analisemos, por exemplo, a nomeação de Ministros ao Supremo Tribunal Federal. A Constituição Federal prevê que a nomeação dos Ministros da Corte Suprema depende apenas de indicação do Presidente da República, que deve escolhê-los observando o critério de idade (entre 35 e 65 anos) e os requisitos de notável saber jurídico e reputação ilibada, nos termos do artigo 101 da Constituição da República de 1988. Após a nomeação, passa-se pelo processo de sabatina no Senado Federal, prevista no artigo 52, III, "a", da Lei Maior. Processo semelhante ocorre com a escolha do Procurador Geral da República.

Como regra, o vigente regime de nomeação, mercê das indicações, privilegia os magistrados que passam a ter atuação política e são obrigados a aproximar-se pessoalmente do Poder Executivo visando futura nomeação. Não se advoga que os magistrados afastem-se do contato com os detentores de poder. Ao revés, é extremamente

---

[26] RAMOS, Elival da Silva. Ética e Política. In: ZILVETI, Fernando Aurélio e LOPES, Sílvia. *O Regime Democrático e a Questão da Corrupção Política*. São Paulo: Atlas, 2004, p. 95.

importante e produtivo que todos os poderes possam atuar com independência, mas também em harmonia e, para tanto, o contato entre as diferentes esferas é não apenas saudável como necessário.

Contudo, nos parece que é cabível a reflexão sobre o vínculo que é criado entre nomeante e nomeado. Como mencionado, malgrado a escolha de Ministros do Supremo Tribunal Federal e do Procurador Geral da República esteja disposta de forma clara na Constituição Federal, questiona-se a discricionária escolha, a cargo do Presidente da República.

Quando se recorda que as maiores autoridades de Estado, como ministros, deputados e senadores, possuem foro privilegiado junto ao Supremo Tribunal Federal, não se concebe que potencial investigado possa escolher quem o investigue, o Procurador Geral da República, e parte daqueles que o julgam. Importante observar, ainda, que o potencial investigado não é apenas a pessoa física daquele que exerce a Presidência da República no momento da indicação, mas sim todos os membros de seu governo e partido, porquanto a condenação de membros do partido político do presidente podem lhe oferecer implicações desfavoráveis, sobretudo para pleitos seguintes. No mínimo, há incongruência lógica e ética que comporta análise. A mesma crítica se aplica à nomeação do Procurador Geral de Justiça pelos governadores dos estados-membros.

É prudente desde já ressaltar que o que aqui se questiona é a forma, em tese, das nomeações, inexistindo qualquer caráter pessoal na crítica. Desnecessário mencionar os brilhantes membros que integraram e integram o Supremo Tribunal Federal, a Procuradoria Geral da República e tantos outros órgãos, detentores de invejáveis currículos e que pessoalmente não deixaram sua independência funcional ser fustigada pela origem da nomeação.

O que merece crítica é a forma de nomeação e suas consequências. Nesse sentido, advertia Nicolau Maquiavel que em uma sociedade corrompida, a magistratura começa a ser buscada não por pessoas de virtude, mas sim pelas que têm mais poder[27], ou seja, magistrados de

---

[27] *"O povo romano só concedia o consulado e os outros cargos superiores da cidade a quem os pleiteava. Essa ordenação, no princípio, foi boa, porque só pleiteavam tais cargos os cidadãos que se consideravam dignos deles e, sendo ignominiosa a rejeição, para serem considerados dignos, todos obravam bem.*

altíssima competência e carreira brilhante que não detenham destreza política dificilmente terão acesso aos tribunais superiores. Maquiavel já dizia saber que *"homens bons"* que pretendessem fazer algo politicamente relevante teriam de aprender a *"entrar no mal"*[28]. Diante disso, magistrados que almejam nomeações para as Cortes Superiores acabam obrigados a se aproximar de políticos, fazendo *"campanha"* junto àqueles que podem auxiliar nas nomeações. O que aqui se denomina *"entrar no mal"*, como já dissemos alhures, não pretende implicar que os poderes devem ser absolutamente estanques ou apresentar conceito negativo em relação à política. Reside a crítica, na verdade, no fato de que a escolha do julgador não se pauta exclusivamente pelo seu conhecimento técnico, pelo mérito das decisões, mas sim por sua habilidade política agregada a seu conhecimento técnico expresso em seu currículo.

Nesse ponto é interessante esclarecer o que se denomina conhecimento como mérito. Não se trata da figura do julgador autômato que friamente realiza a subsunção do fato à norma, o que atualmente vem sendo compreendido apenas como parte da atividade jurisdicional. Há algum tempo a figura do julgador já deixou de ser apenas a "boca da lei" para assumir papel de protagonista em diversas áreas, o que torna ainda mais importante a escolha de um sistema de nomeações isento, agregado a um Poder Judiciário independente.

Gregory Caldeira e John Wright conduziram estudo de três nomeações à Suprema Corte dos Estados Unidos, concluindo que houve influência de lobistas junto ao Senado, responsável pela confirmação das nomeações. Os grupos de interesses inclusive forneciam aos senadores informações acerca de pesquisas de opinião pública referente à aceitação ou rejeição do nome dos candidatos[29]. No atual cenário

---

Depois, no entanto, na cidade corrompida esse modo tornou-se perniciosíssimo; porque as magistraturas não eram pleiteadas pelos que tinham mais virtú, e sim pelos que tinham mais poder; e os não-poderosos, ainda que virtuosos, abstinham-se de pleiteá-las, por medo". MAQUIAVEL, Nicolau. *Discursos sobre a primeira década de Tito Lívio.* op. cit., pp. 73-74.

[28] ADVERSE, Helton. Maquiavel. In: AVRITZER, Leonardo et al. (org.). *Corrupção: ensaios e críticas*, op. cit., p. 36.

[29] CALDEIRA, Gregory Anthony e WRIGHT, John Robert. *Lobbying for Justice: Organized Interests Supreme Court Nominations, and United States Senate.* American Journal of Political Science, vol. 42 (2), 1998, p. 521

encontrado no Brasil, não é difícil atingir a mesma conclusão, pois enquanto grandes empresas, sobretudo construtoras que doaram valores vultosos a campanhas políticas, passam à condição de investigadas em processos de corrupção que envolvem também políticos, uma nomeação às cortes superiores ganha grande relevância.

A despeito da menção constitucional ao requisito do notório saber jurídico, em verdade, o Presidente pauta-se pelo alinhamento de suas preferências com os entendimentos que acredita o candidato possuir. Evidentemente, o presidente leva em consideração a possibilidade de o nome indicado ser rejeitado pelo Senado, de forma a conformar suas preferências ideológicas por um candidato que seja aprovado, inclusive porque a rejeição implicará em grande perda de capital político ao Presidente[30].

Naturalmente, não há sistema de nomeação de altas autoridades isento de críticas. Porém, a legislação alienígena permite que se observem outros modelos de nomeações de Ministros da Corte Suprema que poderiam ser adotados no Brasil.

Na América do Sul e América do Norte podemos destacar alguns sistemas que merecem análise.

Em alguns países, adota-se o mesmo regime que o Brasil, com nomeação dos ministros pelo Presidente da República, após sabatina por órgão do Poder Legislativo, como ocorre nos Estados Unidos e Argentina[31]. O sistema norte-americano, porém, a despeito da semelhança teórica, na prática apresenta distinção em relação ao nosso

---

[30] *"How might the president behave strategically? Given the Court's key role in setting public policy, the president will want a Court that shares his ideology and thus will nominate someone who will bring the Court closer to his preferences. At the same time, however, the president is constrained by institutional features of the nomination process. First, the Senate has the power to confirm or deny the president's choice, which may force him to take the preferences of the Senate into account when nominating someone for a seat on the Court. Second, depending on the configuration of preferences of continuing justices and his own ideology, the president may not be able to shift the Court so that it completely shares his own preferences"*. MORASKI, Bryon e SHIPAN, Charles. The Politics of Supreme Court Nominations: A Theory of Institutional Constraints and Choices. American Journal of Political Science, vol. 43 (4), 1999, p. 1071.

[31] Artigo 99, item 4, da Constituição da Nação Argentina.

sistema, pois a história republicana brasileira recente demonstra que desde 1889, embora o Senado Federal tenha rejeitado cinco indicados ao Supremo Tribunal Federal, tais rejeições ocorreram apenas durante o governo Floriano Peixoto, entre 1889 e 1894. De outro lado, nos Estados Unidos, entre 1789 e 2014, o Senado norte-americano rejeitou doze indicações presidenciais, em diferentes períodos, além das hipóteses em que diante da falta de receptividade do nome indicado, o próprio Presidente da República retira a nomeação para evitar a derrota na votação[32]. Nota-se que no sistema brasileiro, em regra, a nomeação comumente é chancelada pelo Senado, ao passo que nos Estados Unidos a investigação acerca da vida pregressa do nomeado, seus posicionamentos e repercussão social de seu nome são levados em conta a ponto de gerar potencial rejeição da indicação.

Os integrantes da Corte Suprema do Canadá são indicados pelo Primeiro Ministro, sem participação do Parlamento, e nomeados pelo *Governor General of Canada*. Por se tratar de um país que convive com duas línguas oficiais e, portanto, raízes culturais distintas, a Suprema Corte observa tradicionalmente a representação ética e regional, de modo que dos nove integrantes da Corte, há um número de vagas preestabelecidos para Quebec, Ontário, *Western Canada* e *Atlantic Canada*. A presidência da Corte também observa a alternância entre membros de língua inglesa e de língua francesa[33].

Há outros sistemas em que os Ministros da Corte Suprema são diretamente eleitos pela população, como ocorre na Bolívia, para exercício de mandato de seis anos[34]. Contudo, a nosso ver, a despeito da indiscutível legitimidade popular da escolha, se o cargo deve se revestir de natureza técnica e não política, especialmente para tutelar

---

[32] MELLO FILHO, José Celso de. *Notas sobre o Supremo Tribunal (Império e República)*. 4ª ed. – Brasília: Supremo Tribunal Federal, 2014, p. 19.

[33] MORTON, Frederick. Judicial Appointments in Post-Charter Canada: A System in Transition. In: MALLESON, Kate e RUSSELL, Peter. *Appointing Judges in An Age of Judicial Power: Critical Perspectives from around the World*. Toronto, Canadá: University of Toronto Press, 2006, p. 58.

[34] Constituição Boliviana, *Artigo 198 – Las Magistradas y los Magistrados del Tribunal Constitucional Plurinacional se elegirán mediante sufragio universal, según el procedimiento, mecanismo y formalidades de los miembros del Tribunal Supremo de Justicia*.

a constituição vigente mesmo em face do atual governante, a escolha deveria ser realizada por meio de critérios técnicos, ou seja, o conhecimento daquele que almeja o cargo, o que não pode ser identificado pelo sufrágio.

Na Colômbia, diferentemente do Brasil, observa-se a cisão entre a *Corte Constitucional* e a *Corte Suprema de Justicia*. Para a Corte Constitucional os magistrados são nomeados pelo Senado, para períodos de oito anos, a partir de listas apresentadas pelo Presidente da República, pela Corte Suprema de Justiça e pelo Conselho de Estado. Já os magistrados da Corte Suprema de Justiça são nomeados pela respectiva carreira, conforme lista enviada pelo Conselho Superior da Judicatura, e exercem o cargo por mandato de oito anos. Em ambos os cargos é vedada a recondução[35].

O sistema colombiano nos sugere algumas limitações, como a restrição do mandato a oito anos, e a pluralidade de órgãos responsáveis pelo ingresso na Corte Constitucional. Enquanto na Corte Suprema de Justiça ingressam apenas magistrados de carreira, na Corte Constitucional o Senado aprecia não apenas a indicação do Presidente da República, mas também as listas (não apenas um só nome), enviadas pela Corte Suprema de Justiça e pelo Conselho de Estado, órgão máximo de natureza contenciosa administrativa.

A experiência do Chile traz a reserva de parte das vagas dos Ministros da Corte Suprema a juízes de carreira (dezesseis) e parte das vagas a advogados (cinco). O Presidente também concentra a escolha das vagas, mas aprecia os nomes dos candidatos em lista quíntupla[36].

Sistema completamente distinto apresenta o Equador, em que, para ingresso na Corte Constitucional e na Corte Nacional de Justiça[37], os

---

[35] Constituição da Colômbia, artigos 231 e 239.
[36] Constituição do Chile, artigo 75.
[37] Constituição do Equador, artigo 183, item 3. *Haber ejercido con probidad notoria la profesión de abogada o abogado, la judicatura o la docencia universitaria en ciencias jurídicas, por un lapso mínimo de diez años. Las juezas y jueces de la Corte Nacional de Justicia serán elegidos por el Consejo de la Judicatura conforme a un procedimiento con concurso de oposición y méritos, impugnación y control social. Se propenderá a la paridad entre mujer y hombre.*

candidatos devem ser escolhidos pelo Conselho da Magistratura por meio de aprovação em concurso público. Para a Corte Constitucional o concurso será promovido por uma comissão formada por pessoas que integrem as funções *Legislativa, Ejecutiva y de Transparência y Controle Social*[38]. O magistrado permanece no cargo pelo prazo de nove anos, sem direito a recondução imediata.

Passando aos sistemas adotados na Europa, merece análise o sistema alemão, em que a Corte Constitucional Federal (*Bundesverfassungsgericht*) é formada por juízes federais e outros membros que podem ou não ser integrantes do poder público. Metade dos membros da corte é escolhida pelo Senado (*Bundesrat*) e a outra metade é indicada pela Câmara dos Deputados (*Bundestag*), conforme prevê a Constituição da Alemanha[39]. Fiona O´Connell e Ray McCaffrey esclarecem que o Ministro da Justiça elabora duas listas de candidatos elegíveis: uma com juízes das altas cortes federais e outra com indicados, juízes ou não, sugeridos pelos partidos integrantes do Parlamento ou governadores. Os juízes indicados cumprem mandato fixo de doze anos, não prorrogável[40].

No Reino Unido, quando aberta uma vaga na Corte Suprema, uma comissão é formada para analisar nomes e submetê-los ao *Lorde Chanceler*, que pode aprová-lo, reprová-lo ou pedir nova indicação[41].

A Holanda utiliza como critério de escolha dos membros do Poder Judiciário o mérito/diversidade. Ao mesmo tempo em que se busca o critério do mérito individual também se tutela, em nível

---

[38] Constituição do Equador, artigo 434.

[39] Zusammensetzung des Bundesverfassungsgerichts, artigo 94. (1) Das Bundesverfassungsgericht besteht aus Bundesrichtern und anderen Mitgliedern. Die Mitglieder des Bundesverfassungsgerichtes werden je zur Hälfte vom Bundestage und vom Bundesrate gewählt. Sie dürfen weder dem Bundestage, dem Bundesrate, der Bundesregierung noch entsprech en den Organen eines Landes angehören.

[40] O'CONNELL, Fiona e McCAFFREY, Ray. *Judicial Appointments in Germany and the United States*. Northern Ireland Assembly: Research and Information Service Research Paper. NIAR 175-12, Paper 60/12, 2012, p. 3-32. Disponível em: <http://www.niassembly.gov.uk/globalassets/documents/raise/publications/2012/justice/6012.pdf>. Acesso em: 29/04/2015.

[41] Constitutional Reform Act 2005, seções 26 a 29.

macro, a diversidade, partindo-se do princípio de que o Poder Judiciário deve refletir a diversidade encontrada na sociedade[42]. Para o preenchimento de cargos na Corte Suprema da Holanda, a Casa Baixa do Parlamento prepara lista com três nomes a serem indicados e os encaminha à Coroa, que, por meio de Decreto Real, nomeará um dos integrantes da lista para exercício vitalício do cargo (artigos 117 e 118 da Constituição da Holanda).

Na Itália, a *Corte Constituzionale* é formada por quinze membros, sendo que 1/3 é nomeado pelo Presidente da República e a mesma proporção pelo Parlamento e pelos tribunais superiores ordinários e administrativos[43]. O mandato também é limitado a nove anos, sem possibilidade de nova nomeação.

Le Conseil Constitutionnel francês é composto por nove membros, para mandato não renovável de nove anos, cuja indicação dos membros é feita na mesma proporção entre a Presidência da República, o Presidente do Senado e o Presidente da Assembleia Nacional[44].

Outros países realizam a composição da Corte Suprema de forma plural, como ocorre na Turquia, em que a Assembleia Nacional elege três membros por voto secreto, sendo dois provenientes de uma lista tríplice com membros da Corte de Contas, e um a partir de lista indicada pela associação de classe dos advogados. O Presidente da República realiza as demais indicações da seguinte forma: três membros da Alta Corte de Apelação, dois membros do Conselho de Estado; um membro da Alta Corte Militar de Apelação e um membro da Alta Corte Militar Administrativa (as cortes enviam lista tríplice ao Presidente para que ele faça a indicação); três membros, provenientes também de lista tríplice elaborada pelo Alto Conselho de Educação, sendo que um dos membros não necessariamente precisa ser graduado em Direito; quatro membros entre altos executivos, advogados

---

[42] GROOT-VAN LEEUWEN, LENY E. DE. Merit Selection and Diversity in the Dutch Judiciary. In: MALLESON, Kate e RUSSELL, Peter H. Appointing Judges in An Age of Judicial Power: Critical Perspectives from around the World. Toronto, Canada: University of Toronto Press, 2006, p. 145.

[43] Constituição da Itália, artigo 135.

[44] Constituição da Franca, artigo 56.

autônomos, juízes de direito e promotores de justiça ou relatores do Tribunal Constitucional[45].

No Japão, cuja nomeação do Presidente da Corte Suprema cabe ao imperador e a dos demais membros da corte ao Gabinete, o mandato é de dez anos, podendo ser renovado, mas deve ser revisto na primeira eleição geral dos membros da Câmara dos Deputados após a nomeação do integrante da Corte Suprema[46].

Estes sistemas, distintos do brasileiro, permitem que levantemos algumas questões. Em primeiro lugar, parece bastante saudável a limitação do prazo de exercício para um determinado período, o que está em total sintonia com os sistemas jurídicos alienígenas mencionados[47]. Do contrário, aquele que está encarregado da nomeação pode se interessar pela nomeação de ministros mais jovens, que naturalmente permaneceriam por mais tempo na Corte. Além disso, a renovação poderia se dar por partes, ou seja, renovação de 1/3 em cada período, o que poderia impor ao Poder Executivo que as nomeações fossem realizadas de forma mais célere, já que a atual Constituição não prevê um prazo para que o Presidente nomeie novo ministro em substituição ao que se aposentou ou se exonerou[48].

Além disso, partindo-se do fato de que o Brasil é um país de proporções continentais, é interessante refletir sobre a possibilidade de salvaguardar ao menos uma cadeira para cada região do país. Embora tal sugestão não guarde viés específico com o tema tratado, a tutela da probidade, é certo que a preservação da representação setorial parece importante em uma Corte Suprema. À guisa de exemplo, quando se trata de temas regionais de alto relevo, como as secas do Nordeste, seria relevante que um membro da corte tivesse origem na região.

---

[45] Constituição da Turquia, artigo 146

[46] Constituição do Japão, artigos 6 e 79.

[47] Excetua-se o sistema norte-americano que é vitalício e sem aposentadoria compulsória.

[48] Como exemplo pode-se citar o longo interstício entre a aposentadoria do Ministro Ayres Britto, em 16/11/2012, e a nomeação do sucessor, Luis Roberto Barroso, apenas em 07/06/2013. O mesmo se aplica em relação à aposentadoria do Ministro Joaquim Barbosa, em 31/07/2014, sendo que apenas em abril de 2015 a presidência indicou o sucessor.

Na mesma toada, considerando que nossa Corte Suprema congrega as funções de corte constitucional e de instância última, pode-se discutir também se é importante que os integrantes da Corte tenham formação em áreas distintas. Embora os ministros disponham de magistrados assessores, expertos em outras áreas, seria interessante que a corte fosse formada por onze ministros que tivessem formação exclusivamente civilista?

Cabe anotar que tramita a Proposta de Emenda à Constituição Federal nº 3/2014, apresentada pela Senadora Vanessa Grazziotin, que tem por objeto a alteração do sistema de escolha dos Ministros do Supremo Tribunal Federal, que passaria a ter indicação plural, ou seja, os Ministros seriam nomeados apenas em parte pelo Presidente da República. Assim, dois ministros seriam indicados pelo Superior Tribunal de Justiça, um pelos Tribunais Regionais Federais e pelos Tribunais Regionais do Trabalho, mediante escolhas alternadas, um advindo dos Tribunais de Justiça dos Estados e do Distrito Federal, um entre os membros do Ministério Público dos Estados, um dentre advogados indicados pela Ordem dos Advogados do Brasil, um indicado pelo Congresso Nacional e três pelo Presidente da República. Excetuadas as indicações diretas pelo Presidente da República, as respectivas carreiras apresentariam lista tríplice para que o Presidente nomeasse o escolhido, após a aprovação pela maioria absoluta do Senado Federal.

A nosso juízo, referida proposta já representa evolução em comparação ao sistema atual, embora de forma equivocada não contemple espaço para a Defensoria Pública e carreiras de advocacia pública. É certo que, se de um lado ameniza-se o problema da indicação por um único ente, a Presidência da República, de outro abre questionamentos à existência de uma composição excessivamente corporativista, como se houvesse o "ministro do Senado", "o ministro da Ordem dos Advogados", "o ministro da Presidência", etc. Portanto, a preocupação com o corporativismo não estaria sanada.

Outra Proposta de Emenda à Constituição Federal que trata do mesmo tema é a nº 17/2011, de autoria do deputado federal Rubens Bueno. Na proposta, o Presidente da República continua a nomear os Ministros, mas terá livre escolha de apenas duas cadeiras. As nove vagas restantes seriam indicadas da seguinte forma:

(a) três Ministros pelo Superior Tribunal de Justiça, dentre os integrantes da própria Corte; (b) dois Ministros indicados pela Ordem dos Advogados do Brasil, preenchidos os requisitos do notório saber jurídico e dez anos de efetiva atividade profissional; (c) dois Ministros indicados pelo Procurador Geral da República, dentre integrantes do Ministério Público, vedada a autoindicação ou de quem tenha ocupado a mesma função no triênio anterior à abertura da vaga; (d) um Ministro indicado pela Câmara dos Deputados; (e) um Ministro indicado pelo Senado Federal. Nos dois últimos casos é vedada a indicação de parlamentar em exercício na mesma legislatura. Em todas as nomeações remanesce a necessidade de aprovação por maioria absoluta do Senado Federal após sabatina.

Em breves linhas gerais, apresentamos proposta semelhante ao sistema equatoriano, com o provimento de todas as vagas, em número de treze, mediante concurso público, para mandato não prorrogável, por nove anos, com renovação de 1/3 das cadeiras a cada três anos, excetuada uma reposição em que seriam renovadas quatro cadeiras. As vagas poderiam ser reservadas da seguinte forma: seis vagas para advogados com mais de vinte anos de experiência, que também se submeterão a concurso, sendo uma vaga reservada à advocacia pública dos estados ou de esfera federal; sete vagas para membros de outras carreiras jurídicas, que possuam ao menos vinte anos de experiência na carreira, a saber: (1) juízes e desembargadores estaduais e do Distrito Federal; (1) promotores e procuradores de justiça estaduais e do Distrito Federal; (1) juízes e desembargadores federais; (1) procuradores da república; (1) juízes de trabalho de 1º e 2º graus; (1) procuradores do trabalho; (1) defensores públicos dos estados e da União. Mesmo aqueles advindos da carreira pública deverão se submeter ao concurso caso tenham interesse em ingressar na Suprema Corte. Não se adota o sistema de lista a ser emitida pelos órgãos mencionados pois, nesta hipótese, embora se reduza o flanco discricionário, a influência política seria apenas diluída em outros órgãos e não concentrada em apenas um órgão.

No esboço, intenta-se reduzir a influência política nas nomeações, bem como preservar na Corte vagas reservadas às diversas carreiras jurídicas e à advocacia, com o escopo de manter um equilíbrio entre tais forças na Corte Suprema. A renovação por terços evitaria que a todo o momento fosse necessária a promoção de concurso público para o provimento dos cargos, excetuando-se a hipótese de renúncia ou falecimento, em que talvez pudesse haver a escolha de ministro do Superior Tribunal de Justiça para cumprimento do mandato até o próximo concurso.

Naturalmente, restaria, ainda, aprofundar a discussão acerca da comissão responsável pela organização do certame de ingresso, que poderia reunir membros do próprio Supremo Tribunal Federal, do Superior Tribunal de Justiça, representantes da Ordem dos Advogados do Brasil e de outras carreiras jurídicas. É evidente que tanto a regulamentação quanto a formação da banca examinadora também despertarão a mesma discussão aqui travada no que tange à influência política. Entretanto, também seria possível identificar formas de reduzir tal influência na formação da referida comissão, tendo por horizonte sempre a assimilação de elementos que permitam buscar o julgador que melhor reúna os conhecimentos técnicos necessários para compor a Corte Suprema.

Nessa linha, embora já tenhamos pensado de forma distinta, o quinto constitucional, previsto no artigo 94 da Constituição Federal e que prevê a reserva de vagas nos tribunais a membros da advocacia e do Ministério Público, configura importante elemento para a composição dos quadros da justiça de forma plural, levando arejamento ao Poder Judiciário com o ingresso de profissionais que possuem vivência em áreas distintas e naturalmente podem fornecer outra visão sobre questões judiciais e administrativas.

Não se compreende, todavia, por que mais uma vez o mérito decorrente da aprovação por meio de concurso deva desaparecer em face do elemento político, de modo que também o advogado venha a ser nomeado por seu trâmite junto ao órgão de classe, cúpula dos tribunais e membro do Poder Executivo responsável pela nomeação. Assim, igualmente entendemos que melhor seria para a administração pública, à luz dos princípios constitucionais regentes, como impessoalidade e eficiência, que os advogados e membros do Ministério Público interessados em ingressar nas vagas reservadas a tais carreiras nos tribunais fossem submetidos aconcurso público, extinguindo o elemento político para ingresso.

A existência de influência política na forma de ingresso aos tribunais tem grande relevância para o tema da probidade. A ingerência nos órgãos de controle da corrupção é mais grave do que a própria

DOS FATORES ESTRUTURANTES DA CORRUPÇÃO NO SISTEMA JURÍDICO BRASILEIRO | 123

corrupção em si, pois uma vez assentada a certeza da impunidade, o caminho para seu crescimento de forma progressiva estará aberto. De outro lado, a independência dos órgãos de controle, devidamente instrumentalizados com garantias, pessoal e tecnologia adequada, permitirá que o combate ocorra de forma mais eficaz.

3.3 Crescimento desarrazoado dos cargos em comissão

O ingresso nos quadros da administração pública, como regra, se dá por meio de concurso público de provas ou provas e títulos, prestigiando-se o mérito do candidato, conforme já mencionado no item anterior. Todavia, a própria Constituição prevê que alguns cargos, em comissão, poderão ser providos por livre nomeação e exoneração, porém, apenas e tão somente para atribuições de direção, chefia e assessoramento[49]. A administração pública também dispõe, em seus quadros, de funções de confiança, que são atribuídas exclusivamente a servidores concursados, e também se destinam a atribuições de direção, chefia e assessoramento. Nesses casos, embora o servidor seja concursado, a atribuição conferida à função de confiança independe da realização de provas, e ocorre também em decorrência de livre nomeação.

Nota-se, portanto, que a intenção do constituinte pátrio é de limitar o acesso à administração por aqueles que não se submeteram a concurso público, de modo a fazê-lo apenas em situações excepcionais, ou seja, para atribuições de direção, chefia e assessoramento. Em tais hipóteses, a exceção à regra se justifica face à necessidade de que o nomeante disponha de *confiança* na pessoa que exercerá a atribuição, inclusive como forma de permitir a ele, nomeante, o cumprimento de suas funções, auxiliado por pessoas que possuem com ele certo grau de alinhamento ideológico e administrativo.

Problemas surgem na medida em que são criados diversos cargos em comissão, não com o escopo de cumprir a hipótese prevista constitucionalmente, como exceção à regra do concurso público, mas como forma de aparelhar o Estado por meio de uma imensa coletividade de empregados públicos subservientes ao nomeante, e não à

---

[49] Artigo 37, II e V, da Constituição Federal.

administração pública. Lembra-se que, nas hipóteses de livre nomeação, o ingresso na administração pública se dá por interposta pessoa, o nomeante, de modo que o vínculo do nomeado, na prática, acaba sendo maior com aquele que o nomeou do que com a própria administração.

Manuel Gonçalves Ferreira Filho anota que com a modernização ocorre a elevação do sentido de coisa pública, acarretando a alteração dos valores básicos da comunidade, o que tende a gerar dificuldades na implementação de um sistema meritório no serviço público:

> *"Ponto delicado da modernização é a substituição, no serviço público, do sistema de recompensa pelo sistema de mérito, já que nas sociedades pouco desenvolvidas um dos deveres do detentor do Poder é exatamente favorecer, apadrinhar os seus clientes "[50].*

A jurisprudência do Supremo Tribunal Federal é farta no sentido de que a lei que cria os cargos em comissão deve discriminar pormenorizadamente as atribuições do funcionário, de modo a permitir que possa identificar se, realmente, correspondem a cargos de direção, chefia ou assessoramento. Deste modo, não identificadas as funções, ou ainda que identificadas não venham a corresponder ao enquadramento necessário de cargo de direção, chefia ou assessoramento, incidirá o diploma legal em inconstitucionalidade. Confira-se a ementa do Agravo Regimental no Recurso Extraordinário n° 693.714-SP, sob relatoria do Ministro Luiz Fux:

> AGRAVO REGIMENTAL NO RECURSO EXTRAORDINÁRIO. CONSTITUCIONAL E ADMINISTRATIVO. LEIS MUNICIPAIS QUE CRIAM CARGOS EM COMISSÃO SEM CARÁTER DE CHEFIA, ASSESSORAMENTO E DIREÇÃO. INCONSTITU-CIONALIDADE. ANÁLISE DAS ATRIBUIÇÕES DOS CARGOS EM COMISSÃO. IMPOSSIBILIDADE. ART. 323 DO RISTF C.C. ART. 102, III, § 3°, DA CONSTITUIÇÃO FEDERAL. REEXAME DA MATÉRIA FÁTICO-PROBATÓRIA E DA LEGISLAÇÃO LOCAL. VEDAÇÃO. SÚMULAS N. 279 E 280 DO STF. AGRA-VO REGIMENTAL A QUE SE NEGA PROVIMENTO.

---

[50] FERREIRA FILHO, Manuel Gonçalves. *A democracia no Limiar do Século XXI*. São Paulo: Saraiva, 2001, p. 89.

DOS FATORES ESTRUTURANTES DA CORRUPÇÃO NO SISTEMA JURÍDICO BRASILEIRO | 125

(...)

3. "É inconstitucional a criação de cargos em comissão que não possuem caráter de assessoramento, chefia ou direção e que não demandam relação de confiança entre o servidor nomeado e o seu superior hierárquico" (ADI 3.602, Pleno, Relator o Ministro Joaquim Barbosa, DJ de 7.6.11). No mesmo sentido: AI 656.666- AgR, Segunda Turma, Relator o Ministro Gilmar Mendes, DJ de 5.3.2012 e ADI 3.233, Pleno, Relator o Ministro Joaquim Barbosa, DJe 14.9.2007.

(...)

5. In casu, o acórdão originalmente recorrido assentou: "AÇÃO DIRETA DE INCONSTITUCIONALIDADE Expressões e dispositivos das Leis Municipais n° 14.375, de 27 de dezembro de 2007 e n°s 14.840, 14.841,14.842, 14.843, 14.845m, de 18 dezembro de 2008, e seus anexos, que tratam da criação de cargos em comissão de assessoria na Prefeitura Municipal de São Carlos e em sua Administração Indireta, como fundações, PROHAB e Serviço Autônomo de Água e Esgoto Atribuições que não exigem necessidade de vínculo especial de confiança e lealdade, a justificar a criação de cargo em comissão Funções técnicas, burocráticas, operacionais e profissionais, típicas de cargos de provimento efetivo, a ser preenchido por servidor concursado Violação dos arts. 111, 115, II e V, e 144 da CE Procedência da ação."

6. Agravo regimental a que se nega provimento.

Lamentavelmente, o que se tem observado é a criação de diversos cargos em comissão para atividades subalternas, que poderiam e deveriam ser preenchidas por meio de concurso público. Diversas leis municipais no Estado de São Paulo têm sido declaradas inconstitucionais pelo Órgão Especial do Tribunal de Justiça do Estado de São Paulo, exatamente em razão de não corresponderem à natureza constitucional exigida para a exceção ao concurso público[51]. O desvirtuamento da

---

[51] Ação Direita de Inconstitucionalidade n° 0056612-12.2010.8.26.0000 – Município de Ribeirão Pires – Relator: Walter de Almeida Guilherme – Data do julgamento: 01/09/2010 / Ação Direta de Inconstitucionalidade n° 2181856-72.2014.8.26.0000 – Município de Araraquara – Relator(a): Ferraz de Arruda – Data do julgamento: 28/01/2015 / Ação Direta de Inconstitucionalidade n° 2132533-98.2014.8.26.0000 – Município de Jaú – Relator(a): Antonio Carlos Villen - Data do julgamento: 21/01/2015 / Ação Direta de Inconstitucionalidade

previsão constitucional com a criação de elevado número de cargos de comissão tem demonstrado que diversos setores dispõem de vários *chefes* que chefiam a si mesmos, apenas como forma de autorizar a concepção dos cargos.

A reflexão, contudo, merece ir além. Mesmo nos casos de direção, chefia ou assessoramento deveria existir a abertura de tão grande flanco para a escolha indiscriminada de integrantes da administração pública? Deveria o governante ter tanto poder para inserir, na administração, pessoas de sua confiança para o exercício de todos os cargos de direção, chefia e assessoramento? Tal permissivo é indispensável para a realização democrática? Qual seria o óbice ao cumprimento de funções de chefia e direção por meio de funcionários que regularmente ingressaram na administração por meio de concurso público?

De um lado, não se ignora que o referido sistema, além de permitir maior alinhamento entre o viés ideológico do governante e a efetiva prática da administração, autoriza a promoção de um maior fluxo entre os setores privado e público, o que possibilita à administração valer-se do incremento de habilidades e conhecimentos inerentes ao setor privado que, à vista da concorrência de mercado a que esta submetido, dispõe de maiores conhecimentos e práticas relacionadas à busca de maior eficiência para a prestação de serviços.

De qualquer forma, trata-se de um instrumento que deveria ser utilizado com maior parcimônia, mas que vem sendo empregado com contornos desarrazoados. Os dados mostram um crescimento vertiginoso dos cargos em comissão, tanto na esfera federal[52], como na estadual[53].

---

n° 2114575-02.2014.8.26.0000 – Município de Vinhedo - Relator: Arantes Theodoro - Data do julgamento: 10/12/2014 / Ação Direta de Inconstitucionalidade n° 0084239-54.2011.8.26.0000 – Município de São Bernardo do Campo - Relator(a): Artur Marques - Data do julgamento: 16/11/2011.

[52] Dados do Ministério do Planejamento mostram que em 1997 o governo federal já contava com 17.607 cargos em comissão, número que cresceu anualmente até atingir 22.692 em 2013. Disponível em: <http://www.planejamento.gov. br/secretarias/upload/Arquivos/servidor/publicacoes/boletim_estatistico_pessoal/2014/Bol213_Jan2014_parte_I.pdf>. Acesso em: 13/05/2013.

[53] No Estado de São Paulo, por exemplo, os 17.600 cargos em comissão existentes no final de 2003 saltaram para 22.600 em outubro de 2013. *Em 10 anos, comissionados no governo passam de 17,6 mil para 22,6 mil.* Folha de S. Pau-

DOS FATORES ESTRUTURANTES DA CORRUPÇÃO NO SISTEMA JURÍDICO BRASILEIRO | 127

A crítica, porém, não implica em proselitismo no sentido de afirmar peremptoriamente que os cargos em comissão deveriam ser extintos na integralidade ou que não se prestam a outro propósito além do clientelismo e da acomodação de interesses políticos. A perseverar entendimento nessa linha, a própria democracia estaria ameaçada, já que um governo eleito que não tivesse a mínima liberdade de manobra para levar a cabo a política econômica, por exemplo, que entende adequada e escolher os setores que devem receber maiores investimentos, não teria instrumentos para materializar a representação democrática da qual fora investido. Nesse sentido, precisa a lição de Regina Silva Pacheco ao distinguir a dimensão política do Estado e a politização indevida da máquina pública:

> "Há que se fazer aqui uma distinção entre a dimensão política, constitutiva do Estado e da democracia e a politização indevida da máquina pública. A dimensão política é salutar e desejável, e sua negação é arma de visões tecnocráticas e/ou autoritárias. No presidencialismo de coalizão, como brasileiro, a politização da burocracia aparece ainda para garantir o apoio congressual ao presidente, através de negociação de acordos sobre pastas e cargos de ministros – o que leva a problemas para a representação democrática pois esses apoios não são articulados programaticamente. Mas daí não decorre necessariamente o uso da máquina para fins privados"[54].

Portanto, enquanto a dimensão política do Estado passa pela liberdade de nomeação de pessoas que se alinhem ao governo eleito, a politização indevida recai na acomodação de interesses decorrente de apoios políticos e na formação de uma coletividade que deve o emprego público ao nomeante.

---

lo. São Paulo, 19/01/2014. Disponível em: <http://dinheiropublico.blogfolha. uol.com.br/2014/01/19/em-10-anos-comissionados-no-governo-passam-de-176-mil-para-226-mil/>. Acesso em 27/02/2015.

[54] PACHECO, Regina Silvia. Profissionalização, mérito e proteção da burocracia no Brasil. In: LOUREIRO, MARIA RITA, ABRUCIO, FERNANDO E PACHECO, REGINA. *Burocracia e Política no Brasil: desafios para a ordem democrática no século XXI*. Rio de Janeiro: Editora FGV, 2010, p. 289.

As consequências são bastante danosas para a administração pública, pois além da não aferição da capacidade técnica, o que pode implicar em menor efetividade da administração, os nomeados, guindados ao cargo por obra do nomeante, criam com este um vínculo de lealdade maior do que para com a administração pública, já que podem, a qualquer momento, ser exonerados. Isso gera efeitos diretos em relação à probidade, pois o empregado público que pretenda denunciar atos de improbidade praticados pelo governo do nomeante provavelmente deixaria de fazê-lo, ciente de que perderia o emprego. O problema se agrava em sociedades como a nossa, em que certas condutas, ainda que em detrimento da coletividade, seriam aceitáveis, conforme observado no capítulo inicial do estudo.

Nesse panorama, apartando-se da consciência moral do funcionário, a defesa do nomeante, ou um silêncio eloquente diante de condutas ímprobas do mandante, torna-se um ato de sobrevivência, em detrimento da higidez do sistema.

Por tal razão, diversos são os casos em que o nomeante retém parte dos vencimentos do nomeado, obriga-o a praticar atos em benefício privado ou a fazer campanha política para determinado candidato, realizar doações ao partido político do nomeante ou, ainda, não se insurgir contra atos de corrupção que venha a testemunhar, quando não, ser obrigado a tomar parte direta em determinadas condutas ilegais. Nesse sentido, a jurisprudência de diversos tribunais brasileiros:

> "(...) *DIREITO ADMINISTRATIVO. IMPROBIDADE. APROPRIAÇÃO* DE PARTE DOS VENCIMENTOS DOS SERVIDORES *NOMEADOS PARA CARGOS EM COMISSÃO DA CÂMARA DE VEREADORES. NOMEAÇÃO DE FUNCIONÁRIOS COMISSIONADOS PARA EXERCER ATIVIDADES DE NATUREZA PARTICULAR. OFENSA AO ART. 9°, CAPUT, INCISOS IV E XI E ART. 11, CAPUT E INCISO I DA LEI 8.429/92. a) Os autos foram fartamente instruídos com provas que demonstram, incontestavelmente, que o Vereador, em conluio com seu filho e Chefe de Gabinete, aproveitando-se do seu cargo na Câmara Municipal de Curitiba e da disponibilidade sobre os cargos em comissão de seu gabinete, apropriaram-se indevidamente de parte ou do total dos vencimentos das pessoas nomeadas para os respectivos cargos em comissão. (...)*" (Tribunal de Justiça do

Estado do Paraná – Apelação Cível nº. 526200-0 – Origem: 4ª Vara da Fazenda Pública da Comarca de Curitiba – Órgão Julgador: Quinta Câmara Cível - Relator: Des. LEONEL CUNHA – Data do Julgamento: 05/09/2009) (grifei).

"Lei nº 8.429, de 02 de junho de 1992. Vereador. **Apropriação indevida de grande parte do salário de assessor.** *Condenação criminal. Cassação negada pela Câmara. Ação Civil ordinária movida pelo Ministério Público, para ressarcimento do erário e outras cominações da chamada Lei do Colarinho Branco. Possibilidade. Independência de instâncias. Recurso de apelação. Agravo retido. Conhecimento e improvimento. Preliminares rejeitadas. Improvimento do recurso* (Tribunal de Justiça do Estado de Minas Gerais – Apelação nº 1.0000.00.18446201/000 – Relator: Des. RUBENS XAVIER - Orgão Julgador: Segunda Câmara Cível – Data do Julgamento: 21/11/2000) (grifei).

"APELAÇÃO - Cobrança - Anulação de Negócio Jurídico – Vício de Consentimento – **Doações feitas pela autora (assessora parlamentar do réu) na base de 50% de seus vencimentos, para contribuir com obras sociais mantidas pelo requerido – Obras sociais que visavam a garantir capital político ao recorrente, objetivando sua reeleição ao cargo de vereador na cidade de Mogi das Cruzes** *– Alegação de que as contribuições não se deram de forma voluntária, mas com vício de consentimento decorrente de coação – Ação procedente, com condenação do réu à restituição dos valores pagos – Elementos dos autos que denotam a ocorrência da coação – Decisão Mantida – Recurso Improvido"* (Tribunal de Justiça do Estado de São Paulo – Apelação nº 0048540-17.2002.8.26.0000 – Relator: Egidio Giacoia – Comarca: Mogi das Cruzes – Órgão julgador: 3ª Câmara de Direito Privado – Data do julgamento: 29/09/2009) (grifei).

"Penalidade. Proporcionalidade e Razoabilidade. **1. O Tribunal Regional Eleitoral manteve a desaprovação de contas anuais de diretório municipal, em razão de recebimento de recursos de origem vedada consistentes em doação de ocupante de cargo comissionado, nos termos do art. 31, II, da Lei nº 9.096/95, fixando, contudo, a pena de suspensão de novas quotas do fundo partidário em seis meses. (...) Agravo regimental não provido.** (Tribunal Superior Eleitoral – AGRAVO REGIMENTAL NO RECURSO ESPECIAL ELEITORAL Nº 45-27. 2011.6.24.0071 – OURO

VERDE – SANTA CATARINA – Relator: Ministro Arnaldo Versiani – Data do julgamento: 02/10/2012) (grifei).

*"Recurso – prestação de contas – partido político – exercício de 2010 – **contribuição feita por ocupantes de direção ou chefia, exoneráveis ad nutum ou autoridades – fonte vedada – desaprovação das contas pelo juiz de primeiro grau – doação irregular de valor significante** – manutenção do recolhimento ao fundo partidário do recurso proveniente de fonte vedada – suspensão do repasse de quotas do fundo partidário – desprovimento do recurso – advento da Lei nº 12.034/2009 – aplicação proporcional da sanção – redução de ofício para 6 (seis) meses* (Tribunal Regional Eleitoral – Santa Catarina - Agravo Regimental no Recurso Especial Eleitoral 32-30.2011.06.24.0038 - relator Nelson Maia Peixoto - julgado em 15/02/2012) (grifei).

Em países como Honduras e Moçambique os funcionários públicos ainda estão sujeitos a contribuições obrigatórias para o partido governante, enquanto em outros países, como o Paraguai, são vedadas as doações políticas por funcionários[55].

Todos esses elementos reforçam nossa argumentação no sentido de que as nomeações criam um vínculo maior e mais forte entre nomeante e nomeado do que entre o empregado público e a administração pública.

Se por mais não fosse, esse ingresso facilitado na administração pública, sem aferição do mérito, agregado a outros fatores, como deficiência do sistema educacional, limita as oportunidades de mobilidade social, fragilizando a higidez das instituições públicas e favorecendo a corrupção. Nesse sentido, Huntington lembra que

"A corrupção, como a violência, ocorre quando a ausência de oportunidades de mobilidade fora da política se combina com a existência de instituições políticas frágeis e inflexíveis, canalizando energia para o comportamento político desviante"[56].

---

[55] SPECK, Bruno Wilhelm. O financiamento político e a corrupção no Brasil. In: BIASON, Rita de Cássia (org.). Temas de corrupção política. op. cit., pp. 93-94.

[56] HUNTINGTON, Samuel Phillips. A ordem política nas sociedades em mudança. Trad. Pinheiro de Lemos. Rev. Renato Raul Bochi.). São Paulo: Editora Forense-Universitária, 1975, p. 80.

DOS FATORES ESTRUTURANTES DA CORRUPÇÃO NO SISTEMA JURÍDICO BRASILEIRO | 131

Nas hipóteses de nomeação para cargos de confiança, em que o servidor previamente ingressou na administração por meio de concurso público, mas foi guindado a nova função, naturalmente com melhor remuneração em muitos casos, em decorrência de livre escolha, também cabem alguns apontamentos.

Não se olvida que a ascensão a cargos de chefia é um importante incentivo ao servidor público, que se de um lado dispõe da estabilidade de emprego inerente ao serviço público, de outro não tem acesso abônus e recorrentes aumentos de salário que podem vir a ocorrer na esfera privada, que têm como finalidade motivar o empregado a buscar maior eficiência. Contudo, muitas vezes, o servidor resta desmotivado por observar que a indicação para os cargos em confiança, em muitas oportunidades, segue critérios meramente políticos. Para reverter esse quadro é imperioso que sejam definidos critérios técnicos para cada cargo e destacadas as respectivas competências necessárias.

Para atingir tal objetivo, Nelson Marconi indica quatro instrumentos: (1) definição de comitês de busca de candidatos para cargos de alta gerência; (2) processo de recrutamento aberto; (3) processo de certificação de competências para cargos em comissão considerados estratégicos para o governo e cuja nomeação é muito suscetível a pressões políticas; (4) criação de um banco de talentos na administração pública[57]. Busca-se, assim, limitar o viés político das nomeações, com a reunião de elementos que possam aferir melhor a capacidade do funcionário, motivando-o a melhorar sua formação, bem como fornecendo à administração pública servidores mais qualificados, que potencialmente podem prestar serviços de forma mais eficiente.

Outra questão que merece debate consiste em saber se em cargos mais elevados de instituições de grande relevância no desenvolvimento nacional, como o Banco Central, como também no segundo escalão de ministérios, conselhos de empresas públicas e de economia mista, também deveriam ser prestigiados os servidores concursados (*insiders*) ou poderiam ser nomeados servidores de alta capacitação,

---

[57] MARCONI, Nelson. Uma radiografia do emprego público no Brasil: análises e sugestões políticas. In: LOUREIRO, Maria Rita, ABRUCIO, Fernando e PACHECO, Regina. *Burocracia e Política no Brasil: desafios para a ordem democrática no século XXI*. Rio de Janeiro: Editora FGV, 2010, p. 263.

de fora das carreiras públicas. A nosso juízo, apenas por exceção devem ser admitidos *outsiders*, até como forma de estímulo aos funcionários da carreira. Contudo, como bem aponta Regina Silva Pacheco, o cerne da questão está na ampla discricionariedade dos governantes na nomeação de cargos de comissão, chefia e assessoramento, criados aos borbotões, de forma a conferir funções gratificadas a seus titulares. Assim, ainda que a maioria das vagas seja reserva a funcionários públicos concursados, a escolha final acaba sendo realizada por chefes de pastas, ministérios e secretarias, e outros dirigentes, por meio de critérios políticos[58].

Tais questões, contudo, são tratadas de forma hipócrita no meio político. Na prática nota-se a oferta de uma falsa imagem de que determinados setores da administração pública gozam de total independência, sem que exista qualquer ingerência governamental, quando na verdade o primeiro e segundo escalão das pastas são preenchidos diretamente e de forma livre pelo Poder Executivo[59]. Conforme já alinhavado, reconhece-se a importância das nomeações nos cargos que diretamente influem no rumo do governo como pressuposto da realização democrática, mas falta transparência em reconhecer que tais pessoas representam, na verdade, a *longa manus* do governante, e atuam na maior parte das vezes sob as suas orientações e determinações.

Carl Schmitt associava o fenômeno jurídico não à norma, mas às consequências práticas de seu descumprimento, por isso, inicia seu principal trabalho com a frase: *"soberano é aquele que decide na exceção"*[60], ou seja, é no instante em que a norma é descumprida que o poder se desnuda e se identifica quem realmente detém a soberania. Portanto, dirá o autor alemão que o poder se sobrepõe à norma, de modo que a "exceção" ligará o poder ao direito.

---

[58] PACHECO, Regina Silvia. Profissionalização, mérito e proteção da burocracia no Brasil. In: LOUREIRO, MARIA RITA, ABRUCIO, FERNANDO E PACHECO, REGINA. *Burocracia e Política no Brasil: desafios para a ordem democrática no século XXI. op cit.*, p. 288.

[59] É recorrente, por exemplo, a discussão sobre a independência do Banco Central, sobretudo para realizar a política de juros.

[60] SCHMITT, Carl. *Political Theology*. Chicago, EUA: University of Chicago Press, 2005, p. 5.

No tema tratado neste capítulo, pode-se observar que o poder se cerca de elementos que o permitam "decidir", ainda que reflexamente, sobre as exceções. Ao realizar a nomeação de cargos em comissão, além de o governante criar um vínculo patronal de caráter pessoal com o nomeado, já que sem ele o nomeado não estaria naquele cargo, seja ele funcionário concursado ou não, acaba por deter o poder na exceção, ou seja, ainda que o comissionado esteja diante de alguma irregularidade, dificilmente se voltará contra a mão que o afagou. E se o fizer, o nomeante, de forma legítima, poderá exonerá-lo do cargo.

O sistema jurídico, vez mais, demonstra estar permeado de normas que autorizam os poderes a se blindarem internamente, tornando mais difícil a atividade daquele que denuncia a prática de irregularidades. Nessa linha, Montesquieu advertia que diante de um governo corrompido *"as melhores leis tornam-se más e voltam-se contra o Estado"*[61].

Um último apontamento se faz necessário. Embora tenha restado claro que defendemos uma maior valorização da meritocracia em todas as esferas do serviço público, não ignoramos que a ideiade *mérito*, em si, já é problemática, na medida em que aqueles indivíduos que provêm de famílias economicamente estruturadas, que lhes proporcionaram durante a vida estudo de melhor qualidade, naturalmente dispõem de melhores condições para a disputa de vagas no serviço público em cotejamento com aqueles que provêm de famílias desestruturadas, cujo estudo foi deficitário e desde a tenra idade foram obrigados a trabalhar.

Eventuais exceções de pessoas que conseguiram escapar de tal realidade apenas confirmam a regra, o que a nosso juízo abre espaço para a saudável discussão acerca de ações afirmativas.

Não se ignora que aqui, também como no exemplo citado alhures, que alguns candidatos já partem para a prova de 100 metros rasos em grande vantagem. Porém, à míngua de outro critério que pareça mais adequado para o preenchimento de cargos na administração pública, o mérito imediato parece ser a medida mais apropriada, de modo que a melhora da eficiência pública representará, em tese, benefício a toda

---

[61] MONTESQUIEU. *Do Espírito das Leis*. Trad. Jean Melville. São Paulo: Martin Claret, 2006, p. 131.

a coletividade, ao menos no que pertine à prestação de serviços públicos. O combate à desigualdade, como exemplo, deverá ocorrer por outros meios, como pelas políticas de ações afirmativas e pela maior valorização da educação, mas não por intermédio de acesso indiscriminado aos quadros da Administração Pública, sem que se afira a capacidade técnica do servidor para cargos que demandam habilidades específicas.

4

DOS ÓRGÃOS INSTITUCIONAIS DE CONTROLE DE PROBIDADE ADMINISTRATIVA E TRANSPARÊNCIA

Na sociedade globalizada, a tutela *a posteriori* de bens jurídicos difusos ou coletivos não tem apresentado a eficácia esperada no combate à criminalidade, razão pela qual tem-se buscado incriminar condutas antes da realização da efetiva agressão ao bem jurídico. Trata-se, portanto, de um direito penal preventivo, no dizer de Roberto Livianu[1]. Não se trata de punir a mera cogitação, mas sim de punir uma efetiva conduta que é preparatória para a prática de conduta mais gravosa.

No âmbito internacional existe recomendação para que um dos focos de combate à Corrupção repouse sobre a prevenção de condutas. A Convenção das Nações Unidas contra a corrupção em seu art. 6º determina que os Estados disponham de um ou mais órgãos encarregados de cuidar da prevenção a atos de corrupção[2]. A Organização para a Cooperação e Desenvolvimento Econômico (OCDE) fornece diversas recomendações sobre como evitar conflitos de interesses no setor público, das quais destacamos: (1) alinhamento da conduta dos

---

[1] LIVIANU, Roberto. Corrupção – Incluindo a Lei Anticorrupção. 2ª ed. São Paulo: Quartier Latin, 2014, p. 65.

[2] Disponível em <http://www.unodc.org/documents/lpo-brazil//Topics_corruption/Publicacoes/2007_UNCAC_Port.pdf >. Acesso em 21/08/2014.

servidores públicos com os valores das organizações nas quais estão inseridos; (2) serviços públicos entregues ao setor privado de maneira limpa; (3) recebimento, pelos cidadãos, de tratamento imparcial; (4) utilização dos recursos de forma efetiva e apropriada; (5) transparência nas decisões públicas e viabilização do exercício da participação cidadã[3].

Nesse sentido, lembra Izabela Moreira Corrêa que a Transparência Internacional indica seis áreas de atuação na busca da construção de um sistema nacional de integridade: (1) liderança; (2) políticas públicas para a promoção da integridade; (3) reformas para aumentar a eficiência e combater a corrupção; (4) persecução penal; (5) conscientização; (6) criação de organizações responsáveis pela prevenção e pelo combate à corrupção[4].

A existência de controle normativo é um pressuposto do funcionamento das democracias representativas e da burocracia, porquanto se espera que nas democracias a conduta dos agentes públicos e os resultados de suas políticas sejam objeto de supervisão permanente. No Brasil, a administração pública dispõe de diversos órgãos que se prestam a atuar desde a detecção de atos de corrupção até a investigação e persecução, sendo que os principais são: (1) Controladorias-Gerais; (2) Tribunais de Contas; (3) Polícias; (4) Ministério Público; (5) Poder Judiciário; (6) Conselhos Nacionais de Justiça e do Ministério Público; (7) Comissões Parlamentares de Inquérito; (8) Comissões de Ética; (9) Conselho de Controle de Atividades Financeiras – COAF[5]; 10) Corregedorias de órgãos da administração.

---

[3] Disponível em <http://www.oecd.org/gov/ethics/2957360.pdf>. Acesso em 21/08/2014.

[4] CORRÊA, Izabela Moreira. Sistema de integridade: avanços e agenda de ação para a Administração Pública Federal. In: AVRITZER, Leonardo e FILGUEIRAS, Fernando. *Corrupção e sistema político no Brasil*. Rio de Janeiro: Civilização Brasileira, 2011, p.165.

[5] Em 1993 a França criou o *Service Central de Prévention de la Corruption (SCPC)*, que consiste em um serviço administrativo interministerial, dirigido por um alto magistrado, auxiliado por um secretário geral e composto de funcionários colocados à disposição por diferentes administrações que lutam contra a delinquência econômica e financeira. A eficácia, porém, depende da colaboração entre os órgãos administrativos e a coordenação com as autoridades judiciárias,

DOS ÓRGÃOS INSTITUCIONAIS DE CONTROLE DE PROBIDADE ADMINISTRATIVA... | 137

Maria Paula Bucci descreve a *Administração Pública* como o conjunto de atividades que visam à execução concreta das tarefas ou incumbências consideradas de interesse público ou comum em uma determinada coletividade ou organização estatal[6]. De outro lado, *Governo* representa o conjunto de pessoas que exercem o poder político e indicam o viés ideológico pelo qual se pauta a representação. Esclarece a autora:

> *"O governo encontra-se num plano político específico, que não se confunde com o Estado – entidade ampla, que abrange a representação política, a função judicial, o estado de defesa, o regime financeiro, além das relações com outros Estados – nem com a Administração Pública. A margem de atuação do governo define-se de forma variável, ora mais sintética, quando o arranjo político se mostra funcional, ora mais detalhada, quando as circunstâncias históricas exigem a positivação de uma forma particular, a fim de destacar, das atribuições rotineiras, funções especiais de direção, planejamento e condução daquela sociedade política"[7].*

Diogenes Gasparini oferece preciso conceito de controle da administração pública:

> *"é a atribuição de vigilância, orientação e correção de certo órgão ou agente público sobre a atuação de outro ou de sua própria atuação, visando confirmá-la ou desfazê-la, conforme seja ou não legal, conveniente, oportuna e eficiente. No primeiro caso tem-se heterocontrole; no segundo, autocontrole ou, respectivamente, controle externo e interno "[8].*

Para Bruce Ackerman *"a falta de controle sobre a corrupção mina a própria legitimidade do estado democrático"[9].* Diante disso, propõe a criação de uma instância da integridade, que corresponderia a um

---

até porque o órgão não dispõe de poderes judiciais. LORENZI, Pierre-Antoine. *Corruption et Imposture.* Paris, França: Éditions Balland, 1995, p. 179.

[6] BUCCI, Maria Paula Dallari. *Fundamentos para uma teoria jurídica das políticas públicas.* São Paulo: Saraiva, 2013, p. 54.

[7] *Idem,* p. 73.

[8] GASPARINI, Diogenes. *Direito Administrativo.* 4ª ed. – rev. e ampl. São Paulo: Saraiva, 1995, p. 532.

[9] AKERMAN, Bruce. *A Nova Separação dos Poderes.* 2ª Tiragem. Rio de Janeiro: Lumen Juris, 2013, p. 72.

órgão de controle bem estruturado, de forma a garantir a imparcialidade nas investigações, o que, a nosso ver, guardaria semelhança com as Controladorias Gerais, porém, com maior independência.

O controle da administração pública apresenta-se em três modalidades: (1) com objetivo de evitar irregularidades, minimizando as possibilidades de fraude e atuando de forma preventiva; (2) para diminuir as impropriedades, ou seja, visando à correção de erros de boa-fé decorrentes de falta de técnica ou desinformação; (3) visando ao controle de desempenho para avaliar a eficácia do padrão produtivo[10].

Rogério Bastos Arantes adverte que *"o controle realizado por burocracias não eleitas tem se mostrado mais importante no Brasil que a visão idealizada de políticos eleitos controlando burocratas"*[11].

A prevenção liga-se à transparência e à exigência da boa governança. O cotejamento entre as informações disponibilizadas publicamente e o empenho da verba em políticas públicas permite análise não apenas da correição do procedimento, sob o aspecto legal, mas também sobre as próprias escolhas do administrador. Fernando Filgueiras indica em que consiste o modelo gerencial:

> *"na profissionalização da gestão; na preferência por indicadores quantitativos e padrões explícitos de mensuração de desempenho; no controle quantitativo de resultados; na distribuição de recursos de acordo com o desempenho da política; na descentralização das atividades da burocracia; na competência entre agências do Estado; na flexibilização de recursos; no corte de custos diretos; e na criação de limites aos custos de transação da burocracia pública com a maior transparência das ações do Estado"*[12].

Destarte, é indispensável que a transparência não fique concentrada apenas no monopólio da burocracia, pois não haveria contribuição

---

[10] SANCHEZ, Oscar Adolfo e ARAÚJO, Marcelo. A Controladoria como um modelo integrado de controle para as organizações do setor público. In: BIASON, Rita de Cássia (org.). Temas de corrupção política. op. cit., p. 180.

[11] ARANTES, Rogério Bastos. Polícia Federal e construção institucional. In: AVRITZER, Leonardo e FILGUEIRAS, Fernando. Corrupção e sistema político no Brasil. op. cit., p. 103.

[12] FILGUEIRAS, Fernando. Transparência e controle da corrupção no Brasil. In: AVRITZER, Leonardo e FILGUEIRAS, Fernando. Corrupção e sistema político no Brasil. op. cit., p. 138.

DOS ÓRGÃOS INSTITUCIONAIS DE CONTROLE DE PROBIDADE ADMINISTRATIVA... | 139

para o fortalecimento da governança e da *accountability*, tema que será tratado mais à frente, gerando apenas a produção da *política do escândalo*, em que o resultado não afeta a governabilidade do sistema político, mas a legitimidade das próprias instituições[13]. Nessas hipóteses ocorre apenas uma *transparência seletiva*, calcada em objetivos políticos, de modo que denúncias de corrupção são vazadas ao sabor dos interesses políticos vigentes.

Há ampla aceitação social na ideia de que não devem existir segredos na relação entre Estado e sociedade, o que contribui para a concretização da *accountability*, ou seja, a prestação de contas. Esse consenso representa um princípio fundamental da governança democrática. Para que se possa identificar o interesse público, é indispensável que exista *transparência* na administração, pois, como lembra Claudio Lembo, *"onde há espaços secretos existem fissuras para a prática de atos corruptos"*[14].

Chama também a atenção o fato de que a despeito da maior transparência das contas públicas e da maior publicidade de escândalos de corrupção, o assunto não pauta de forma determinante as escolhas do eleitor, o que, em parte, justifica a razão de existir da Lei da Ficha Limpa (Lei Complementar nº 135/2010), já que, em um sistema ideal, os próprios eleitores se encarregariam de expungir corruptos do pleito. De qualquer forma, não se pode também ignorar a possibilidade de que muitos eleitores, a despeito de conhecer o passado improbo de um candidato, prefiram suas propostas sob o aspecto ideológico, em comparação com outros candidatos, corruptos ou não, que defendam bandeiras ideológicas distintas. Um eleitor liberal poderá talvez preferir um desonesto candidato liberal do que um socialista honesto, e vice-versa. Na verdade, não é difícil entender a lógica de alguns eleitores. Se um determinado segmento social que não dispunha de acesso a serviços públicos passa a recebê-los, mercê da conduta de

---

[13] FILGUEIRAS, Fernando. Transparência e controle da corrupção no Brasil. In: AVRITZER, Leonardo e FILGUEIRAS, Fernando. Corrupção e sistema político no Brasil. op. cit., p. 149.

[14] LEMBO, Cláudio. *Ética e Poder*. In: ZILVETI, Fernando Aurélio e LOPES, Sílvia. *O Regime Democrático e a Questão da Corrupção Política*. São Paulo: Atlas, 2004, p. 84.

um determinado governante ou partido político, evidente que, caso ele venha a praticar atos de corrupção, a conduta será naturalmente relevada ou ao menos reprimida em grau menor se cotejado com atos praticados por outros governantes.

Assim, se o comportamento do eleitor é direcionado pelos avanços econômicos de um governo e não por seus pressupostos éticos e morais, a tendência é que a discussão acerca da corrupção remanesça em viés economicista, acreditando-se que a busca pela eficiência administrativa solucionará o problema.

Como mecanismos de controle social devem ser lembrados também a consulta popular (plesbicito e referendo), os conselhos consultivos ou deliberativos, os programas de orçamento participativo e parcerias com organizações não governamentais que prestam serviços públicos[15].

Enquanto no item 2.3 apresentamos um panorama da coletânea de normas relacionadas ao tema da corrupção desde sua prevenção até a repressão, agora passaremos em revista os órgãos institucionais brasileiros que também guardam relação com as questões aqui tratadas. A mesma advertência realizada naquele item tem cabimento aqui. É certo que cada órgão já comportaria estudo individualizado em relação à corrupção. Por tal razão, não pretendemos, de forma alguma, esgotar o tema, mas observar, com certa distância, e de forma coletiva, todos os elementos envolvidos no tema da corrupção.

Além deles, embora não citados, não nos olvidamos das Procuradorias e da Advocacia Geral da União, que igualmente possuem funções na tutela da probidade, seja comunicando órgãos responsáveis da persecução penal quando diante de atos de corrupção, seja atuando no polo ativo de demandas que visam à reposição do patrimônio público, executando multas aplicadas em decorrência da prática de atos de corrupção.

---

[15] ARANTES, Rogério Bastos, LOUREIRO, Maria Rita, COUTO, Cláudio e TEIXEIRA, Marco Antonio Carvalho. Controles democráticos sobre a administração pública no Brasil: Legislativo, tribunais de contas, Judiciário e Ministério Público. In: LOUREIRO, Maria Rita, ABRUCIO, Fernando e PACHECO, Regina. *Burocracia e Política no Brasil: desafios para a ordem democrática no século XXI.* Rio de Janeiro: Editora FGV, 2010, p. 118.

DOS ÓRGÃOS INSTITUCIONAIS DE CONTROLE DE PROBIDADE ADMINISTRATIVA... | 141

Não se pode perder de vista que não é suficiente que existam órgãos de controle. É imperioso que os órgãos efetivamente funcionem e disponham de instrumental e poderes para exercer suas funções. Neste ponto, Norberto Bobbio é preciso em sua crítica:

> *"'Quem controla os controladores?' Se não conseguir encontrar uma resposta adequada para esta pergunta, a democracia, como advento do governo visível, está perdida. Mais que de uma promessa não-cumprida, estaríamos aqui diretamente diante de uma tendência contrária às premissas: a tendência não ao máximo controle do poder por parte dos cidadãos, mas ao máximo controle dos súditos por parte do poder"*[16].

Portanto, é essencial que os órgãos de controle disponham de independência para cumprir seu papel, mas também que os próprios órgãos de controle estejam sujeitos à fiscalização por meio de outros órgãos.

4.1 Controladorias-Gerais

A Controladoria Geral da União (CGU) é a agência anticorrupção do Brasil, órgão responsável pelo controle interno da administração federal, combatendo a improbidade administrativa e promovendo a ética e a integridade[17]. Seguindo o paralelismo federativo, é comum observar a existência de controladorias gerais nos estados federados e nos municípios.

A CGU integra a Presidência da República e tem por competência precípua assistir o presidente em questões relacionadas ao patrimônio público, controle interno, auditoria, correição, prevenção e combate à corrupção, bem como incrementar a transparência da gestão no âmbito da administração pública federal.

No ano de 2013, relatório da CGU apontou que ações de controle norteadas pela melhoria na qualidade das recomendações e interações com os gestores permitiram que se obtivesse benefício financeiro de 2,7 bilhões de reais[18].

---

[16] BOBBIO, Norberto. *O Futuro da Democracia*. Trad. Marco Aurélio Nogueira. São Paulo: Paz e Terra, 2000, p. 43.

[17] Criada pela Lei Federal nº 10.683/2003.

[18] Disponível em <http://www.cgu.gov.br/Publicacoes/RelatGestao/Arquivos/relatorio_gestao_cgu_2013.pdf>, p. 136. Acesso em 21/08/2014.

Para Roberto Livianu, o órgão deveria ter atitude mais proativa, não apenas investigando, mas também colaborando com as diferentes esferas de poder[19].

O órgão já atuou em diversas oportunidades conjuntamente com a Polícia Federal e outros órgãos da administração, como a Advocacia Geral da União, que inicia diversas ações de improbidade por meio de informações trazidas pela CGU.

Um dos problemas enfrentados pela CGU é a falta de Independência, uma vez que o Ministro Chefe da Controladoria-Geral da União é nomeado pelo Presidente da República, o que subtrai em certo grau sua independência acerca de investigações envolvendo o governo.

A Nova Lei Anticorrupção (Lei n° 12.846/2013) atribuiu à CGU competência corrente no âmbito federal para realizar procedimentos administrativos de apuração e punição de empresas envolvidas com atos de corrupção, tendo legitimidade inclusive para a celebração de acordos de leniência.

4.2 Tribunais de Contas

Os Tribunais de Contas são órgãos de assessoria técnica do Poder Legislativo em sua atividade de controle das contas públicas, e têm por escopo a fiscalização administrativa e financeira das ações governamentais. Dentre suas atividades está a de verificar se as despesas foram realizadas em conformidade com o orçamento, se as normas que autorizam o endividamento foram observadas, bem como se a vinculação orçamentária impositiva foi cumprida, etc.

O relatório de 2012 do Tribunal de Contas da União noticia que a adoção de medidas preventivas levou à economia de R$ 13,96 bilhões de reais. No ano de 2012, dentre 200 obras fiscalizadas, 124 delas, ou seja, 64% possuíam irregularidades graves[20]. No ano de 2013, o relatório demonstra que das 136 obras fiscalizadas, 61,7%

---

[19] LIVIANU, Roberto. *Corrupção – Incluindo a Lei Anticorrupção*. 2ª ed. São Paulo: Quartier Latin, 2014, p. 136.

[20] Disponível em: <http://portal2.tcu.gov.br/portal/page/portal/TCU/publicacoes_institucionais/relatorios/relatorios_atividades/2012_Relat%C3%B3rio_anual_de_Atividades.pdf>, p. 126>. Acesso em 19/01/2015.

DOS ÓRGÃOS INSTITUCIONAIS DE CONTROLE DE PROBIDADE ADMINISTRATIVA... | 143

apresentavam irregularidades graves, e apenas 17,6% não apresentavam alguma ressalva[21].

Embora o Tribunal de Contas preste-se a auxiliar o Legislativo na função de controle, diante de sua autonomia financeira, com dotação orçamentária própria, capacidade de autorregulação e de estabelecer vínculos diretos com o sistema de justiça, partidos políticos, sindicatos, ONGs e cidadãos comuns por meio de ouvidorias, tem-se observado que a atuação do órgão pouco está vinculada à atividade originária de auxílio ao Poder Legislativo. O que confirma tal conclusão é o fato de que das investigações e verificações realizadas pelo Tribunal de Contas, uma parcela ínfima ocorre por meio de denúncia oriunda do Congresso Nacional. Nos anos de 2012 e 2013 o Tribunal de Contas realizou quase seis mil processos em cada ano, sendo que apenas 98, em 2012, e 125, em 2013, foram deflagrados por meio de solicitação do Congresso Nacional[22]. Portanto, malgrado se trate de órgão de assessoria técnica do Poder Legislativo, atualmente o órgão mais produz investigações não relacionadas à sua função primária.

Conclui-se, portanto, que os controles democráticos sobre a Administração Pública no Brasil não decorrem dos políticos, mas sim da própria burocracia.

Segundo a Constituição Federal, 1/3 dos Ministros do Tribunal de Contas da União será escolhido pelo Presidente da República, com aprovação pelo Senado Federal, e 2/3 escolhidos diretamente pelo Congresso Nacional. Na escolha presidencial será observada a alternância entre auditores e membros do Ministério Público junto ao Tribunal, o que não acontece nas cadeiras reservadas à escolha pelo Congresso Nacional, que possui liberdade total para a nomeação[23]. A mesma ressalva realizada no item anterior acerca da indicação do Ministro Chefe da Controladoria Geral da União também cabe aqui

---

[21] Disponível em: <http://portal2.tcu.gov.br/portal/page/portal/TCU/publicacoes_institucionais/relatorios/relatorios_atividades/2013_Relat%C3%B3rio%20Anual%20de%20Atividades.pdf>, p. 97. Acesso em 19/01/2015.

[22] Disponível em: <http://portal2.tcu.gov.br/portal/page/portal/TCU/publicacoes_institucionais/relatorios/relatorios_atividades/2013_Relat%C3%B3rio%20Anual%20de%20Atividades.pdf>, p. 22. Acesso em 19/01/2015.

[23] Artigo 73, parágrafo 2º.

4.3 Polícias

A Resolução n° 34/169 de 17/12/1979 da Organização das Nações Unidas, em seu art. 7°, adverte que as forças policiais não podem praticar atos de corrupção, pois não pode um Estado exigir que seus cidadãos cumpram a lei se ele próprio é incapaz de fazer com que seus agentes e suas instituições a observem.

Claudio Beato atesta que a corrupção policial é um fenômeno recorrente em todas as organizações policiais, permeando os diferentes níveis da organização e nem sempre envolvendo ganhos financeiros. A corrupção policial abrange desde o recebimento gratuito de lanches de comerciantes em troca de maior presença no local até participação direta no tráfico de drogas e armas, passando pela propina para não aplicação de multas e proteção a criminosos, além de diversas outras condutas. O autor aponta que um dos problemas reside no fato de que diversas condutas demandam certo grau de discricionariedade do agente para que se identifique se o fato constitui ou não conduta criminosa, de modo a abrir margem à origem de muitos casos de corrupção[24].

Entre 2003 e 2008, segundo estudo de Rogério Bastos Arantes, 600 operações da Polícia Federal levaram à prisão de 9.255 pessoas. Em tais operações normalmente chama a atenção o fato de que os envolvidos são pessoas que integram os poderes públicos em cargos elevados ou provêm de grandes conglomerados econômicos[25]. A articulação que é vista no âmbito federal entre Ministério Público, Polícia e Poder Judiciário deixa a desejar no âmbito estadual, mercê da menor

---

[24] BEATO, Claudio. *Corrupção policial. Trad. Estela dos Santos Abreu.* Rio de Janeiro: Contraponto, 1997, pp. 335 e 337.

[25] ARANTES, Rogério Bastos, LOUREIRO, Maria Rita, COUTO, Cláudio e TEIXEIRA, Marco Antonio Carvalho. Controles democráticos sobre a administração pública no Brasil: Legislativo, tribunais de contas, Judiciário e Ministério Público. In: LOUREIRO, Maria Rita, ABRUCIO, Fernando e PACHECO, Regina. *Burocracia e Política no Brasil: desafios para a ordem democrática no século XXI.* Rio de Janeiro: Editora FGV, 2010, p 144.

DOS ÓRGÃOS INSTITUCIONAIS DE CONTROLE DE PROBIDADE ADMINISTRATIVA... | 145

capacidade material destes órgãos em diversos estados da federação, em cotejo com o âmbito federal. De qualquer forma, evidente que os delitos na área federal implicam acusados de maior poderio econômico e político, de modo que o interesse da mídia naturalmente se volta para estes casos, o que gera também a sensação de maior efetividade.

Os policiais não dispõem das mesmas garantias que magistrados e integrantes do Ministério Público, o que os torna alvo mais vulnerável de pressões quando a investigação que envolve a corrupção atinge autoridades políticas ou pessoas de grande poderio econômico.

4.4 Ministério Público

O *Parquet,* sobretudo a partir da Constituição Federal de 1988, dispõe de papel de grande relevância no combate à corrupção, em especial por ser constitucionalmente responsável pela tutela dos interesses difusos e coletivos[26].

Em primeiro lugar porque seus integrantes possuem garantias constitucionais importantes como inamovibilidade, irredutibilidade de vencimentos e vitaliciedade, o que procura garantir independência aos promotores e procuradores na investigação e nos processos relacionados à corrupção. Outros órgãos investigativos, que não dispõem das mesmas prerrogativas, naturalmente encontram mais dificuldades para investigar pessoas que possuam poder político ou econômico proeminente.

É o Ministério Público legitimado para a celebração de Termo de Ajustamento de Conduta (TAC), o que pode ter por objeto condutas administrativas relacionadas à corrupção. O TAC tem como grande vantagem o fato de produzir efeitos imediatamente, não dependendo da chancela do Poder Judiciário.

Como já mencionado no item 2.3.2, o Ministério Público é o principal legitimado para ingresso com ações civis públicas, instrumento essencial no combate à corrupção. Contudo, conforme mencionado no capítulo anterior, o fato de o Governador do Estado nomear o Procurador Geral de Justiça, bem como o Presidente da República nomear o

---

[26] Constituição Federal, artigo 129, III.

Procurador Geral da República, enfraquece a independência das instituições, notadamente por inserir, de forma absolutamente desnecessária, o elemento político no cargo mais elevado do órgão, que tem por atribuição a investigação de atos do próprio governo.

A desnecessidade da inserção da política reside no fato de que o Ministério Público é um órgão técnico, sendo que seus promotores e procuradores têm por dever constitucional pautarem-se pela observância da lei. Não deve haver conveniência ou oportunidade para denunciar ou investigar uma determinada pessoa. O critério a desencadear ou não procedimento investigativo – e quiçá repressivo – deve se pautar não nas características da pessoa ou do cargo que ocupa, mas na existência ou não de indícios de irregularidade.

Merece nota o Projeto de Emenda à Constituição Estadual nº 1/2013 do Estado de São Paulo, ainda não votada, que pretende incluir parágrafo ao artigo 94 da Constituição Estadual, concentrando as investigações penais, inquéritos civis e ações civis púbicas, a cargo do Procurador Geral de Justiça, ampliando o rol de competência originária quando o investigado for o Governador do Estado, o Vice-Governador, Secretário de Estado, Deputado Estadual, membro do Poder Judiciário, membro do Ministério Público, Conselheiro do Tribunal de Contas e Prefeitos, e limitando o poder de combate à corrupção no âmbito do Ministério Público, em prejuízo dos promotores de justiça. Evidencia-se, pelo teor da própria emenda, que há grande interesse político na escolha dos cargos de cúpula do Ministério Público, até porque, em última análise, o Presidente da República e os Governadores do Estado estão a escolher a pessoa responsável por lhes investigar e, eventualmente, processar.

Por fim, cabe lembrar que a especialização que tem ocorrido em praticamente todos os Ministérios Públicos com a criação de promotorias e grupos de apoio relacionados ao crime organizado e corrupção contribui para que o enfrentamento da improbidade ocorra de forma mais eficiente e com o envolvimento de profissionais mais afetos às matérias. Neste ponto também cabe a observação sobre a forma pela qual os promotores de justiça e procuradores da república passam a integrar tais grupos. Se, de um lado, a livre designação por parte da cúpula dos órgãos permite a escolha de profissionais mais talhados

DOS ÓRGÃOS INSTITUCIONAIS DE CONTROLE DE PROBIDADE ADMINISTRATIVA... | 147

para a matéria, de outro, autoriza que o preenchimento dos cargos seja influenciado por componente de natureza política. Assim, acreditamos que para tais cargos o preenchimento deveria se dar por meio de concurso interno, podendo ser exigida especialização técnica na matéria.

4.5 Poder Judiciário

Cabe ao Poder Judiciário apreciar as demandas relacionadas à punição criminal dos envolvidos em delitos de corrupção, bem como em relação aos demais processos judiciais que visam à punição dos perpetradores e a recomposição do erário, o que já é bastante para indicar o protagonismo do Poder Judiciário na questão.

Na Itália, o combate à corrupção tomou grandes proporções com a denominada operação Mãos Limpas (*Mani Pulite*), na década de 1990, que consistiu em campanha lançada pelo Poder Judiciário italiano contra a máfia para investigar, punir e condenar de forma inédita diversos integrantes do poder político italiano.

O constituinte brasileiro, ao delimitar de forma minuciosa todos os elementos da administração pública na Constituição Federal, trouxe o Poder Judiciário para o centro do controle público do combate à corrupção. Além disso, a sucessão de escândalos midiáticos envolvendo a corrupção confere ao Poder Judiciário o símbolo de guardião da moralidade pública. Porém, o fortalecimento de uma visão punitiva como única resposta eficaz ao problema da corrupção ofusca a necessidade de fortalecimento da autoridade democrática, com incremento da representação política[27].

A judicialização da política não tem gerado maior controle da corrupção no Brasil, pois a legislação nacional ainda carece de instrumentos mais céleres para a resolução de demandas judiciais, bem como de penas mais eficazes, para que se afaste do quadro atual de "*punição sem punibilidade*", em que apenas se insufla a criminalização da política como resposta ao fenômeno da corrupção[28]. Nessa linha, aparta-se a

---

[27] FILGUEIRAS, Fernando e MARONA, Marjorie Corrêa. *A corrupção, o judiciário e a cultura política no Brasil. In*: BIASON, Rita de Cássia (org.). Temas de corrupção política. São Paulo: Balão Editorial, 2012, pp. 124-125.

[28] *Idem*, pp. 129-130.

discussão da qualidade da gestão pública controlada, focando os fatos descobertos apenas como se constituíssem situações isoladas, frutos da má-fé dos agentes envolvidos.

A reforma do Poder Judiciário, iniciada com a Emenda nº 45/2004, buscou dar maior celeridade ao trâmite processual e, por consequência, maior efetividade à resposta judicial. A lentidão e a elevação dos custos judiciários militam a favor da corrupção, não apenas quando o réu deseja que a pretensão punitiva estatal seja atingida pela prescrição, mas também nas hipóteses em que um corruptor deseja que um determinado processo judicial tramite de forma mais célere ou mais lenta.

As instituições de justiça realizam três tipos de controle: (1) o controle do funcionamento da política democrática, que assegura sua intertemporalidade, consistente na preservação das regras atinentes ao processo democrático e o controle de constitucionalidade das leis e atos normativos; (2) o controle sobre a forma e conteúdo das políticas implementadas pelo governo; (3) o controle dos ocupantes de cargos públicos, eletivos, nomeados ou concursados, em relação à sua conduta pública e administrativa[29].

Para Roberto Livianu, o confisco de bens deveria ser mais utilizado, bem como a ampliação de hipóteses de acordos penais, ofertando-se ao Ministério Público maior discricionariedade no exercício do poder punitivo, facultando-se o não oferecimento de denúncia ou diminuição da pena a criminoso que colabore com a obtenção de provas[30].

Não se pode deixar de observar que a publicidade dos processos judiciais expõe os políticos, quando réus, à opinião pública, de modo que reflexamente se pode verificar o gradativo, ainda que reduzido, avanço do processo de combate à corrupção. Não se ignora, evidentemente, a existência de sentimento de impunidade em relação a delitos envolvendo

---

[29] ARANTES, Rogério Bastos, LOUREIRO, Maria Rita, COUTO, Cláudio e TEIXEIRA, Marco Antonio Carvalho. Controles democráticos sobre a administração pública no Brasil: Legislativo, tribunais de contas, Judiciário e Ministério Público. In: LOUREIRO, Maria Rita, ABRUCIO, Fernando e PACHECO, Regina. *Burocracia e Política no Brasil: desafios para a ordem democrática no século XXI*. op. cit., p 136.

[30] LIVIANU, Roberto. *Corrupção – Incluindo a Lei Anticorrupção*. 2ª ed. São Paulo: Quartier Latin, 2014, pp. 135-136.

DOS ÓRGÃOS INSTITUCIONAIS DE CONTROLE DE PROBIDADE ADMINISTRATIVA... 149

corrupção em determinados grupos, sobretudo diante da lentidão dos processos, muitas vezes mercê da imensa gama recursal existente.

A impunidade gera o aprofundamento das diferenças sociais, transformando a igualdade meramente formal, prevista em lei, em um instrumento de maleabilidade a permitir a utilização da norma como, quando e para quem melhor convierem os interesses de quem dispõe de poderio político e econômico.

Por fim, recorda-se que a Súmula Vinculante nº 13 do Supremo Tribunal Federal apresentou avanço ao vedar o nepotismo direto ou cruzado nos três poderes e nos três entes da federação[31].

4.6 Conselhos Nacionais de Justiça e do Ministério Público

A saudável criação desses órgãos permite que, de um lado, seja coibida ou mitigada eventual política corporativa nos quadros da Magistratura e do Ministério Público, com o escopo de eventualmente ocultar ou minimizar condutas ilícitas ou imorais de juízes, promotores, desembargadores e procuradores, o que Pierre-Antoine Lorenzi denomina de *"faire le ménage en famille"*[32].

Neste sentido, o artigo 103-B, §4º, V, autoriza que o Conselho Nacional de Justiça, mediante provocação ou de ofício, reveja os processos disciplinares de juízes e membros dos tribunais julgados há menos de um ano[33]. A Resolução nº 135/2011 do Conselho Nacional de Justiça, em seu artigo 12, estipula não apenas a competência complementar, tal qual expresso na constituição, mas a competência originária e concorrente para a apuração de processos disciplinares.

---

[31] *"A nomeação de cônjuge, companheiro ou parente em linha reta, colateral ou por afinidade, até o terceiro grau, inclusive, da autoridade nomeante ou de servidor da mesma pessoa jurídica investido em cargo de direção, chefia ou assessoramento, para o exercício de cargo em comissão ou de confiança ou, ainda, de função gratificada na administração pública direta e indireta em qualquer dos Poderes da União, dos Estados, do Distrito Federal e dos Municípios, compreendido o ajuste mediante designações recíprocas, viola a Constituição Federal"*. Súmula Vinculante nº 13 – Supremo Tribunal Federal.

[32] LORENZI, Pierre-Antoine. *Corruption et Imposture*, Paris, França: Éditions Balland, 1995, p. 155.

[33] Incluído pela Emenda Constitucional nº 45/2004.

Assim, o Conselho Nacional de Justiça não teria que aguardar o fim de processo disciplinar no tribunal de origem para eventualmente rever a pena, podendo atuar independentemente do tribunal de origem. A constitucionalidade do referido dispositivo foi confirmada junto ao Supremo Tribunal Federal na ADIN nº 4638.

No sítio eletrônico do Conselho Nacional de Justiça foi publicado o resultado de pesquisa que apontou que no ano de 2012 havia quase 25 mil demandas versando corrupção e lavagem de dinheiro em andamento[34].

Todavia, é importante observar se o objetivo correcional é mesmo perseguido. A advertência ocorre diante do risco de que os conselhos, sob a veste correcional, prestem-se a afrontar a independência funcional dos agentes públicos. Por tal razão, é imperioso que se atente para a forma de composição dos órgãos. Nessa Linha adverte Monica Herman Caggiano:

> *"O tema ganha preponderância, no entanto, no momento em que se verifica **a presença desta função de controle (comando/dominação) nas mãos de personagens não integrantes do Poder Judiciário, abalando a ideia de independência do Poder**, standard colocado a salvo da ingerência do Poder reformador por conta do art. 60, § 4º, da Constituição, que o erige à cláusula intocável, compondo o cerne fixo do nosso Estatuto Fundamental, no seio do princípio da separação dos poderes"[35].*

O Conselho Nacional do Ministério Público possui catorze membros, que são indicados pelo Procurador-Geral da República, Ministério Público da União e dos Estados, Supremo Tribunal Federal e Superior Tribunal de Justiça, Ordem dos Advogados do Brasil, Câmara dos Deputados e Senado Federal (artigo 130-A da Constituição Federal).

O Conselho Nacional de Justiça é composto por quinze membros, indicados pelo Supremo Tribunal Federal, Tribunal Superior do

---

[34] Disponível em: <http://www.cnj.jus.br/noticias/cnj/24270-justica-condena-205-por-corrupcao-lavagem-e-improbidade-em-2012>. Acesso em 16/04/2013.

[35] CAGGIANO, Monica Herman Salem. *Emenda Constitucional nº 45/2004*. Disponível em: <http://www.cepes.org.br/home/index.php?option=com_content&-view=article&id=217:reforma-no-judiciario-&catid=41:monica&Itemid=66>. Acesso em 01/05/15.

DOS ÓRGÃOS INSTITUCIONAIS DE CONTROLE DE PROBIDADE ADMINISTRATIVA... | 151

Trabalho, Superior Tribunal de Justiça, Procurador-Geral da República, Ordem dos Advogados do Brasil, Câmara dos Deputados e Senado Federal (artigo 103-B da Constituição Federal).

A pluralidade de entes envolvidos na composição dos órgãos garante maior permeabilidade social nos conselhos, afastando-se da crítica relacionada à nomeação de Ministros do Supremo Tribunal Federal, cuja indicação é exclusiva do Presidente da República.

4.7 Comissões Parlamentares de Inquérito

O controle parlamentar da burocracia pública no Brasil é realizado basicamente pela fiscalização orçamentária, na participação na nomeação de integrantes de cargos elevados da burocracia governamental e na instauração de comissões parlamentares de inquérito.

As Comissões Parlamentares de Inquérito têm origem no século XVI, na Inglaterra, tendo chegado ao Brasil por meio da Constituição Federal de 1934[36]. Atualmente estão previstas no artigo 58, §3º, da Constituição Federal, como órgãos colegiados, que detêm poderes de investigação próprios de autoridades judiciais, formadas em conjunto ou separadamente pelas casas legislativas, para a apuração de fato determinado, e não investigações abstratas ou genéricas, por prazo certo, podendo as conclusões serem encaminhadas ao Ministério Público para apuração de responsabilidades. Observado o paralelismo constitucional, podem também ser criadas comissões parlamentares de inquérito nas unidades federadas e nos municípios[37].

Não se olvida que as CPIs, como são conhecidas, realizam trabalho importante, em especial à vista da exposição midiática, que

---

[36] LAZZARINI, Alvaro. As Comissões Parlamentares de Inquérito como Instrumento de Apuração da Corrupção. In: ZILVETI, Fernando Aurélio e LOPES, Sílvia. *O Regime Democrático e a Questão da Corrupção Política*. São Paulo: Atlas, 2004, p. 183.

[37] O artigo 58, parágrafo 2º, IV, da Constituição Federal aponta que as comissões das casas legislativas, ou seja, todas as comissões e não apenas as comissões parlamentares de inquérito devem "*receber petições, reclamações, representações ou queixas de qualquer pessoa contra atos ou omissões das autoridades ou entidades públicas*", o que poderá deflagrar abertura de CPI, instauração de inquérito policial ou remessa das informações ao Ministério Público.

normalmente acompanha a criação e apuração de tais órgãos. Contudo, é necessário aprimorar seus mecanismos, pois embora a criação das comissões fique condicionada a 1/3 das assinaturas dos membros da(s) casa(s), e sua composição observe a proporcionalidade partidária, a atual pujança do Poder Executivo, que normalmente detém imensa base aliada no Legislativo, leva-o a controlar as investigações, mantendo os cargos mais elevados nas comissões e impedindo que requerimentos e depoimentos que não sejam de seu interesse sejam deferidos. Evidente que muitas vezes tais objetivos são obtidos mediante troca de favores, como a liberação de emendas aos parlamentares para que possam levar verbas à sua base eleitoral. De outro lado, também em razão do acompanhamento midiático do trabalho das comissões, por vezes a própria oposição tem por foco apenas constranger membros do governo, ainda que não relacionados à investigação[38].

O controle que vem sendo realizado pelo Legislativo tem se limitado às autoridades políticas do Executivo, mas não sobre os burocratas. Isso tem origem no fato de que, no plano político, o interesse direto no esclarecimento de atos improbos toca à oposição do governo vigente. Todavia, a oposição é muitas vezes realizada com fundamento na política partidária, sem ter em vista o controle parlamentar da administração[39].

---

[38] *"Essa dissonância é grande quando se trata da apurar fatos cuja elucidação não interessa à maioria parlamentar. São possíveis os casos de um clamor popular tão forte, que seja capaz de quebrar ou vencer a maioria parlamentar. Em geral, porém, a dissonância entre clamor popular e a maioria parlamentar dominante da CPI em razão da proporcionalidade leva àquele resultado que o povo brasileiro descreve, com sua mordacidade peculiar, dizendo: "A CPI terminou em Pizza""*. BARROS, Sérgio Resende de. As Comissões Parlamentares de Inquérito como Instrumento de Apuração da Corrupção. In: ZILVETI, Fernando Aurélio e LOPES, Sílvia. *O Regime Democrático e a Questão da Corrupção Política*. São Paulo: Atlas, 2004, p. 275.

[39] ARANTES, Rogério Bastos, LOUREIRO, Maria Rita, COUTO, Cláudio e TEIXEIRA, Marco Antonio Carvalho. Controles democráticos sobre a administração pública no Brasil: Legislativo, tribunais de contas, Judiciário e Ministério Público. In: LOUREIRO, Maria Rita; ABRUCIO, Fernando; PACHECO, Regina. *Burocracia e Política no Brasil: desafios para a ordem democrática no século XXI*. op. cit., pp 121-122.

DOS ÓRGÃOS INSTITUCIONAIS DE CONTROLE DE PROBIDADE ADMINISTRATIVA... | 153

À vista de sua missão constitucional e do potencial que possui, o Legislativo tem executado um papel modesto de controle da administração pública. Isso se deve a duas razões: a primeira já mencionada alhures, refere-se ao presidencialismo de coalizão, que sujeita, em geral, passivamente os legisladores em face do Executivo; outra hipótese, e aqui está nossa profunda crítica à enxurrada de cargos em comissão no Poder Executivo, tange às indicações políticas de membros da burocracia pública. Assim, como cada partido da base aliada tem sua parcela de nomeações, cabe a ele próprio efetuar um determinado *controle*, não podendo os demais partidos ou parlamentares interferirem em uma determinada pasta que não lhes *pertenceria*. Para verificar tal assertiva basta observar que, quando casos de corrupção são descobertos e os envolvidos afastados, o novo nomeado normalmente é do mesmo partido[40].

Isso leva à conclusão de que o desequilíbrio das forças políticas, mais especificamente dos Poderes Legislativo e Executivo, conduz à ineficácia de importante instrumento constitucional. Parece-nos que seria saudável que as comissões parlamentares de inquérito fossem integradas por membro do Ministério Público, que, apartado do jogo político, emitisse parecer técnico, opinando sobre o andamento dos trabalhos, o que inclusive estaria em consonância com sua missão constitucional de guardião dos direitos coletivos.

4.8 Comissões de Ética

No Brasil foi criada a Comissão de Ética da Presidência da República, além das comissões de ética vinculadas a outros órgãos e entidades da administração, como a Controladoria-Geral da União, Departamento da Polícia Federal, Tribunal de Contas da União e Ministério Público Federal.

---

[40] *"Ora, se um parlamentar tem um apadrinhado seu a ocupar um posto governamental, ou controla politicamente um determinado órgão, torna-se 'responsável' por sua atuação, não cabendo a seus pares no Legislativo imiscuir-se em assunto que é de sua alçada. Deste modo, eventuais tentativas de controle sobre a atuação da burocracia por parte de parlamentares seriam percebidas no Legislativo como uma intromissão indevida na alçada alheia: cada um controla 'o seu espaço' e ninguém perturba a atuação dos nomeados do colega". Idem, p 127.*

CORRUPÇÃO POLÍTICA
GLAUCO COSTA LEITE

No que tange à Comissão de Ética da Presidência da República, criada pelo Decreto Presidencial de 26/05/1999[41], não se pode perder de vista que se trata de órgão cujos sete membros são nomeados livremente pelo próprio Presidente da República, para mandato de três anos, prorrogáveis uma única vez. Posteriormente à criação da comissão, o Decreto Presidencial nº 6.029, de 1/02/2007, ampliou sua competência, tornando a comissão responsável pela coordenação e supervisão do *Sistema de Gestão da Ética do Poder Executivo Federal*[42], estendendo as comissões a outros órgãos da administração federal.

Todavia, a despeito de se tratar de avanço, já que anteriormente sequer existia órgão desta natureza, não se olvida que se tratando de comissão cujos membros são livremente indicados pelo Presidente da República[43], naturalmente há redução da independência do órgão, podendo se tornar um mero chancelador da opinião presidencial. Além disso, as recomendações da Comissão não possuem caráter cogente, mas meramente consultivo, de modo que à vista da não observância de suas recomendações, resta apenas aos membros abdicar do cargo, abrindo espaço para outra nomeação presidencial que mais se alinhe ao viés do chefe do executivo[44].

---

[41] Referido decreto não recebeu numeração.

[42] Art. 2º Integram o Sistema de Gestão da Ética do Poder Executivo Federal:
I - a Comissão de Ética Pública - CEP, instituída pelo Decreto de 26 de maio de 1999;
II - as Comissões de Ética de que trata o Decreto no 1.171, de 22 de junho de 1994; e
III - as demais Comissões de Ética e equivalentes nas entidades e órgãos do Poder Executivo Federal.

[43] Art. 3º - A CEP será integrada por sete brasileiros que preencham os requisitos de idoneidade moral, reputação ilibada e notória experiência em administração pública, designados pelo Presidente da República, para mandatos de três anos, não coincidentes, permitida uma única recondução.

[44] Em 24/09/2012, o então Presidente da Comissão de Ética da Presidência da República, o ex-Ministro do Supremo Tribunal Federal Sepúlveda da Pertence, pediu demissão do cargo, demonstrando sua insatisfação com o fato de dois outros conselheiros, Fábio Coutinho e Marília Muricy, não terem sido reconduzidos. Fábio Coutinho havia proposto uma advertência a Fernando Pimentel, Ministro do Desenvolvimento, por ter ele prestado consultorias antes de assumir o Ministério. Já Marília Muricy recomendou a exoneração do então ministro do Trabalho, Carlos Lupi, depois de denúncias de irregularidades em convênios do Ministério.

DOS ÓRGÃOS INSTITUCIONAIS DE CONTROLE DE PROBIDADE ADMINISTRATIVA... | 155

4.9 Conselho de Controle de Atividades Financeiras – COAF

O Conselho de Controle de Atividades Financeiras – COAF – foi criado pela Lei de Lavagem de Capitais (Lei Federal nº 9.613/98), junto ao Ministério da Fazenda, para disciplinar, aplicar penas administrativas, receber, examinar e identificar as ocorrências suspeitas de atividades ilícitas.

Verificada atividade financeira de caráter suspeito, o COAF encaminha os dados às autoridades responsáveis para deflagração do processo investigativo.

O artigo 16 da Lei trata da composição do órgão, definindo que seu presidente será nomeado pelo Presidente da República, ao passo que os demais integrantes serão designados por Ministros de Estados. Mais uma vez, se observa que, malgrado se trate de órgão absolutamente técnico, o Estado não se desvencilha do elemento político da nomeação e designação, em prejuízo do concurso público e da independência funcional[45], o que faz com que procedimentos investigativos se tornem seletivos.

4.10 Corregedorias de órgãos da administração.

O controle interno da administração é compreendido pelo conjunto de ações e procedimentos que uma organização exerce sobre

---

Lupi deixou o Ministério dias depois. Sepúlveda renuncia à presidência da Comissão de Ética Pública. O Estado de S. Paulo. São Paulo, 24/09/2012. Disponível em: <http://www.estadao.com.br/noticias/geral,sepulveda-renuncia-a-presidencia-da-comissao-de-etica-publica,935095>. Acesso em 27/06/2014.

[45] Art. 16. O Coaf será composto por servidores públicos de reputação ilibada e reconhecida competência, designados em ato do Ministro de Estado da Fazenda, dentre os integrantes do quadro de pessoal efetivo do Banco Central do Brasil, da Comissão de Valores Mobiliários, da Superintendência de Seguros Privados, da Procuradoria-Geral da Fazenda Nacional, da Secretaria da Receita Federal do Brasil, da Agência Brasileira de Inteligência, do Ministério das Relações Exteriores, do Ministério da Justiça, do Departamento de Polícia Federal, do Ministério da Previdência Social e da Controladoria-Geral da União, atendendo à indicação dos respectivos Ministros de Estado.
§ 1º O Presidente do Conselho será nomeado pelo Presidente da República, por indicação do Ministro de Estado da Fazenda.

seus próprios atos, visando à observância da lei e da constituição em cotejo com os atos praticados. O objetivo é reduzir a vulnerabilidade das instituições e deve ocorrer em todos os órgãos e em todos os níveis.

Domingos Poubel de Castro esclarece que o controle interno compreende a organização dos métodos e procedimentos referentes à eficácia operacional e à observância de diretrizes administrativas (controle administrativo) de um determinado setor, como também a organização referente à consistência e fidedignidade dos registros contábeis (controle contábil)[46]. Enquanto o controle administrativo visa que suas ações identifiquem o atingimento de objetivos com o menor custo e da melhor forma, o controle contábil pretende oferecer certeza de que os números registrados e divulgados nas demonstrações contábeis são reais.

Na área pública o objetivo do controle interno é funcionar ao mesmo tempo como um instrumento de auxílio ao administrador, mas também como um mecanismo de proteção e defesa do cidadão.

Como princípios que regem as estruturas, normas e processos administrativos que envolvem o controle interno podem ser citados: (1) fixação de responsabilidades; (2) segregação de funções; (3) etapas de cada de ciclo de uma transação; (4) escolha criteriosa do pessoal responsável pelo controle; (5) rodízio de pessoal; (6) execução e procedimentos para a execução de tarefas previstas em manuais ou ordens internas; (7) utilização de processamento eletrônico[47].

Já entre as finalidades do controle interno, Domingos Poubel de Castro arrola os seguintes intentos: (1) oferecimento de segurança da legalidade do ato praticado e a obtenção de informação adequada; (2) a promoção de eficiência operacional; (3) o estímulo à obediência; (4) respeito às práticas traçadas e a proteção de ativos; (5) bloqueio à prática da corrupção[48].

---

[46] CASTRO, Domingos Poubel de. *Auditoria, Contabilidade e Controle Interno no Setor Público*. 5ª ed. São Paulo: Atlas, 2013, pp. 358-359.

[47] *Idem*, p. 362.

[48] *Idem*, pp. 363-364.

DOS ÓRGÃOS INSTITUCIONAIS DE CONTROLE DE PROBIDADE ADMINISTRATIVA... | 157

Assim, cada órgão da administração deve dispor de órgãos correcionais internos com o escopo de investigar e punir condutas que desbordem da moralidade administrativa, refletindo o exercício de poder disciplinar.

A coleta e a análise de informações são importantes para que se possa avaliar o quadro de corrupção que atinge um determinado órgão. Para tanto, são necessários *agentes de informação,* ou seja, auditores, avaliadores e inspetores, além de terceiros, como o público em geral. De posse de tais informações, a administração pública deve instaurar o processo administrativo disciplinar competente para a apuração da conduta do servidor. Os processos administrativos têm a vantagem de tramitarem, em regra, de forma mais célere do que os processos judiciais, diante da inexistência dos diversos recursos administrativos que estão à disposição das partes na esfera judicial.

Ao final do procedimento administrativo poderá vir a ser imposta penalidade ao servidor, o que terá o mérito também de reprimir novas condutas, atuando como medida preventiva. Como já mencionado, assim como a certeza da impunidade funciona como catalisador da corrupção, a punibilidade faz arrefecer o *animus* corruptivo.

5
DA INSUFICIÊNCIA DO MODELO LEGALISTA

Diante de uma república corrompida, advertia Montesquieu, somente sua erradicação e a restauração dos princípios poderia remediar alguns de seu males[1]. O Brasil é pródigo na edição de grande volume de normas jurídicas, havendo uma maior preocupação com o volume de normas do que com a eficácia dos dispositivos, como sea superposição de normas municipais, estaduais e federais fosse automaticamente lhes gerar maior eficácia, mesmo sem a implementação de políticas públicas para tanto.

Na América Latina, conforme já mencionado no escorço histórico, encontram-se dificuldades para a implementação de instrumentos mais efetivos no combate à corrupção. Manoel Bonfim aponta que os revolucionários latino-americanos, após empregar palavras em prol de revolução e probidade, ao chegar ao poder, mantinham o conservadorismo: *"São revolucionários até a hora exata de fazer a revolução, enquanto a reforma se limita às palavras; no momento da execução, o sentimento conservador os domina e o proceder de amanhã é a contradição formal às ideias"*[2]. Os países latino-americanos seriam um *"glossário moderno designando um mundo obsoleto"*, no que tange à contradição entre as palavras e as condutas[3].

---
[1] MONTESQUIEU. *Do Espírito das Leis*. Trad. Jean Melville. op. cit., p. 133.
[2] BONFIM, Manoel. *A América Latina: Males de Origem*. Rio de Janeiro: Topbooks, 1993, p. 164.
[3] *Idem*, p. 166.

Trata-se exatamente do comportamento político adotado atualmente no Brasil por diversos representantes eleitos. Há décadas discutem-se reformas no sistema político de modo a torná-lo mais eficiente, democrático e, por consequência, mais garantidor da probidade, sem que advenham resultados práticos relevantes, ressalvadas algumas exceções, como a Lei da Ficha Limpa (Lei Complementar n° 135/2010), frise-se, de iniciativa popular, e a Nova Lei Anticorrupção (Lei n° 12.846/2013).

Contudo, a mera edição de diplomas legais, sem a devida instrumentalização e reconhecimento social de sua importância, levam à ineficácia dos dispositivos. Sobre a insuficiência de inflação normativa como instrumento hábil a debelar o problema da corrupção, Nicolau Maquiavel já asseverava que *"assim como os bons costumes precisam de leis para manter-se, também as leis, para serem observadas, precisam de bons costumes"*[4].

A existência de inflação de diplomas legais que aparentemente protegem a probidade, sem que existam instituições e instrumentos para sua efetivação, e mais, sem que exista uma sociedade que realmente acredite na probidade, presta-se apenas a aplicar um verdadeiro engodo protetivo, que fornece a aparência de proteção, mas pouco altera no sistêmico problema de corrupção.

Manoel Gonçalves, de seu turno, afirma que embora os países em desenvolvimento reiteradamente promulguem legislações mais severas para combater a corrupção, a medida implica pouca eficácia, e muitas vezes serve apenas para multiplicar as oportunidades de corrupção e, parafraseando Huntington, para aumentar o seu preço[5]. Portanto, quando a burocracia ultrapassa os mecanismos necessários para a proteção da probidade, passa a militar contra ela própria.

Normalmente se advoga, equivocadamente, que a penalização de condutas ou a majoração de reprimendas permitiria atingir maior efetividade contra a corrupção, propiciando maior proteção ao bem

---

[4] MAQUIAVEL, Nicolau. *Discursos sobre a primeira década de Tito Lívio, op. cit.*, p. 73.

[5] FERREIRA FILHO, Manoel Gonçalves. A corrupção como fenômeno social e político. Revista de Direito Administrativo, vol. 185. Rio de Janeiro: Fundação Getúlio Vargas/Renovar /Atlas, 1991, p. 11.

jurídico. Para Miguel Reale Júnior, a diferença entre crime e ilícito administrativo não reside na intensidade da agressão, mas sim decorre da conveniência política na escolha de um caminho que melhor possa tutelar o bem, seja de forma preventiva, seja em caráter retributivo. Assim, o autor afasta-se do entendimento de que ao tutelar penalmente uma determinada conduta, estar-se-ia a conferir-lhe maior importância e proteção uma vez que o direito penal somente atinge ofensas significativas ao bem jurídico. Para ele, portanto, a escolha entre a proteção do bem jurídico por natureza administrava ou penal implica problema de "*efetividade social, e não de uma questão de diversidade axiológica*"[6].

Assim, como forma de punir infrações econômicas, Reale Júnior propõe a criação de uma "terceira via" entre o Direito Penal e o Direito Administrativo, obtendo-se um sistema mais ágil que o penal, mas que ao mesmo tempo mantenha a observância a alguns de seus princípios garantistas[7].

Portanto, existe uma gama de normas que de forma ineficaz pretende promover a tutela da probidade, mas sem o sucesso esperado. Como exemplo pode ser citado o Conselho de Ética da Presidência da República, cujos membros são indicados pelo presidente e seus atos não possuem caráter cogente. Logo, trata-se de órgão que se presta apenas à chancela dos atos governamentais. A mesma crítica se estende às livres nomeações para outros cargos de órgãos que tutelam a probidade, como o Tribunal de Contas e o Conselho de Controle de Atividades Financeiras, no que tange a investigações que envolvam o governo nomeante.

Mas se de um lado há normas de baixa efetividade, de outro não se olvida que há normas absolutamente lenientes com a corrupção, aptas não só a dissuadir os perpetradores da prática da corrupção, mas a verdadeiramente estimulá-los a assim proceder, pois, conforme

---

[6]   REALE JUNIOR, Miguel. Despenalização do Direito Penal Econômico: uma terceira via entre o crime e a infração administrativa. In: FRANCO, Alberto Silva e NUCCI, Guilherme de Souza (org.). Direito Penal. São Paulo: Revista dos Tribunais, vol. VIII, 2010, p. 756.

[7]   *Idem*, p. 759.

ensina Robert Klitgaard, o corrupto faz um cálculo de risco, uma análise da relação custo-benefício antes de adotar uma conduta corrupta[8].

Luis Moreno Ocampo vai além e assevera que, embora a corrupção seja um ato contrário à lei, na virada do século XX, alguns sistemas normativos, formais e informais, públicos e privados, domésticos e internacionais, não somente autorizavam, como promoviam e até estimulavam a corrupção[9].

O padrão pragmático de combate à corrupção repousa sobre o reforço de sanções existentes e criação de legislação mais restritiva. Todavia, ao acreditar que a mera majoração de reprimendas e o incremento do sistema repressivo constituem solução eficaz para o problema, seremos conduzidos à mesma falácia que reside na crença de que tais remédios bastam ao combate da criminalidade urbana, rejeitando-se o contexto social em que estão inseridos ambos os problemas.

Por tal razão, a efetividade deve ser tutelada por outros instrumentos. A efetividade jurídica, tomada como a habilidade de uma determinada norma de produzir efeitos, liga-se à efetividade da autoridade, seja no aspecto político, seja no âmbito jurídico. A verificação da eficácia repousará na capacidade de reação diante do descumprimento da norma, bem como das disposições expedidas para a restauração do comando não observado[10]. Assim, o controle da corrupção deve

---

[8] "Se não sou corrupto, recebo meu pagamento e a satisfação moral por não ser uma pessoa corrupta. Se sou corrupto, recebo suborno, mas 'pago' um custo moral. Há também alguma probabilidade de ser descoberto e punido, caso em que também receberei uma penalidade e perderei meu pagamento. Por conseguinte, serei corrupto se: o suborno menos o custo moral menos {(a probabilidade de ser descoberto e punido) vezes (a penalidade por ser corrupto)} for maior que meu pagamento mais a satisfação que tenho por não ser corrupto". KLITGAARD, Robert. A Corrupção sob controle. Rio de Janeiro: Jorge Zahar Ed., 1994, p. 85.

[9] OCAMPO, Luis Moreno. Structural Corruption and Normative Systems: The Role of Integrity Pacts. In: TULCHIN, Joseph e ESPACH, Ralph. Combating Corruption in Latin America. Washington, EUA: The Woodrow Wilson Center Press, 2000, p. 53.

[10] BUCCI, Maria Paula Dallari. Fundamentos para uma teoria jurídica das políticas públicas. São Paulo: Saraiva, 2013, pp. 263-264.

DA INSUFICIÊNCIA DO MODELO LEGALISTA | 163

representar uma política de Estado, no dizer de Fernando Filgueiras e Marjorie Marona[11].

Para Roberto Livianu, o combate à corrupção deve passar necessariamente por uma profunda e verdadeira reforma política, fortalecendo e controlando com maior eficácia os partidos políticos, com fiscalização rigorosa e transparência absoluta das estruturas partidárias, bem como com alteração do financiamento eleitoral – de privado para público. O autor assevera que a diminuição dos monopólios e do poder discricionário do Estado, com maior prestígio dos atos administrativos vinculados, agregado à diminuição dos cargos de confiança, com prevalência do sistema meritocrático, representariam importantes passos para a obtenção de melhores resultados. Por fim, aduz que remunerar e premiar os bons agentes públicos, definindo metas, indicadores de eficiência e critérios positivos e negativos de sanção igualmente representam instrumentos necessários à valorização do funcionalismo que, como resultado, gerarão um sistema mais inclinado à observância dos princípios inerentes à probidade administrativa[12].

Robert Klitgaard arrola algumas medidas que podem ser tomadas para evitar a corrupção: (a) selecionar agentes por incorruptibilidade, tanto quanto por competência técnica; (b) modificar as recompensas e penalidades com que se defrontam o agente e o cliente; (c) aumentar a probabilidade de os atos de corrupção serem descobertos e punidos; (d) mudar a missão ou o sistema administrativo da organização, de modo a reduzir a discricionariedade do agente; (e) alterar as atitudes do agente em relação à corrupção[13].

Tankred Schipanski revela que na Alemanha tem-se buscado otimizar os fluxos do organograma da administração pública, de modo que, diante de negócios de valor superior a 200 mil euros, um outro

---

[11] FILGUEIRAS, Fernando e MARONA, Marjorie Corrêa. A corrupção, o judiciário e a cultura política no Brasil. IN: BIASON, RITA DE CÁSSIA (ORG.). *Temas de corrupção política*. São Paulo: Balão Editorial, 2012, p. 133.

[12] LIVIANU, Roberto. *Corrupção – Incluindo a Lei Anticorrupção*. 2ª ed. São Paulo: Quartier Latin, 2014, p. 129.

[13] KLITGAARD, Robert. *A Corrupção sob controle*. Rio de Janeiro: Jorge Zahar Ed., 1994, pp. 39 e 41.

órgão ou colegiado, à parte dos normalmente encarregados da verificação e análise da operação, é incumbido de aprovar o negócio[14].

Rose-Ackerman lembra que os países da América Latina estão em ponto de mudança. Lembra a autora que não mais satisfaz apenas o controle da inflação, a existência de taxa de câmbio realista e o controle das finanças públicas: é necessário que as mudanças ocorram na relação estabelecida entre governo, setor privado e cidadãos ordinários[15]. Prossegue afirmando que as reformas não devem focar exclusivamente os acusados de corrupção, como se os problemas derivassem de desonestidade individual isolada. A mera troca de um grupo corrupto por outro constitui causa improvável de melhora da rede de proteção da probidade. A autora conclui asseverando que a corrupção é melhor combatida não pela busca de pessoas santas, ou seja, vestais da honestidade para o exercício do serviço público, mas pela limitação de oportunidades e recompensas por meio do pagamento e recebimento de propina[16].

O combate à corrupção demanda esforço prolongado do governo e da sociedade, lastreado em uma guinada cultural que envolva não apenas partidos políticos e alteração legislativa, mas a participação de diferentes grupos sociais para que se atinjam resultados satisfatórios[17].

Em síntese, os problemas vigentes relacionados à corrupção e observados na deficiência do regime democrático somente podem ser resolvidos com o incremento do próprio regime democrático, conforme confirma José Nun: "*(...) A democracia só se corrige experimentando novas formas de democracia, mais adequadas às circunstâncias particulares em que vivemos*" (tradução nossa)[18].

---

[14] SCHIPANSKI, Tankred. Controle da corrupção na Alemanha. In: AVRITZER, Leonardo e FILGUEIRAS, Fernando. Corrupção e sistema político no Brasil. op. cit., p. 229.

[15] ROSE-ACKERMAN, Susan. Is Leaner Government Necessarily Cleaner Government? In: TULCHIN, Joseph e ESPACH, Ralph. *Combating Corruption in Latin America*. op. cit., p. 101.

[16] *Idem*, p. 102.

[17] MELDOLESI, Luca. Corruption, Accountability, and Democracy in Italy: An Outline. In: TULCHIN, Joseph e ESPACH, Ralph. Combating Corruption in Latin America. op. cit., p. 83.

[18] "*(...) a la democracia sólo se la corrige experimentando con nuevas formas de democracia más adecuadas a las circunstancias particulares que nos toca*

5
DA INSUFICIÊNCIA DO MODELO LEGALISTA | 165

Destarte, outras abordagens podem e devem ser realizadas com o escopo de incrementar o sistema protetivo anticorrupção. Arrolamos, assim, de forma perfunctória, algumas questões que se prestariam a melhorar a proteção da probidade, quais sejam: (a) *accountability* e articulação das instituições de proteção; (b) universalização dos serviços públicos; (c) valorização da burocracia; (d) alteração de padrões culturais de comportamento; (d) proteção a denunciantes; (e) conhecimento para a cidadania.

5.1 Accountability e articulação das instituições de proteção da tutela da probidade

A *accountability* se refere aos diversos tipos de controles institucionais que buscam efetivar a prestação de contas e eventual responsabilização dos governantes, garantindo a responsabilização permanente do poder público diante da sociedade. A prestação de contas, segundo Enrique Peruzzotti, encerra uma dimensão política e uma dimensão legal. O aspecto político consiste na vinculação entre as políticas governamentais adotadas enquanto reflexo das preferências da coletividade, ao passo que a dimensão legal trata dos *"mecanismos institucionais desenhados para assegurar que as ações de funcionários públicos estejam relacionadas a um marco legal e constitucional"*[19].

Bruno Lorencini aponta que a *accountability* tem a prestação de contas como um ponto de partida, mas representa mais do que isso, ligando-se à transparência como principal valor democrático:

> *"Entendemos accountability, portanto, como o conjunto de obrigações envolvendo os deveres de informação e justificação imputáveis aos sujeitos políticos, o que está diretamente ligado ao principal valor democrático por aquela proporcionado, que é a transparência na atividade política*[20].

---

vivir". NUN, José. *Democracia ¿Gobierno del pueblo o gobierno de los politicos?* Buenos Aires, Argentina: Fondo de Cultura Economica de Argentina, S.A., 2001, p. 156.

[19] PERUZZOTTI, Enrique. *Accountability. In: AVRITZER, Leonardo et al. (org.). Corrupção*: ensaios e críticas. 2ª ed. Belo Horizonte: Editora UFMG, 2012, p. 402.

[20] LORENCINI, Bruno. *A responsabilidade do poder político no estado constitucional sob o paradigma da democratic responsiveness.* Tese de Doutorado.

Não há como possibilitar a crítica ao sistema político sem que todas as condutas públicas sejam praticadas dentro de um espectro de transparência, o que naturalmente permitirá a obtenção de dados que autorizarão conclusões acerca de determinados comportamentos. Assim, a reflexão realizada acerca do financiamento eleitoral privado, bem como o excesso de cargos em comissão, tem fundamento na pujança dos valores envolvidos nas doações e no número de cargos criados. Se não houver transparência na obtenção de tais dados, faltarão elementos para substanciar a crítica, sendo certo também que haverá a abertura de flanco para a praxe de governos totalitários.

Deste modo, Bruno Lorencini especifica que os deveres inerentes à *accountability* devem ser materializados, observando-se as seguintes características: (1) institucionalização, ou seja, indicação expressa em normas constitucionais, ordinárias ou regulamentos dos deveres relacionados à prestação de contas; (2) publicidade apta a atingir alta capacidade de difusão; (3) informação e justificativas apresentadas pelos administradores que apresentem correção de dados e objetividade, que consiste na apresentação dos dados de forma simples, clara e inteligível[21].

Sobre a importância da transparência em todas as esferas da gestão pública e sua indispensabilidade para a realização da crítica, Bruno Speck lembra:

> *"Para que a mídia, as organizações sociais e os partidos concorrentes possam fazer um trabalho de crítica das fontes de financiamento, tanto os dados sobre o financiamento como as decisões políticas (nomeação de cargos, aprovação de leis, aplicação de recursos orçamentários) devem ser divulgados publicamente"*[22].

Rogério Bastos Arantes, Maria Rita Loureiro, Cláudio Couto e Marco Antonio Carvalho Teixeira citam três formas de *accountability*. A primeira trata da transparência no processo eleitoral, garantindo o

---

Faculdade de Direito da Universidade de São Paulo e Facultad de Derecho de la Universidad de Salamanca, 2013, p. 209.

[21] LORENCINI, Bruno. A responsabilidade do poder político no estado constitucional sob o paradigma da democratic responsiveness. op. cit., pp. 209-210.

[22] SPECK, Bruno Wilhelm. O financiamento político e a corrupção no Brasil. In: BIASON, Rita de Cássia (org.). *Temas de corrupção política*. op. cit., p. 92.

DA INSUFICIÊNCIA DO MODELO LEGALISTA | 167

acesso ao poder; a segunda alude ao conjunto de instituições de controle intraestatal (os denominados *checks and balances* ou sistema de pesos e contrapesos); por fim, a terceira diz respeito à criação de normas intertemporais pelas quais os governantes têm limitado seu campo de atuação, sem que possam ser alterados pelo governo vigente. Como exemplo desta última hipótese podem ser citadas as cláusulas pétreas constitucionais. A responsabilização dos governantes será mais efetiva se houver articulação das três formas de controle de *accountability* e seus respectivos instrumentos[23].

A falta de articulação entre a rede de instituições públicas de *accountability* representa um sério problema a ser solucionado. As instituições públicas nacionais, em geral, têm pouca tradição de trabalho em conjunto e seus sistemas técnicos de comunicação normalmente não são compatíveis, tornando difícil a tarefa de cruzamento de dados. Fernando Filgueiras e Marjorie Marona advertem:

> *"não há atuação integrada nas instituições de controle. A disjunção entre o controle burocrático-administrativo, o controle judicial e o controle público não estatal promove um conflito institucional que pouco contribui para o controle da corrupção"*[24].

O trabalho em rede (*web of accountability institutions*) tem sido responsável pelo monitoramento, investigação, persecução criminal e Civil, e pela punição de atos de corrupção e de improbidade administrativa. Nesse sentido, como observado no item próprio, tem-se a experiência exitosa das operações da Polícia Federal, cujo resultado foi obtido apenas em razão do trabalho conjunto com outros órgãos, como a Controladoria Geral da União, o Conselho de Controle de

---

[23] ARANTES, Rogério Bastos, LOUREIRO, Maria Rita, COUTO, Cláudio e TEIXEIRA, Marco Antonio Carvalho. Controles democráticos sobre a administração pública no Brasil: Legislativo, tribunais de contas, Judiciário e Ministério Público. In: LOUREIRO, Maria Rita, ABRUCIO, Fernando e PACHECO, Regina. *Burocracia e Política no Brasil: desafios para a ordem democrática no século XXI. op. cit.*, pp 113-116.

[24] FILGUEIRAS, Fernando e MARONA, Marjorie Corrêa. A corrupção, o judiciário e a cultura política no Brasil. In: BIASON, Rita de Cássia Biason (org.). Temas de corrupção política. op. cit., p. 130.

Atividades Financeiras, a Advocacia Geral da União, Ministério Público, Receita Federal, Ministério da Previdência Social, etc[25]. Desse modo, é imperioso que se pense o combate à corrupção por meio da integração de órgãos dos três poderes e do Ministério Público.

Além da pluralidade de fontes que permitam o cruzamento de informações, cada órgão, dentro de sua esfera de atuação, dispõe de conhecimentos técnicos específicos indispensáveis à identificação de delitos relacionados à corrupção e ao crime organizado. Oscar Sanchez e Marcelo Araújo apontam que órgãos de controle demandam, necessariamente, uma *expertise*, que representa a especialização no domínio dos conhecimentos envolvidos[26], explícitos sobre a estrutura organizacional de uma determinada atividade. Porém, apontam que no setor público é ainda necessário o conhecimento estratégico, que consiste na ciência sobre a disposição do poder e os recursos disponíveis aos setores da organização. Tais conhecimentos somente terão proveito se o órgão de controle for abastecido com informações reais, calcadas na transparência, e de maneira rápida, sendo de grande relevância a utilização da tecnologia da informação. Estas informações, dispersas e fragmentadas, demandam a existência de um setor de inteligência, que possa transformar a informação coletada em conhecimento estratégico. Cita-se, também, a necessidade de um órgão ouvidor, para que os desvios de conduta possam ser reportados e encaminhados a um Gabinete gestor. Em síntese, no sistema proposto pelos autores, uma controladoria eficiente seria formada por Gabinete, Ouvidoria e as Unidades de Informática e Inteligência, além da Auditoria Geral e Corregedoria Geral, com vistas a, respectivamente,

---

[25] ARANTES, Rogério Bastos. Polícia Federal e construção institucional. In: AVRITZER, Leonardo e FILGUEIRAS, Fernando. Corrupção e sistema político no Brasil. op. cit., p. 105.

[26] *"O conhecimento explícito permite entender o funcionamento da organização, os procedimentos e suas etapas, a área de atuação, os produtos e serviços oferecidos, o ambiente, as pessoas e o que estiver relacionado ao corpo organizacional"*. SANCHEZ, Oscar Adolfo e ARAÚJO, Marcelo. A Controladoria como um modelo integrado de controle para as organizações do setor público. In: BIASON, Rita de Cássia (org.). Temas de corrupção política. op. cit., pp. 183-184.

realizar o controle contábil-financeiro e punir administrativamente as condutas inadequadas[27].

A corrupção pressupõe o estabelecimento de uma relação de confiança entre os corruptores, porquanto todas as partes envolvidas almejam, além da concretização do negócio, que ele se mantenha oculto. Assim, a propina passará a ser institucionalizada a partir do momento em que os agentes públicos desenvolvem histórico de transações ilícitas anteriores, permitindo a aproximação de corruptores de forma mais segura e garantindo a ocultação das relações futuras.

Desse modo, pode-se também reduzir as oportunidades de corrupção com normas claramente definidas, estabelecendo-se regras capazes de serem acompanhadas e decisões sujeitas a revisão hierárquica. Sistemas de controle são mecanismos para circunscrever a discricionariedade em um espaço aferível. Nessa linha, a realização de rodízio de agentes inibe a corrupção na medida em que agentes públicos corruptos e corruptores normalmente necessitam de um tempo de contato para estabelecer certo grau de confiança, apto a autorizar a oferta corruptiva. Outra estratégia consiste em evitar que determinados atos possam ser praticados de forma individual, como disciplinando o trabalho de fiscais em duplas e com rodízio de agentes.

5.2 Universalização dos serviços públicos

A corrupção encontra espaço nos locais em que os serviços públicos essenciais não são fornecidos de forma satisfatória em caráter universal. Assim, quando ocorre demora para a obtenção do serviço ou mesmo dificuldade para verificação do preenchimento dos requisitos eletivos, abre-se flanco para que o cidadão e o servidor improbo negociem a antecipação do serviço. Exemplos desta natureza podem ocorrer quando alguém pleiteia uma vaga para consulta médica, para ingresso em estabelecimento de ensino público que não dispõe de sistema seletivo, para recebimento de medicamentos, para obtenção de

---

[27] SANCHEZ, Oscar Adolfo e ARAÚJO, Marcelo. A Controladoria como um modelo integrado de controle para as organizações do setor público. In: BIASON, Rita de Cássia (org.). *Temas de corrupção política.* op. cit., pp. 183-202.

alvarás de construção, etc. Portanto, a ineficiência do serviço público guarda relação direta com as oportunidades de corrupção.

Nessa seara, é sabido que uma das formas de captação de sufrágio ocorre conforme membros do poder público, tanto do Executivo como do Legislativo, favorecem determinados cidadãos em questões individuais de interesse privado, desviando-se da função para as quais foram eleitos, ainda que não recebam benefício econômico. Por exemplo, diante de um munícipe que necessite de um medicamento, atendimento médico ou vaga para o filho em creche, membros do poder público, em vez de trazer a questão a plenário, acionar o Ministério Público, pedir explicações aos órgãos competentes, resolvem o problema de forma simples, entrando em contato direto com o setor responsável e *solicitando* que seja realizado o atendimento ou fornecida a vaga. Ainda que a conduta daquele que auxilia a parte esteja imbuída de boas intenções, o comportamento não apenas deixa de contribuir para a solução do problema social, mas também estimula o cidadão e o servidor que recebeu a solicitação a compreender que para que se obtenham serviços públicos, é necessário se valer de desvio político. Destarte, a implementação de políticas públicas visando à sua universalização tende a inibir a mercancia do sufrágio em troca do acesso a serviços municipais.

Nessa linha, José Murilo de Carvalho adverte: *"A desigualdade é a escravidão de hoje, o novo câncer que impede a constituição de uma sociedade democrática"*[28].

Entretanto, a própria forma por meio da qual a universalização é realizada demanda atenção e cuidado. A celebração de convênios com organizações não governamentais para a implementação de políticas públicas nas áreas de saúde, educação e lazer tem apresentado diversos problemas, perfazendo meio para a canalização ilícita de recursos a partidos políticos e candidatos[29]. Há diversos casos em que as Organizações não Governamentais servem apenas de instrumento

---

[28] CARVALHO, José Murilo de. *Cidadania no Brasil. O longo Caminho.* 3ª ed. Rio de Janeiro: Civilização Brasileira, 2002, p. 229.

[29] SPECK, Bruno Wilhelm. *O financiamento político e a corrupção no Brasil. In: BIASON, Rita de Cássia (org.). Temas de corrupção política.* São Paulo: Balão Editorial, 2012, p. 94.

DA INSUFICIÊNCIA DO MODELO LEGALISTA | 171

para o desvio de valores públicos. Nesse sentido, arestos do Tribunal Regional Federal da 5º Região e do Tribunal de Justiça do Estado de São Paulo:

ADMINISTRATIVO. AÇÃO DE IMPROBIDADE. GESTORES DE ONG. DESVIO DE RECURSOS FEDERAIS RECEBIDOS. MANUTENÇÃO DA CONDENAÇÃO, COM LIGEIRO AJUSTE NAS PENAS QUE LHES FORAM COMINADAS. PARCIAL PROVIMENTO DA APELAÇÃO. 1. A prova dos autos é mais que suficiente para demonstrar que os gestores de certa ONG, destinatária de recursos conveniados com o Ministério da Saúde (R$ 32.124,00), não realizaram a finalidade contratada, nem prestaram as devidas contas, senão que usaram os valores em proveito próprio; 2. É verdade que os réus apresentaram documentos que atestariam o pretenso uso regular do dinheiro, mas não é o caso de aproveitá-los: a uma, porque a prestação de contas deveria ter sido dirigida aos órgãos técnicos competentes, e não diretamente em juízo; a duas, porque os papéis não cobrem a totalidade dos gastos, sequer coincidindo com os saques feitos; a três, porque, entre as despesas teoricamente provadas, algumas são injustificáveis (pagamentos ao próprio gestor, por consultoria que teria, ele mesmo, dado à ONG); e, a quatro, porque nada comprova que o objeto conveniado (um seminário sobre ativismo em AIDS e controle social) tenha sido realmente levado a efeito; 3. A condenação dos réus – a toda evidência razoável – deve ser revista apenas em uma das penas que lhes foram cominadas (suspensão dos direitos políticos), porque totalmente inútil à realidade que os gestores ímprobos vivem (não há notícia de militância política que desenvolvessem), sendo certo que a proporcionalidade já consagrada em jurisprudência assegura aos magistrados um farto leque de punições nos casos de improbidade – nunca graciosas --, justamente para que os gestos reprováveis sejam censurados de maneira adequada e pertinente; 4. Manutenção das penas de ressarcimento ao erário, de multa e de proibição de contratar com o Poder Público; 5. Apelação parcialmente provida (TRF5 – AC 00034911020104058400 – AC – Apelação Civel – 557381 – Relator(a) Desembargador Federal Paulo Roberto de Oliveira Lima – Segunda Turma – DJE – Data:12/12/2013).

AÇÃO CIVIL PÚBLICA – Improbidade Administrativa – Lei Federal nº 8.429/1992 – Inexistência de inconstitucionalidade – Aplicabilidade à lei aos agentes políticos – Legitimidade ativa do Ministério Público – Repasse de verbas a instituição privada para que esta cuidasse da gestão da saúde do Município sem fundamento em contrato administrativo que o justificasse – Ilegalidade – Burla à licitação e concurso público, com a consequente violação dos princípios da moralidade, legalidade e impessoalidade – Ocorrência de ato de improbidade (artigo 11 da Lei n° 8.492/1992) – Manutenção da sentença de origem – Recurso não provido (TJSP – Apelação / Improbidade Administrativa 0379749-81.2009.8.26.0000 – Relator(a): Magalhães Coelho – Comarca: Assis – Órgão julgador: 3ª Câmara de Direito Público – Data do julgamento: 16/03/2010).

Sobre o tema em apreço, Celi Regina Jardim Pinto lembra que no instante em que o Estado abre mão de políticas públicas universalistas em favor de ações públicas não comprometidas com a universalidade do atendimento, além de prejudicar a eficiência do serviço público, abre espaço para a corrupção de forma incontrolável, de modo que a higidez moral tem guarida apenas na boa vontade dos agentes vinculados a estas ações[30].

5.3 Valorização da burocracia

Atualmente não é clara a distinção de papéis entre burocratas e políticos, de modo que, a rigor, estes decidem e aqueles implementam o que foi decidido. Nas democracias contemporâneas os burocratas, aqui entendidos como os servidores públicos, de carreira ou não, têm participado ativamente dos processos decisórios, oferecendo contribuições relevantes. A evolução do Estado de bem-estar social na contemporaneidade demanda a atuação dos órgãos públicos em diferentes e complexas áreas, exigindo especialização de seus servidores. Trata-se da burocratização da política ou politização da burocracia. Tal traço é marcante na área das políticas macroeconômicas, tanto em relação aos servidores dos Ministérios da Fazenda, Economia e Planejamento, além do próprio Banco Central, como também economistas do setor privado, recrutados para o alto escalão dos governos, sobretudo na esfera federal.

---

[30] PINTO, Celi Regina Jardim Pinto. ONGs. In: AVRITZER, Leonardo et al. (org.). *Corrupção: ensaios e críticas*, op. cit., pp. 375-376.

DA INSUFICIÊNCIA DO MODELO LEGALISTA | 173

Embora o exercício da burocracia decorra das concessões de poder realizadas pelos demais atores políticos, é certo que não se pode reduzir a mero instrumento do Poder Executivo, dispondo de certo grau de independência institucional em relação à autoridade política[31]. Esse destaque alcançado pela burocracia guarda relação direta com a não consolidação dos partidos políticos em sua função governativa, o que acaba sendo assumido pelo corpo burocrático:

> *"(...) como os partidos não puderam consolidar sua função governativa de elaboração e defesa de projetos de governo, os burocratas desempenham nas arenas de decisão o papel que os partidos não exerceram. Por sua vez, o exercício da função governativa pela burocracia alija os partidos desse processo, relegando-os cada vez mais para a função de representantes de clientelas ou grupos particularistas na sociedade e reforçando suas práticas meramente reprodutoras de posições de poder – reeleição e conquista de recursos orçamentários necessários para tal. Com isso temos um ciclo vicioso que mantém os partidos cada vez mais distanciados das discussões de programas de governo e de projetos para a nação"[32].*

É preciso, portanto, despolitizar a administração pública, limitando à política a sua esfera de atuação. Quando nos posicionamos favoravelmente a uma menor permeabilidade do serviço público por parte de pessoas que não ingressaram por meio de concurso público, mas sim por indicação, não esquecemos, como já advertiu José Wellington da Costa Neto, que no momento em que o eixo da preocupação estatal voltou-se para a competência científica e para o saber técnico, criou-se uma casta de tecnoburocratas que compunham a tessitura social favorável à implementação de regimes totalitários[33]. Naturalmente, não se pretende desprezar a política, sobretudo porque é em sua

---

[31] LOUREIRO, Maria Rita, OLIVIERI, Cecília e MARTES, Ana Cristina Braga. Burocratas, partidos e grupos de interesse: o debate sobre política e burocracia no Brasil. In: LOUREIRO, Maria Rita, ABRUCIO, Fernando e PACHECO, Regina . *Burocracia e Política no Brasil: desafios para a ordem democrática no século XXI, op. cit.,* pp. 74-75.

[32] *Idem,* p. 91.

[33] COSTA NETO, José Wellington Bezerra da. *Assistência Judiciária Gratuita: acesso à justiça e carência econômica.* Coord. Ada Pellegrini Grinover e Petronio Calmon. 1ª ed. Brasília: Gazeta Jurídica, 2013, p. 14.

CORRUPÇÃO POLÍTICA
GLAUCO COSTA LEITE

valorização que se encontra o principal caminho para o combate à corrupção. Destarte, é imperioso valorizá-la, mas desde que atue dentro do campo que lhe é cabido. E, para tanto, não é necessária, ao contrário, é pernicioso à República, a existência de excessivo número de cargos em comissão, bem como de nomeações de natureza livre para diversos cargos de altas autoridades relacionados a órgãos que, entre outras funções, têm o dever de tutelar a probidade, inclusive em face dos nomeantes, como as Cortes Superiores, o Ministério Público, os tribunais de contas, as controladorias, etc.

Desse modo, a redução da influência do Poder Executivo sobre tais órgãos é imperiosa e auspiciosa à valorização da coisa pública, de modo que o trabalho dos burocratas deve ser valorizado, vinculado à administração pública e não ao interesse do administrador vigente. Valorizar o trabalho burocrático representa compreender que o governante eleito não pode substituir a seu talante os principais cargos da administração pública sempre que ascender ao poder, gerando prejuízos não apenas à probidade, mas também à própria continuidade de programas e obras públicas.

5.4 Alteração de padrões culturais de comportamento

O artigo 167 do Código de Trânsito Brasileiro (Lei nº 9.503/97) determina que o motorista que conduz seu veículo ou passageiro sem o cinto de segurança pratica infração grave, sujeita à multa e incidência de pontos em seu prontuário. Até a edição do Código, embora se tratasse de comportamento que protege a vida do próprio condutor e seus passageiros, havia uma cultura arraigada acerca de sua desnecessidade, de modo que a obrigatoriedade não era aceita pelo corpo social como relevante. Para evitar as penalidades, os condutores passaram a utilizar o cinto de segurança, de tal sorte que atualmente, embora não se possa dizer que a norma é regularmente observada, há bom número de motoristas que a respeitam, em especial no que toca aos bancos dianteiros[34]. Extrai-se disso que o anterior padrão de não

---

[34] Pesquisa da Agência Reguladora do Transporte do Estado de São Paulo (ARTESP) realizada em dezembro de 2014 demonstra que 14% dos motoristas não usam o cinto de segurança, embora 53% não exijam que passageiros no banco

DA INSUFICIÊNCIA DO MODELO LEGALISTA | 175

utilização, que já convivia com a existência da proibição, deslocou-se para o de emprego do cinto de segurança apenas à vista da determinação legal mais severa. Diante disso, questiona-se: no caso de suposta revogação do dispositivo legal que motivou a mudança de comportamento, tornando novamente a conduta uma infração leve, ou mesmo tornando a conduta irrelevante sob o aspecto administrativo, haveria um retrocesso na utilização a ponto de retornarmos à não observância generalizada, como ocorria antes da edição do Código de Trânsito?

Acreditamos que a resposta seja negativa, pois de alguma forma, ao longo de quase 20 anos de vigência da legislação mencionada, o comportamento de utilização do cinto de segurança por boa parte dos condutores passou a fazer parte do comportamento automático do motorista, além da consciência sobre os riscos de sua não utilização, mercê de campanhas publicitárias nesre sentido. Claro que novos condutores poderiam se inclinar à criação de uma nova cultura, mais permissiva, voltando a alterar as estatísticas paulatinamente. Entretanto, nosso argumento é que a cultura de segurança, fruto também de campanhas publicitárias, manteria seu efeito durante um período razoável.

Diante disso, a pergunta que emerge é a seguinte: seria possível aplicar a mesma lógica para modificar culturalmente condutas, tornando os comportamentos públicos mais alinhados com a ética e a probidade?

Parece-nos que, infelizmente, não seja possível trasladar a mesma lógica para o tema tratado neste trabalho. A valorização da coisa pública não decorre de um comportamento autômato como a utilização do cinto de segurança. Porém, a conclusão que se pretende obter com tal raciocínio é que, em um contexto social em que a lei goza de pouca representatividade, sua observância não decorre da ciência de sua importância para a coletividade, mas apenas do receio acerca das consequências de seu descumprimento. Nesse panorama, a legislação não terá o condão de promover a alteração de comportamentos culturais.

Em pesquisa realizada em 2008 e 2009 pelo Centro de Referência do Interesse Público, observou-se rejeição à ideia de que a honestidade Poderiam ser relativa. Porém, em relação ao pagamento de impostos,

---

traseiro também o façam. Disponível em: <http://www.artesp.sp.gov.br/campanha-concientizacao-passageiros-cinto-seguranca.html>. Acesso em 01/03/2015.

apenas 25% rejeitaram peremptoriamente a ideia de que a sonegação não implica corrupção[35], o que permite observar que nem sempre existe coerência no pensamento coletivo acerca da corrupção, pois há crítica ao comportamento alheio, considerando-o inadmissível, e leniência com a própria conduta, tida como aceitável sob determinadas circunstâncias.

As leis são, portanto, importantes para regular os comportamentos, desde que sejam observadas, pois, pior do que a inexistência de legislação protetiva à probidade, é a existência de diploma legal ineficaz ou que tem aplicação restrita a apenas um determinado grupo de pessoas.

Destarte, se a corrupção qualificada como política nada mais encerra do que um comportamento social de privilegiar um interesse privado em detrimento do coletivo na esfera política, não haverá como combatê-la, no Brasil, de forma efetiva e perene, sem rejeitar a comezinha corrupção tolerada por grande parte da sociedade. Sobre a aceitação tácita da corrupção pela população brasileira, adverte Manoel Gonçalves:

> "(...) *a comunidade brasileira é tolerante para com a corrupção. Se não a aprova, contra ela não é tomada de indignação. Daí ser relativamente fraca a reprovação social, que, como já se apontou, é a mais forte sanção de corrupção.*
>
> *A prova disso não é difícil. Ela está no fato de que os homens públicos, cuja corrupção seja flagrante, se elegem e reelegem para altos postos. Isto se traduz nas campanhas no estilo 'rouba, mas faz'"[36].*

Luis Moreno Ocampo lembra que costumam coexistir diversos sistemas, padrões de comportamento. O autor cita pesquisa realizada na Argentina, relacionada à *cola* praticada durante os exames escolares. Embora exista uma norma que veda a *cola*, existe um código entre os alunos que não apenas autoriza o comportamento, mas força os estudantes a copiarem ou aceitarem que alguém copie suas respostas,

---

[35] AVRITZER, Leonardo. *Governabilidade, sistema político e corrupção no Brasil. In:* AVRITZER, Leonardo e FILGUEIRAS, Fernando. *Corrupção e sistema político no Brasil.* Rio de Janeiro: Civilização Brasileira, 2011, pp. 47-48.

[36] FERREIRA FILHO, Manoel Gonçalves. A corrupção como fenômeno social e político. Revista de Direito Administrativo, vol. 185. Rio de Janeiro: Fundação Getúlio Vargas/Renovar /Atlas, 1991, p. 15.

sob pena de ridicularização e ostracismo contra aqueles que se opõem[37]. Tem-se, portanto, que as normas de comportamento não derivam apenas de fontes formais de direito, mas também de diferentes grupos sociais. Pretender a reforma do sistema moral público implica igualmente a necessidade de reforma de comportamentos sociais como a *cola*. Luca Meldolesi também indica que no sul da Itália a prática de corrupção consiste em expediente para obtenção de algo que é tido como necessário, havendo, portanto, um sistema oficial, que proíbe a corrupção, que convive com um sistema operante, que a autoriza e tolera[38].

Identificam-se, assim, duas estratégias de combate à corrupção, realizadas por atores distintos. Em uma abordagem cujo personagem principal é o próprio Estado, a batalha contra a improbidade é focada na atuação institucional estatal, buscando tanto um viés preventivo, na busca por eficiência administrativa com redução da burocracia, transparência da administração e *accountability*, ou seja, regular prestação de contas, bem como um aspecto repressivo, fazendo efetivamente valer a normatividade à disposição da tutela da probidade. Na outra ponta, a sociedade civil, de seu turno, protagoniza outra abordagem na medida em que dela pode evoluir uma cultura de repulsa a práticas lesivas ao interesse coletivo, com reforço da ética pública e cidadania[39].

Por fim, a realização de publicidade anticorrupção[40], bem como campanhas e treinamento que visam à valorização da probidade, também pode despertar a consciência de agentes, bem como demonstrar os custos sociais da corrupção. A edição de códigos de ética e a instalação de um departamento anticorrupção também se alinham a esse objetivo.

---

[37] OCAMPO, Luis Moreno. *Structural Corruption and Normative Systems: The Role of Integrity Pacts. In: TULCHIN, Joseph e ESPACH, Ralph. Combating Corruption in Latin America. Washington, EUA:* The Woodrow Wilson Center Press, 2000, p. 54.

[38] MELDOLESI, Luca. Corruption, Accountability, and Democracy in Italy: An Outline. In: TULCHIN, Joseph e ESPACH, Ralph. Combating Corruption in Latin America. Washington, EUA: The Woodrow Wilson Center Press, 2000, p. 82.

[39] BARATA, André. Ética pública e corrupção. IIn: BIASON, Rita de Cássia (org.). Temas de corrupção política. op. cit., pp. 40-41.

[40] O Movimento do Ministério Público Democrático lançou a campanha *"Não Aceito Corrupção"*. Disponível em <http://naoaceitocorrupcao.com.br>. Acesso em 10/08/2015.

CORRUPÇÃO POLÍTICA
GLAUCO COSTA LEITE

Destarte, é necessário que uma mudança cultural, que naturalmente ocorre de forma bastante lenta, promova paulatinamente a valorização da probidade, de forma verticalizada, de baixo para cima, do social para o político.

5.5 Proteção a denunciantes (Whistleblowers)

Considerando que os delitos de corrupção ocorram às escuras, já que decorrem de um conluio entre agentes públicos ou entre estes e agentes privados, há grande dificuldade na descoberta dos fatos, podendo-se, inclusive, dizer que, em boa parte deles, a identificação ocorre apenas a partir de denúncia de pessoas ligadas aos agentes envolvidos, seja no âmbito empresarial, seja no âmbito pessoal. Um estudo realizado em Portugal demonstrou que, dos crimes de corrupção notificados entre 2004 a 2008, 63,9% dos processos criminais começaram a partir de fontes não-oficiais e que 31,9% iniciaram-se com informações provenientes de fontes anônimas[41].

Por tal razão, é importante que aquele que pretende denunciar os fatos à autoridade responsável pela persecução civil, penal e administrativa disponha de proteção para fazê-lo. A Transparência Internacional, inclusive, em seu relatório do ano 2013, incentiva expressamente a criação de instrumentos que tutelem a proteção jurídica do denunciante (*whistleblower*)[42].

Na legislação nacional, a proteção ao empregado ou servidor público que, não vinculado à prática do ato corruptivo, mas tendo conhecimento dele, realiza denúncia (*whistleblowing*) aos órgãos competentes é incipiente. O receio de perseguição política e profissional,

---

[41] Centro de Investigação e Estudos de Sociologia e Instituto Universitário de Lisboa (CIES-ISCTE) e Departamento Central de Investigação e Acção Penal – PGR (2010). *A corrupção participada em Portugal 2004-2008*. Resultados globais de uma pesquisa em curso.

[42] "*Give people the tools and protections to fight against Corruption – Governments should pass and implement whistleblower laws. These laws should include appropriate follow up mechanisms to allow people to report wrongdoing in the public and private sectors and protect whistleblowers from retribution*". Corruption Perceptions Index 2013, p. 4. Disponível em: <http://cpi.transparency.org/cpi2013/results/>. Acesso em 13/05/2014.

especialmente quando se trata de funcionários da administração pública, além da possibilidade que ocorram ameaças a si e a sua família, constituem elementos que desestimulam o funcionário que poderia ter interesse em denunciar os atos ilícitos dos quais tem conhecimento.

Em artigo acadêmico sobre o tema, defendemos a possibilidade de compatibilizar o princípio constitucional da supremacia do interesse público com o princípio, de igual envergadura, que veda o anonimato. Na oportunidade, questionamos a possibilidade de, em algumas hipóteses e sob determinadas condições, como a comprovação dos fatos narrados, mitigar-se o princípio que veda o anonimato em homenagem ao princípio da supremacia do interesse público, de forma a autorizar a investigação de fatos a partir de denúncias anônimas[43].

No Reino Unido, por exemplo, o denunciante tem direito a manter o anonimato desde que seja preenchido ao menos um entre quatro requisitos: (1) ter fundamento para acreditar que seria vítima de represálias se realizasse a denúncia internamente; (2) ter fundamento para acreditar que provas seriam ocultadas ou destruídas; (3) o problema já ter sido anteriormente levantado *interna corporis*; (4) a preocupação possuir uma natureza excepcionalmente séria[44].

Todavia, esse posicionamento vai de encontro ao atual entendimento do Supremo Tribunal Federal. No julgamento do *Habeas Corpus* n° 100042-MC/RO, sob relatoria do Ministro Celso de Mello, ficou assentada a impossibilidade de se dar início à persecução penal com base em denúncia anônima, conforme excerto da ementa:

> "(...) *As autoridades públicas não podem iniciar qualquer medida de persecução (penal ou disciplinar), apoiando-se, unicamente, para tal fim, em peças apócrifas ou em escritos anônimos. É por essa razão que o escrito anônimo não autoriza, desde que isoladamente considerado, a imediata instauração de* persecutio criminis. – *Peças apócrifas não podem ser formalmente incorporadas a procedimentos instaurados pelo Estado, salvo quando*

---

[43] LEITE, Glauco Costa. *Instrumentos de Fomento a Denúncias Relacionadas à Corrupção*. Revista Brasileira de Direito, vol. 10 (1), 2014, p. 64.

[44] Money, Politics, Power: Corruption risks in Europe. International Transparency, 2012, p. 5. Disponível em: <http://www.transparency.de/fileadmin/pdfs/Wissen/TI_Corruption-Risks-in-Europe.pdf>. Acesso em 20/05/2015.

CORRUPÇÃO POLÍTICA
GLAUCO COSTA LEITE

forem produzidas pelo acusado ou, ainda, quando constituírem, elas próprias, o corpo de delito (...)".

O plano de proteção ao denunciante de corrupção, realizado pelo G20 em documento de 2011, critica o entendimento sufragado pelo Supremo Tribunal Federal nessa questão[45]. Além disso, o documento aponta a importância da existência de canais pelos quais sejam realizadas as denúncias, como disque-denúncias (*hotlines*) e a utilização de incentivos que sirvam para encorajar os denunciantes, incluindo recompensas financeiras.

A experiência de direito comparado demonstra que pessoas que, mesmo tendo conhecimento de fatos ilícitos, mas sem interesse em denunciá-los, passariam a tê-lo caso existisse algum tipo de incentivo de caráter financeiro, que de alguma forma pudesse compensar os riscos aos quais estariam expostas. Apelar apenas à consciência moral, ética e cívica do cidadão não é suficiente[46]. Nos Estados Unidos, por exemplo, aqueles que realizam denúncias relacionadas a atos de corrupção podem pleitear o recebimento de até 30% de eventual quantia que venha a ser recuperada a partir de investigação iniciada com base em sua denúncia[47].

Portanto, acerca do incremento da tutela do sistema anticorruptivo, é relevante a reflexão acerca da mudança da extensão da interpretação

---

[45] G20 Anti-Corruption Action plan Protection of Whistleblowers, p. 11. Disponível em: <http://www.oecd.org/g20/topics/anti-corruption/48972967.pdf>. Acesso em 02/12/2015.

[46] Até o ano de 2011 aproximadamente 30 países dispunham de legislação protetiva a *whistleblowers*. (BANISAR, David. *Whistleblowing: International Standards and DDevelopments. Social Science Research Network, 2011*, p. 2. Disponível em: <http://papers.ssrn.com/sol3/papers.cfm?abstract_id=1753180>. Acesso em 23/05/2015.

[47] 31 U.S. Code Section 3730 (d) (2) – *Civil actions for false claims – If the Government does not proceed with an action under this section, the person bringing the action or settling the claim shall receive an amount which the court decides is reasonable for collecting the civil penalty and damages. The amount shall be not less than 25 percent and not more than 30 percent of the proceeds of the action or settlement and shall be paid out of such proceeds. Such person shall also receive an amount for reasonable expenses which the court finds to have been necessarily incurred, plus reasonable attorneys' fees and costs. All such expenses, fees, and costs shall be awarded against the defendant.*

do dispositivo constitucional que trata da vedação ao anonimato, bem como a criação de legislação protetiva ao denunciante em face de empregadores ou superiores hierárquicos, inclusive com a estipulação de compensação financeira.

5.6 Conhecimento para a cidadania e mídia

O conhecimento dos direitos também se apresenta como uma ferramenta de combate à corrupção, pois, à medida que o cidadão conhece melhor seus direitos e eventuais trâmites administrativos, menos propenso está a funcionários corruptos, o que exige que leis e regulamentos sejam simplificados, de modo a cumprir o escopo informativo.

Lenio Luiz Streck e José Luis Bolsan de Morais lembram que, a despeito da grande quantidade, a informação hoje à disposição do cidadão encontra-se fragmentada e o conhecimento permanece difuso e difícil de ser empregado de forma crítica[48].

Como já retratado, o trabalho da mídia é bastante relevante para levar à sociedade a ciência acerca dos fatos envolvendo a corrupção política. Em algumas oportunidades, como no escândalo que ficou conhecido como *Mensalão* (STF – Ação Penal nº 470), a gênese da investigação partiu de uma entrevista concedida por um deputado federal a um veículo de comunicação. Em outras, como no caso da *Operação Lava Jato*, em que a investigação partiu do trabalho da Polícia Federal, a mídia prestou-se a explicar o funcionamento das engrenagens da corrupção e os seus envolvidos e acompanhar a evolução das investigações na fase de inquérito, bem como na fase judicial.

Contudo, conforme lembra Guy Debord, o *espetáculo* constitui atualmente o modelo de vida dominante na sociedade, de modo que a força das imagens e das manchetes facilmente se sobrepõe à real identificação do conteúdo a ser transmitido. Por exemplo, a imagem de alguém algemado já traz implícita a ideia de se tratar de um criminoso. O autor esclarece, porém, que o espetáculo não se constitui de um mero conjunto de imagens, mas sim de uma relação

---

[48] STRECK, Lenio Luiz e MORAIS, José Luis Bolsan de. *Ciência Política & Teoria do Estado*. 7ª ed. Porto Alegre: Livraria do Advogado Editora, 2012, p. 193.

CORRUPÇÃO POLÍTICA
GLAUCO COSTA LEITE

social entre pessoas, mediada por imagens[49]. Assim, no atual momento social em que a corrupção é uma das matérias que transita diariamente pelas manchetes, há forte inclinação à compreensão de que todos os comportamentos de natureza política correspondem à corrupção, o que igualmente milita contra a própria política, que, na verdade, deveria ser reparada exatamente como antídoto para tal. Nessa linha, arremata Debord:

> *"A alienação do espectador em favor do objeto contemplado (o que resulta de sua própria atividade inconsciente) se expressa assim: quanto mais ele contempla, menos vive; quanto mais aceita reconhecer-se nas imagens dominantes da necessidade, menos compreende sua própria existência e seu próprio desejo. Em relação ao homem que age, a exterioridade do espetáculo aparece no fato de seus próprios gestos já não serem seus, mas de um outro que os representa por ele. É por isso que o espectador não se sente em casa em lugar algum, pois o espetáculo está em toda parte"[50].*

Tal questão é bastante relevante na medida em que, segundo advertência de Juarez Guimarães, a formação da cidadania encontra resistência no domínio oligopolista dos meios de comunicação de massa com *"supervocalização de alguns interesses privados e subvocalização de vastos setores sociais"[51].*

Assim, em muitos casos, a mídia divulga informações sobre corrupção com natureza de folhetim, atribuindo, em geral, a razão da corrupção aos atores políticos, e não à política. Adverte, nesse sentido, Roberto Livianu:

> *"O escândalo interessa à mídia, mas a aplicação da pena nem sempre interessa na mesma intensidade e a desproporção de oferta de informação em relação à revelação do escândalo e respectiva punição (quando é informada) constrói percepção anômala do cidadão, sendo fator gerador de impunidade por contribuir para*

---

[49] DEBORD, Guy. *A sociedade do espetáculo.* Trad. Estela dos Santos Abreu. Rio de Janeiro: Contraponto, 1997, p. 14.

[50] DEBORD, Guy. *A sociedade do espetáculo.* Trad. Estela dos Santos Abreu. Rio de Janeiro: Contraponto, 1997, p. 24.

[51] GUIMARÃES, Juarez. Sociedade civil e corrupção: Crítica à razão liberal. In: AVRITZER, Leonardo e FILGUEIRAS, Fernando. *Corrupção e sistema político no Brasil,* op. cit., p. 94.

o desestímulo em relação à denúncia e desestímulo à colaboração com o sistema de justiça"[52].

Nessa linha, contrariamente ao viés que foca a improbidade na honestidade subjetiva do servidor público, Baruch de Espinosa aponta que é a própria coisa pública, ou seja, o próprio sistema político que não deve induzir os agentes a agir desonestamente, de modo que também para a ele o problema está na política, não nos políticos:

> *"Por conseguinte, um estado cuja salvação depende da lealdade de alguém e cujos assuntos só podem ser corretamente geridos se aqueles que deles tratam quiserem agir lealmente, não terá a mínima estabilidade Ao invés, para que ele possa durar, as suas coisas públicas devem estar ordenadas de tal maneira que aqueles que as administram, quer se conduzam pela razão, quer pelo afeto, não possam ser induzidos a estar de má-fé ou a agir desonestamente. Nem importa, para a segurança do estado, com que ânimo os homens são induzidos a administrar corretamente as coisas, contanto que as coisas sejam corretamente administradas. A liberdade de ânimo, ou fortaleza, é com efeito uma virtude privada, ao passo que a segurança é a virtude do estado"[53].*

Portanto, a espetacularização dos casos de corrupção, malgrado de um lado prestem-se ao conhecimento dos fatos improbos, deixa de conduzir ao melhoramento das instituições, reduzindo, por vezes, as discussões às pessoas envolvidas, passando ao largo das origens estruturais que conduzem a tais comportamentos. Nesse contexto, resposta penal deixa de ser um objetivo da justiça para se tornar uma forma de reparação da consciência coletiva. O Direito Penal abandona o escopo de proteção ao bem jurídico para estabelecer a paz social, mas, ao partir de uma falsa premissa quanto à origem do ato corruptivo, representaria um direito penal simbólico, sem legitimidade[54].

O diagnóstico de Roberto Livianu comporta reflexão:

---

[52] LIVIANU, Roberto. *Corrupção – Incluindo a Lei Anticorrupção.* 2ª ed. São Paulo: Quartier Latin, 2014, p. 159.

[53] ESPINOSA, Baruch de. *Tratado Político.* Trad., Intr. e Notas Diogo Pires Aurélio. São Paulo: WMF Martins Fontes, 2009, p. 9.

[54] LIVIANU, Roberto. *Corrupção – Incluindo a Lei Anticorrupção,* op cit., pp. 69-70.

"(...) controlar a corrupção depende menos da severidade dos instrumentos repressivos. Depende muito mais de um sólido sistema democrático, com partidos políticos consolidados, sociedade civil responsável, respeito aos direitos de cada pessoa e Justiça independente. Além disso, órgãos de controle financeiro funcionando com eficiência e cooperação internacional"[55].

O controle da corrupção, portanto, demanda planejamento estratégico e vontade política, com educação para a cidadania, fortalecendo valores humanistas e éticos, participação e mobilização social e eficácia do sistema de justiça.

É certo que, mesmo com a implementação das sugestões realizadas, não se tem por horizonte a extirpação da corrupção, por ser ela perene e estar imbricada na própria natureza humana, o que pode ser observado por meio de sua incidência ao longo de toda a História.

Outrossim, não se deve creditar os males da corrupção genericamente à política, sob pena de ignorar as causas mediatas que dão origem ao fenômeno corruptivo, como a necessidade de implementação da cidadania como forma de conscientização acerca das obrigações sociais recíprocas. Nessa linha, é correta a máxima que assevera: *"nenhuma independência é capaz de afastar por completo a política, pois ela volta e se reinstala, de uma forma ou de outra"*[56].

Portanto, alterações legislativas que incrementem o sistema anticorrupção não promoverão maior proteção à probidade se forem implementadas de maneira isolada, ignorando outras causas que originam o fenômeno da corrupção, além da leniência legal com aqueles que praticam tais delitos.

---

[55] *Idem*, p. 140.

[56] ARANTES, Rogério Bastos, LOUREIRO, Maria Rita, COUTO, Cláudio e TEIXEIRA, Marco Antonio Carvalho. Controles democráticos sobre a administração pública no Brasil: Legislativo, tribunais de contas, Judiciário e Ministério Público. In: LOUREIRO, Maria Rita; ABRUCIO, Fernando; PACHECO, Regina. *Burocracia e Política no Brasil: desafios para a ordem democrática no século XXI*. Rio de Janeiro: Editora FGV, 2010, p 141.

CONCLUSÃO

A redução da corrupção certamente não é uma questão simples de ser solucionada. Ao revés, trata-se de problema deveras complexo, permeado por vicissitudes de diversas áreas, desde a antropologia, passando pela política, a economia, a sociologia e o direito. Não é incomum que, em momentos como o atual, em que a discussão sobre a corrupção se encontra na ordem do dia, surjam diversas abordagens sobre o tema e as mais diferentes soluções. Devem ser rejeitadas as saídas simplistas que calquem a suposta melhora da eficácia do sistema protetivo da probidade apenas na majoração de reprimendas.

Com efeito, observamos que a corrupção, especialmente a corrupção política, sempre existiu, permanece nos dias atuais, e continuará existindo, em qualquer sociedade e tipo de governo, pois, onde houver a combinação ser humano-poder-dinheiro, estarão presentes os elementos necessários para a corrupção, exatamente na interface entre as esferas pública e privada e no equilíbrio entre tais elementos.

Certo também é que seu sentido se altera com o passar do tempo, de modo que, em alguns períodos, a corrupção será mais tolerada por algumas sociedades, ao passo que, em outros, será rechaçada de forma veemente. A despeito de vozes que apontam que a corrupção pode ser benéfica ao desenvolvimento econômico, para nós não há qualquer evidência de que a longo prazo a corrupção contribua para o desenvolvimento de um grupo social. Ainda que ela tenha o condão de, em um curto espaço de tempo, promover o desenvolvimento econômico, certamente desconstrói a suposta evolução ao caminhar para a endemia corruptiva, com a degradação do corpo social e político.

Diante desta lamentável certeza, qual seja de que não há como extinguir a corrupção, o que nos restaria, então? Sucumbir e aceitar a derrota social? Naturalmente, a resposta é negativa. Impende observar que, por diversas razões, as sociedades possuem diferentes graus de corrupção, cabendo, então, identificar quais elementos tornam a sociedade e a política mais permeáveis ao fenômeno corruptivo para que possam ser atacados.

Desse modo, o primeiro passo ao tratar da corrupção política será não minimizar o problema e atribuí-lo simplesmente à deformação de caráter deste ou daquele agente político. É forçoso compreender que aquele que pratica corrupção deve responder exemplarmente por sua conduta, mas a redução substancial dos índices de corrupção está relacionada a uma sociedade que valoriza a probidade, a transparência governamental, que promove a distribuição de riquezas e em que a representação política ocorre de forma efetiva. Em uma frase: o problema não são os políticos, mas a política!

A crise da representação democrática deve ser combatida por meio da maior participação do cidadão na vida pública, valendo-se a política de instrumentos como plebiscito e referendo, que à vista da tecnologia digital podem se tornar menos custosos e mais simples de serem implementados. Além disso, é imperioso que se criem mecanismos efetivos de controle pós-eleitoral, como a vinculação do plano de governo às propostas de campanha e a identificação dos eleitores com os parlamentares que representam especificamente a sua região.

Na mesma linha, a pesquisa observou que a corrupção encontra mais espaço onde o Estado é ineficiente. Quanto mais os serviços públicos básicos são negligenciados, mais a população passa a entender que o acesso a tais serviços depende de intervenção política ou corruptiva. Assim, a universalização dos serviços públicos representa também instrumento de combate à corrupção.

Outrossim, é certo que a legislação deve estabelecer a burocracia necessária para que, em geral, os atos praticados pelos funcionários públicos sejam vinculados, de tal sorte a não deixar que determinados servidores, individualmente, disponham de poder excessivo, especialmente em áreas mais permeáveis a atos de corrupção. Contudo, é indispensável encontrar a medida do controle burocrático, uma vez que o excesso de burocracia também milita a favor da improbidade, pois, ao criar mais fases administrativas para a realização de atos, criam-se também mais oportunidades à corrupção ou a própria elevação de seu valor.

A pesquisa observou que no Brasil há uma grande gama de normas constitucionais e infraconstitucionais que visam proteger a probidade no sistema, porém, nem sempre de forma eficaz. Malgrado tenha se observado grande avanço no combate à corrupção em anos recentes, sobretudo no que tange a políticos e empresários de grande envergadura, é certo que, em algumas oportunidades, o sistema legal é bastante leniente com a corrupção. As penalidades em geral são brandas se cotejadas com a prática de delitos violentos. A ausência de violência física individual não deveria servir para minorar as consequências de condutas que, ao alijar milhões dos cofres públicos, cometem violência social de proporções gigantescas.

Outrossim, é importante que a legislação venha a descrever e delimitar a atividade de lobistas, para que se possa observar a influência do setor privado no setor público com maior transparência e de forma regrada.

Durante o trabalho, levantamos três hipóteses que nos permitem chegar a algumas conclusões.

Sobre os vínculos partidários, entendemos que o financiamento de campanhas eleitorais deve ser exclusivamente público, sem interferência do capital privado, seja ele individual ou proveniente de grupos econômicos. Na mesma linha, acreditamos que a democracia demanda condições de igualdade real – e não formal – para os candidatos, de tal sorte que, havendo partidos políticos que suas criações e apresentem candidatos as condições necessárias para sua criação e apresente candidato a cargo majoritário, devam eles desfrutar do mesmo capital para campanha, bem como do mesmo tempo de televisão e rádio e acesso às mídias. pois, além coligações têm se mostrado nefastas ao sistema político, pois além de destruirem qualquer viés ideológico, reunindo partidos e desafetos políticos de décadas em busca de segundos no programa eleitoral gratuito, esmagam os partidos pequenos, que não têm voz sequer para se apresentar à população. A criação de cláusulas de barreira para a criação de partidos, com o enxugamento do número de partidos políticos, pode contribuir para a facilitação do objetivo proposto.

Além disso, verifica-se que a reeleição é ruim para o desenvolvimento democrático, pois as estatísticas demonstram que o candidato à reeleição sempre tem maiores chances de ser reconduzido, seja por dispor da máquina pública, seja por lotear os cargos da futura administração com outros partidos. Assim, entre a possibilidade de reconduzir um bom governante em confronto com a possibilidade de prejudicar a igualdade democrática, acreditamos que a reeleição sucessiva deva ser vetada por um períodos, especialmente para cargos no Poder Executivo.

O grau de degradação democrática vivenciado atualmente exige uma reforma política, o que já é demandado há décadas. Nos posicionamos favoráveis à possibilidade de realização da reforma política por meio de assembleia constituinte específica, criada por meio de plebiscito. Como mencionado no capítulo em que tratamos do tema, sendo o povo titular do poder constituinte originário, detentor, portanto, do poder de instituir uma nova ordem por meio de nova constituição, poderá ele, o povo, autorizar a criação de assembleia constituinte específica que possua objeto de reforma limitado. Do contrário, não nos parece lógico que, verificada tal vontade do titular do poder, fosse ele obrigado a instituir assembleia constituinte para edição de nova constituição, o que implicaria, na verdade, em confinar o poder do povo, que por natureza é ilimitado.

No que tange à nomeação de altas autoridades de Estado, posicionamo-nos posicionamos contrariamente ao excesso de intervenção política em órgãos de natureza eminentemente técnica, como Tribunais de Contas, Ministério Público e Cortes Superiores. A valorização da independência desses e de outros órgãos, agregada à observância dos princípios constitucionais da impessoalidade, eficiência, concurso público e independência funcional, podem conferir mais proteção ao princípio da probidade do que o sistema atual. É necessário afastar o elemento político de tais nomeações, sobretudo em órgãos como os citados, que têm por função fazer valer a Constituição Federal, inclusive em face do próprio governo que guindou determinados membros ao poder.

Em seguida, no que toca aos cargos em comissão, criados de forma absolutamente descontrolada pelas três esferas de governo, o diagnóstico é semelhante no sentido de enfraquecer a tutela da probidade. Trata-se de instrumento que estabelece vínculo direto entre o nomeante e o nomeado, muitas vezes utilizado para acomodar na administração pessoas que contribuíram para a campanha do eleito e, mesmo dentro do serviço público, seguem tendo a mesma função de tutelar o nomeante, ainda que acima e contra os interesses da administração pública, sob pena, inclusive, de perder o emprego público que detêm. O prejuízo aos princípios constitucionais citados no parágrafo anterior aqui também se aplica.

Portanto, nestas duas últimas hipóteses, tem-se que dois instrumentos absolutamente legais e legítimos, a nosso juízo, em vez de promover a probidade, contra ela militam de forma expressiva.

Nossa pesquisa pode observar que diversos são os aqueles institucionais encarregados da tutela da probidade, desde órgãos que atuam em caráter preventivo até instituições que participam da repressão de condutas improbas. A mesma crítica realizada ao excesso de legislação protetiva, mas que nem sempre é eficaz, pode ser efetuada aqui. Isso porque de nada adianta criar órgãos protetivos que não disponham de independência e que não possuam poder cogente de atuação, como ocorre com a Comissão de Ética da Presidência de República. Nos demais órgãos, como Polícias, Ministério Público, Controladorias-Gerais, Corregedorias Internas e Conselhos Nacionais de Justiça, também é importante que exista independência de atuação para que possam combater de forma eficaz a corrupção. É indispensável que tais órgãos possam atuar de forma articulada, de modo que as instituições e os sistemas de dados sejam compatíveis. O sucesso dessas articulações pode ser observado em diversas operações da Política Federal em atuação conjunta com outras instituições. A Controladoria Geral da União também já atuou em diversas oportunidades conjuntamente com outros órgãos da administração, como a Advocacia Geral da União e o Conselho de Controle de Atividades Financeira – COAF, gerando bons resultados investigativos.

No encerramento deste estudo, partindo da verificação de que o controle da probidade não se promove apenas por meio de alterações legislativas, trouxemos algumas sugestões que podem melhor tutelar o combate à corrupção.

Somente um poder público transparente permite a análise da conduta dos agentes públicos sob o aspecto da conformidade ou não com a probidade. Daí, se torna necessário implementar instrumentos de controle (*accountability*), que possam prevenir a ocorrência de atos de corrupção e manter maior controle dos atos da administração.

A diminuição de oportunidades de corrupção ocorre não apenas em decorrência da melhoria da gestão pública e da *accountability*, mas também em virtude do melhor desenvolvimento econômico e social, porquanto a universalização dos serviços públicos reduz as possibilidades de *negociação desses serviços* por agentes corruptos.

Além disso, para que mais fatos relacionados à corrupção sejam descobertos e possam ser investigados, é necessário que aqueles que dispõem de conhecimento de fatos ligados à corrupção possuam proteção efetiva contra retaliações e, inclusive, direito de preservar o anonimato, além de estímulos para que tragam à luz os fatos. O direito comparado demonstra que, em alguns países, a tutela dos *whistleblowers passa por* incentivos financeiros vinculados ao dinheiro público recuperado em razão de denúncia.

Diante de todos esses elementos, somos céticos quanto à crença de que simples alterações legislativas, como majoração de reprimendas, nos afastará do fosso de improbidade que assola o país de forma perene. Evidente que a repreensão adequada de condutas ilícitas pode gerar um maior receio da prática de atos corruptivos. Todavia, mantida a mentalidade social e política de que a corrupção se circunscreve à política e aos políticos a improbidade se reinventará e descobrirá novas formas de ser praticada e não descoberta.

Por fim, importante ter presente que o repúdio à corrupção não pode ocorrer apenas na esfera política, com leniência acerca da conduta individual. A corrupção não pode representar o 'bom negócio' do qual não participamos. Assim, é imperioso que, a longo prazo, ocorra um aprimoramento paulatino da mentalidade social, de modo que as pequenas vantagens indevidas sejam tão repudiadas quanto a corrupção política. E, para tanto, não há outra solução além de um maciço e abundante investimento em educação.

REFERÊNCIAS

ADVERSE, Helton. Maquiavel. In: AVRITZER, Leonardo et al. (org.). *Corrupção: ensaios e críticas.* 2ª ed. Belo Horizonte: Editora UFMG, 2012.

AKERMAN, Bruce. *A Nova Separação dos Poderes.* 2ª Tiragem. Rio de Janeiro: Lumen Juris, 2013.

ARANTES, Rogério Bastos, LOUREIRO, Maria Rita, COUTO, Cláudio e TEIXEIRA, Marco Antonio Carvalho. Controles democráticos sobre a administração pública no Brasil: Legislativo, tribunais de contas, Judiciário e Ministério Público. In: LOUREIRO, Maria Rita, ABRUCIO, Fernando e; PACHECO, Regina. *Burocracia e Política no Brasil: desafios para a ordem democrática no século XXI.* Rio de Janeiro: Editora FGV, 2010.

_____. Polícia Federal e construção institucional. In: AVRITZER, Leonardo e FILGUEIRAS, Fernando. *Corrupção e sistema político no Brasil.* Rio de Janeiro: Civilização Brasileira, 2011.

ARISTÓTELES. *A Política.* Trad. Roberto Leal Pereira. São Paulo: Martins Fontes, 2002.

_____. Ética a Nicômaco. Trad. Edson Bini. 3ª ed. Bauru, SP: EDIPRO, 2013.

AVRITZER, Leonardo. Governabilidade, sistema político e corrupção no Brasil. In: AVRITZER, Leonardo e FILGUEIRAS, Fernando. *Corrupção e sistema político no Brasil.* Rio de Janeiro: Civilização Brasileira, 2011.

BARATA, André. Ética pública e corrupção. In: BIASON, Rita de Cássia (org.). *Temas de corrupção política.* São Paulo: Balão Editorial, 2012.

BARROS, Sérgio Resende de. As Comissões Parlamentares de Inquérito como Instrumento de Apuração da Corrupção. In: ZILVETI, Fernando Aurélio e LOPES, Sílvia. *O Regime Democrático e a Questão da Corrupção Política.* São Paulo: Atlas, 2004.

BEATO, Claudio. *Corrupção policial*. Trad. Estela dos Santos Abreu. Rio de Janeiro: Contraponto, 1997.

BIASON, Rita de Cássia. Questão conceitual: o que é corrupção? In: BIASON, Rita de Cássia Biason (org.). *Temas de corrupção política*. São Paulo: Balão Editorial, 2012.

BIGNOTTO, Newton. Corrupção e opinião pública. In: AVRITZER, Leonardo e FILGUEIRAS, Fernando. *Corrupção e sistema político no Brasil*. Rio de Janeiro: Civilização Brasileira, 2011.

BOBBIO, Norberto. *O Futuro da Democracia*. Trad. Marco Aurélio Nogueira. São Paulo: Paz e Terra, 2000.

BONAVIDES, Paulo e ANDRADE, Paes de. *História Constitucional do Brasil*, 3ª ed. Rio de Janeiro: Paz e Terra, 1991.

BONFIM, Manoel. *A América Latina: Males de Origem*. Rio de Janeiro: Topbooks, 1993.

BUCCI, Maria Paula Dallari. *Fundamentos para uma teoria jurídica das políticas públicas*. São Paulo: Saraiva, 2013.

CAGGIANO, Monica Herman Salem. *A reeleição: tratamento constitucional (breves considerações)*. Preleções Acadêmicas, CEPS – Centro de Estudos Políticos e Sociais de São Paulo, Caderno 1, 1997.

_____. Corrupção e Financiamento das Campanhas Eleitorais. In: ZILVETI, Fernando Aurélio e LOPES, Sílvia. *O Regime Democrático e a Questão da Corrup*ção *Política*. São Paulo: Atlas, 2004.

_____. *Emenda Constitucional n. 45/2004*. Disponível em: <http://www.cepes.org.br/home/index.php?option=com_content&view=article&id=217:reforma-no-judiciario-&catid=41:monica&Itemid=66>. Acesso em 01/05/15.

_____. *Oposição na Política*. São Paulo: Madras/Angelotti, 1995.

CALDEIRA, Gregory Anthony e WRIGHT, John Robert. *Lobbying for Justice: Organized Interests Supreme Court Nominations, and United States Senate*. American Journal of Political Science, vol. 42 (2), p. 499-523, 1998.

CARVALHO, José Murilo de. *Cidadania no Brasil. O longo Caminho*. 3ª ed. Rio de Janeiro: Civilização Brasileira, 2002.

_____. Passado, Presente e Futuro da Corrupção Brasileira. In: AVRITZER, Leonardo et al. (org.). *Corrupção: ensaios e críticas*. 2ª ed. Belo Horizonte: Editora UFMG, 2012.

CAZZOLA, Franco. *Della Corruzione – Fisiologia e patologia di un sistema politico*. Bologna, Itália: Il Mulino, 1998.

CFM desiste de restringir viagens de médicos pagas por laboratórios. O Estado de S. Paulo. São Paulo, 16/08/2010. Disponível em: <http://www. estadao.com.br/noticias/geral,cfm-desiste-de-restringir-viagens-de-medicos-pagas-por-laboratorios-imp-,595606>. Acesso em 04/09/2014.

CORRUPTION Perception Index. United Nations Global Compact, 2000. Disponível em: <https://www.unglobalcompact.org/Languages/portuguese/dez_principios.html>. Acesso em 04/01/2015.

CORRUPTION Control Indicator. Council on guidelines for managing conflict of interest in public service, 2000. Disponível em: <http://www.oecd.org/gov/ethics/2957360.pdf>. Acesso em 04/01/2015.

COSTA NETO, José Wellington Bezerra da. *Assistência Judiciária Gratuita: acesso à justiça e carência econômica*. Coord. Ada Pellegrini Grinover e Petronio Calmon. 1ª ed. Brasília: Gazeta Jurídica, 2013.

CUNHA, Paulo Ferreira da. *Da Constituição Antiga à Constituição Moderna*: república e virtude. *In: Revista Brasileira de Estudos Constitucionais*. Belo Horizonte: Ed. Fórum – Instituto Brasileiro de Estudos Constitucionais – IBEC, n° 5, jan./mar. 2008.

DAHL, Robert. *Sobre a democracia*. Trad. Beatriz Sidou. Brasília: Editora Universidade de Brasília, 2001.

DAL POZZO, Antonio Araldo Ferraz et al. *Lei Anticorrupção – Apontamentos sobre a Lei n° 12.846/2013*. Belo Horizonte: Fórum, 2014.

DEBORD, Guy. *A sociedade do espetáculo*. Trad.: Estela dos Santos Abreu. Rio de Janeiro: Contraponto, 1997.

DI PIETRO, Maria Sylvia Zanella. *Direito administrativo*. 20ª ed. São Paulo: Atlas, 2007.

DOS SANTOS, Wanderley Guilherme. Democracia. In: AVRITZER, Leonardo et al. (org.). *Corrupção: ensaios e críticas*. 2ª ed. Belo Horizonte: Editora UFMG, 2012.

DWORKIN, Ronald. *Levando os direitos a sério*. Trad. Nelson Boeira. 2ª ed. São Paulo: Martins Fontes, 2007.

Em 10 anos, comissionados no governo passam de 17,6 mil para 22,6 mil. Folha de S. Paulo. São Paulo, 19/01/2014. Disponível em: <http://dinheiro-publico.blogfolha.uol.com.br/2014/01/19/em-10-anos-comissionados-no-governo-passam-de-176-mil-para-226-mil/>. Acesso em 27/02/2015.

Em protesto de São Paulo maioria não tem partido, diz Datafolha. Folha de S.Paulo. São Paulo, 18/06/2013. Disponível em: <http://http://www1.folha.

uol.com.br/cotidiano/2013/06/1296886-em-protesto-de-sp-maioria-nao-tem-partido-diz-datafolha.shtml>. Acesso em 2/08/2014.

ESPINOSA, Baruch de. *Tratado Político* Trad., Intr. e Notas Diogo Pires Aurélio. São Paulo: WMF Martins Fontes, 2009.

FAORO, Raymundo. *Os donos do poder: formação do patronato político brasileiro*. 3ª ed. São Paulo: Globo, 2001.

FERRAJOLI, Luigi. O Estado de Direito entre o passado e o futuro. In: COSTA, Pietro e ZOLO, Danilo (org.). O Estado de Direito: história, teoria, crítica. Trad. Carlos Alberto Dastoli. *Estado de Direito: história, teoria, crítica*. (Tradução de Carlos Alberto Dastoli). São Paulo: Martins Fontes, 2006.

FERREIRA FILHO, Manoel Gonçalves. *A corrupção como fenômeno social e político*. *Revista de Direito Administrativo*, vol. 185. Rio de Janeiro: Fundação Getúlio Vargas/Renovar /Atlas, 1991.

_____. *A democracia no Limiar do Século XXI*. São Paulo: Saraiva, 2001.

_____. Corrupção e Democracia. In: ZILVETI, Fernando Aurélio e LOPES, Sílvia. *O Regime Democrático e a Questão da Corrupção Política*. São Paulo: Atlas, 2004.

_____. *Curso de direito constitucional*. 35ª ed. São Paulo: Saraiva, 2009.

FIGUEIREDO, Luciano Raposo. A corrupção no Brasil Colônia. In: AVRITZER, Leonardo et al. (org.). *Corrupção: ensaios e críticas*. 2ª ed. Belo Horizonte: Editora UFMG, 2012.

FIGUEIREDO, Marcelo. *Direito Constitucional: estudos interdisciplinares sobre federalismo, democracia e Administração Pública*. Belo Horizonte: Fórum, 2012.

FILGUEIRAS, Fernando e MARONA, Marjorie Corrêa. A corrupção, o judiciário e a cultura política no Brasil. In: BIASON, Rita de Cássia (org.). *Temas de corrupção política*. São Paulo: Balão Editorial, 2012

FILGUEIRAS, Fernando. *Corrupção, Democracia e Legitimidade*. Belo Horizonte: Editora UFMG, 2008.

_____. Marcos Teóricos da Corrupção. In: AVRITZER, Leonardo et al. (org.). *Corrupção: ensaios e críticas*. 2ª ed. Belo Horizonte: Editora UFMG, 2012.

FRANCISCO, José Carlos. (Neo) Constitucionalismo na pós-modernidade: princípios fundamentais e justiça pluralista. In: FRANCISCO, José Carlos (coord.). *Neoconstitucionalismo e atividade jurisdicional: do passivismo ao ativismo judicial*. Belo Horizonte: Del Rey, 2012.

G20 Anti-Corruption Action plan Protection of Whistleblowers, p. 11. Disponível em: <http://www.oecd.org/g20/topics/anti-corruption/48972967. pdf>. Acesso em 02/12/2015.

GARCÍA-PELAYO, Manuel. As Transformações do Estado Contemporâneo. Trad. Agassiz Almeida Filho. In: Revista Brasileira de Estudos Constitucionais. Rio de Janeiro: Editora Forense, 2008.

GASPARINI, Diogenes. *Direito Administrativo*. 4ª ed. – rev e ampl. São Paulo: Saraiva, 1995.

GERSBACH, Hans e LIESSEM, Verena. Reelection threshold contracts in politics. Social Choice and Welfare, vol. 31 (2), p. 233-255, 2008.

GRAU, Eros Roberto. *A ordem econômica na Constituição de 1988*. 6ª ed. São Paulo: Malheiros, 2000.

GROOT-VAN LEEUWEN, LENY E. DE. Merit Selection and Diversity in the Dutch Judiciary. In: MALLESON, Kate e RUSSELL, Peter H. *Appointing Judges in An Age of Judicial Power: Critical Perspectives from around the World*. Toronto, Canada: University of Toronto Press, 2006.

GUIMARÃES, Juarez. Interesse Público. In: AVRITZER, Leonardo et al. (org.). Corrupção: ensaios e críticas. 2ª ed. Belo Horizonte: Editora UFMG, 2012.

_____. *Sociedade civil e corrupção*: Crítica à razão liberal. In: AVRITZER, Leonardo e FILGUEIRAS, Fernando. *Corrupção e sistema político no Brasil*. Rio de Janeiro: Civilização Brasileira, 2011.

HABIB, Sérgio. *Brasil: Quinhentos anos de corrupção – Enforque sócio -histórico-jurídico-penal*. Porto Alegre: Editora Fabris, 1994.

HUNTINGTON, Samuel Phillips. *A ordem política nas sociedades em mudança*. Trad. Pinheiro de Lemos. Rev. Renato Raul Bochi. São Paulo: Editora Forense-Universiária, 1975.

KLITGAARD, Robert. *A Corrupção sob controle*, Rio de Janeiro: Jorge Zahar Ed., 1994.

LAZZARINI, Alvaro. As Comissões Parlamentares de Inquérito como Instrumento de Apuração da Corrupção. In: ZILVETI, Fernando Aurélio e LOPES, Sílvia. *O Regime Democrático e a Questão da Corrupção Política*. São Paulo: Atlas, 2004.

LEITE, Glauco Costa. *Instrumentos de Fomento a Denúncias Relacionadas à Corrupção*. Revista Brasileira de Direito, vol. 10 (1), p. 59-67, 2014, Disponível em: <http://seer.imed.edu.br/index.php/revistadedireito/article/ view/620/514>. Acesso em 03/03/2015.

LEMBO, Cláudio. *A Pessoa: Seus Direitos. Barueri-SP:* Manole, 2007.

LIVIANU, Roberto. *Corrupção – Incluindo a Lei Anticorrupção.* 2ª ed. São Paulo: Quartier Latin, 2014.

_____. Ética e Poder. In: ZILVETI, Fernando Aurélio e LOPES, Sílvia. *O Regime Democrático e a Questão da Corrupção Política.* São Paulo: Atlas, 2004.

_____. Faltou algo na lei da ficha limpa. In: CAGGIANO, Monica Herman (coord). *FICHA LIMPA - Impacto nos tribunais: tensões e confrontos.* São Paulo: Revista dos Tribunais, 2014.

LORENCINI, Bruno. *A responsabilidade do poder político no estado constitucional sob o paradigma da democratic responsiveness.* Tese de Doutorado. Faculdade de Direito da Universidade de São Paulo e Facultad de Derecho de la Universidad de Salamanca, 2013.

LORENZI, Pierre-Antoine. *Corruption et Imposture.* Paris, França: Éditions Balland, 1995.

LOUREIRO, Maria Rita, OLIVIERI, Cecília e Martes, Ana Cristina Braga. Burocratas, partidos e grupos de interesse: o debate sobre política e burocracia no Brasil. In: LOUREIRO, Maria Rita, ABRUCIO, Fernando e PACHECO, Regina. *Burocracia e Política no Brasil: desafios para a ordem democrática no século XXI.* Rio de Janeiro: Editora FGV, 2010.

MAQUIAVEL, Nicolau. *Discursos sobre a primeira década de Tito Lívio.* São Paulo: Martins Fontes, 2007.

MARCONI, Nelson. Uma radiografia do emprego público no Brasil: análises e sugestões políticas. In: LOUREIRO, Maria Rita, ABRUCIO, Fernando e PACHECO, Regina. *Burocracia e Política no Brasil*: desafios para a ordem democrática no século XXI. Rio de Janeiro: Editora FGV, 2010.

MARSHAL, Thomas Humphrey. *Cidadania, classe social e status.* Rio de Janeiro: Jorge Zahar Ed., 1967.

MARTINS, José Antônio. *Corrupção.* São Paulo: Globo, 2008.

MASCARO, Alysson Leandro. *Forma Política e Estado.* São Paulo: Boitempo Editorial, 2013.

_____. *Filosofia do Direito.* 2ª ed. São Paulo: Atlas, 2012.

MELDOLESI, Luca. Corruption, Accountability, and Democracy in Italy: An Outline. In: TULCHIN, Joseph e ESPACH, Ralph. Combating Corruption in Latin America. Washington, EUA: The Woodrow Wilson Center Press, 2000.

MELLO FILHO, José Celso de. *Notas sobre o Supremo Tribunal (Império e República).* 4ª ed. Brasília: Supremo Tribunal Federal, 2014.

MENEGUELLO, Rachel. O lugar da corrupção no mapa de referências dos brasileiros: aspectos da relação entre corrupção e democracia. In: AVRITZER, Leonardo e FILGUEIRAS, Fernando. *Corrupção e sistema político no Brasil*. Rio de Janeiro: Civilização Brasileira, 2011.

Ministro Teori Zavascki autoriza abertura de inquérito e revoga sigilo em investigação sobre Petrobras. Supremo Tribunal Federal. Brasília, 06/03/2015.

MIRANDA, Jorge. *Manual de Direito Constitucional: estrutura constitucional do Estado.* Coimbra, Portugal: Coimbra Editora, 1996.

Money, Politics, *Power: Corruption risks in Europe.* International Transparency, 2012.

MONTESQUIEU, Charles-Louis de Secondat. *Do Espírito das Leis.* Trad. Jean Melville. São Paulo: Martin Claret, 2006.

MORASKI, Bryon e SHIPAN, Charles. R. *The Politics of Supreme Court Nominations: A Theory of Institutional Constraints and Choices.* American Journal of Political Science, vol. 43 (4), p. 1069-1095, 1999.

MORAES, Alexandre de. *Direito constitucional*, 25ª ed. São Paulo: Atlas, 2010.

MORTON, Frederick. Judicial Appointments in Post-Charter Canada: A System in Transition. In: MALLESON, Kate e RUSSELL, Peter. *Appointing Judges in An Age of Judicial Power: Critical Perspectives from around the World.* Toronto, Canadá: University of Toronto Press, 2006.

MOTTA, Rodrigo Patto Sá. Corrupção no Brasil Republicano 1954-1964. In: AVRITZER, Leonardo et al. (org.). Corrupção: ensaios e críticas. 2ª ed. Belo Horizonte: Editora UFMG, 2012.

NEGRETTO, Gabriel Leonardo. *Making Constitutions. Presidents, Parties and Institutional Choice in Latin America.* Nova Iorque, EUA: Cambridge University Press, 2013.

NOONAN, John Thomas Jr. *Bribes. The Intellectual History of a Moral Idea.* Califórnia, EUA: University of California Press, 1987.

NUN, José. *Democracia ¿Gobierno del pueblo o gobierno de los politicos?* Buenos Aires, Argentina: Fondo de Cultura Economica de Argentina, S.A., 2001.

NYE, Joseph. *Corruption and political development: a cost-benefit analysis.* American Political Science Review, 61 (2), p. 417-427, 1967.

OCAMPO, Luis Moreno. Structural Corruption and Normative Systems: The Role of Integrity Pacts. TULCHIN, Joseph e ESPACH, Ralph. Combating

Corruption in Latin America. Washington, EUA: The Woodrow Wilson Center Press, 2000.

O'CONNELL, Fiona e McCAFFREY, Ray. *Judicial Appointments in Germany and the United States*. Northern Ireland Assembly: Research and Information Service Research Paper. NIAR 175-12, Paper 60/12, p. 3-32, 2012. Disponível em: <http://www.niassembly.gov.uk/globalassets/documents/raise/publications/2012/justice/ 6012.pdf>. Acesso em: 29/04/2015.

PACHECO, Regina Silvia. Profissionalização, mérito e proteção da burocracia no Brasil. In: LOUREIRO, Maria Rita, ABRUCIO, Fernando e PACHECO, Regina Silvia. *Burocracia e Política no Brasil: desafios para a ordem democrática no século XXI*. Rio de Janeiro: Editora FGV, 2010.

PAZZAGLINI FILHO, Marino. *Lei de Improbidade Administrativa Comentada: aspectos constitucionais, administrativos, civis, criminais, processuais e de responsabilidade fiscal: legislação e jurisprudência atualizadas*. São Paulo: Atlas, 2002.

PERUZZOTTI, Enrique. Accountability. In: AVRITZER, Leonardo et al. (org.). Corrupção: ensaios e críticas. 2ª ed. Belo Horizonte: Editora UFMG, 2012.

PINTO, Celi Regina Jardim Pinto. ONGs. In: AVRITZER, Leonardo et al. (org.). *Corrupção*: ensaios e críticas. 2ª ed. Belo Horizonte: Editora UFMG, 2012.

PLATÃO. *Diálogos*: Apologia de Sócrates, Eutífron, Críton, Fédon. Curitiba: Hemus, 2002.

RAMINA, Larissa. *Tratamento jurídico internacional da corrupção: a Convenção Interamericana contra a Corrupção da OEA e a Convenção sobre o Combate da Corrupção de Funcionários Públicos Estrangeiros em Transações Comerciais Internacionais da OCDE*. Disponível em: <http://www.egov.ufsc.br/portal/sites/default/files/anexos/22141-22142-1-PB.pdf>. Acesso em 04/01/2015.

RAMOS, André de Carvalho. Lei da Ficha Limpa após as eleições de 2012: como podemos avançar? In: CAGGIANO, Monica Herman (coord). *FICHA LIMPA – Impacto nos tribunais: tensões e confrontos*. São Paulo: Revista dos Tribunais, 2014.

RAMOS. Elival da Silva. *Controle Jurisdicional de Políticas Públicas*: a efetivação dos direitos à luz da Constituição brasileira de 1988. *Revista da Faculdade de Direito da Universidade de São Paulo*, vol. 102, p. 327-356, 2007.

RANCIÈRE, Jacques. *O ódio à democracia*. São Paulo: Boitempo, 2014.

Ranking IDH Global 2013. Programa das Nações Unidas para o Desenvolvimento. Disponível em: <http://www.pnud.org.br/atlas/ranking/Ranking-IDH-Global-2013.aspx>. Acesso em 09/08/2015.

REALE JUNIOR, Miguel. *Despenalização do Direito Penal Econômico: uma terceira via entre o crime e a infração administrativa*. In: FRANCO, Alberto Silva e NUCCI, Guilherme de Souza (org.). *Direito Penal*. São Paulo: Revista dos Tribunais, vol. VIII, 2010.

REIS, Marlon. *O Nobre Deputado: relato chocante (e verdadeiro) de como nasce, cresce e se perpetua um corrupto na política brasileira*. Rio de Janeiro: LeYa, 2014.

ROSE-ACKERMAN, Susan. *Corruption Government: Causes, Consequences and Reform*. Cambridge, Reino Unido: Cambridge Press, 1999.

_____. Is Leaner Government Necessarily Cleaner Government? In: TULCHIN, Joseph e ESPACH, Ralph. *Combating Corruption in Latin America*. Washington, EUA: The Woodrow Wilson Center Press, 2000.

ROUSSEAU, Jean-Jaques. *O Contrato Social. Coleção Grandes Obras do Pensamento Universal*, vol. 13, 2ª ed. Trad. Ciro Mioranza. São Paulo: Escala, 2008.

ROSSI, Amanda e BRAMATTI, Daniel. *Empreiteiras lideram ranking de doação privada*. Estadão. São Paulo, 15/07/2012. Disponível em: <http://politica.estadao.com.br/noticias/geral,empreiteiras-lideram-ranking-de-doacao-privada,930787>. Acesso em 29/07/2014.

RUSSETT, Bruce. *Controlling the Sword: The Democratic Governance of National Security*. Cambridge, EUA: Harvard University Press, 1990.

SANCHEZ, Oscar Adolfo e ARAÚJO, Marcelo. A Controladoria como um modelo integrado de controle para as organizações do setor público. *In*: Rita de Cássia Biason (org.). *Temas de corrupção política*. São Paulo: Balão Editorial, 2012.

SCHMITT, Carl. *Political Theology*. Chicago, EUA: University of Chicago Press, 2005.

SCHWARCZ, Lilia Moritz. Corrupção no Brasil Império. In: AVRITZER, Leonardo et al. (org.). *Corrupção: ensaios e críticas*. 2ª ed. Belo Horizonte: Editora UFMG, 2012.

SCHIPANSKI, Tankred. Controle da corrupção na Alemanha. In: AVRITZER, Leonardo e FILGUEIRAS, Fernando. *Corrupção e sistema político no Brasil*. Rio de Janeiro: Civilização Brasileira, 2011.

Sepúlveda renuncia à presidência da Comissão de Ética Pública. O Estado de S. Paulo. São Paulo, 24/09/2012. Disponível em: <http://www.estadao. com.br/noticias/geral,sepulveda-renuncia-a-presidencia-da-comissao-de-e-tica-publica,935095>. Acesso em 27/06/2014.

SILVA, José Afonso da. *Curso de direito constitucional positivo*. 19ª ed. São Paulo: Malheiros, 2001.

SMANIO, Gianpaolo Poggio. A conceituação da cidadania brasileira e a Constituição Federal de 1988. In: MORAES, Alexandre de et al. (coord.). *Os 20 anos da Constituição da República Federativa do Brasil*. São Paulo: Editora Atlas, 2008.

SOUZA JUNIOR, Cezar Saldanha. Corrupção e Democracia. In: ZILVETI, Fernando Aurélio e LOPES, Sílvia. *O Regime Democrático e a Questão da Corrupção Política*. São Paulo: Atlas, 2004.

SPECK, Bruno Wilhelm. O financiamento político e a corrupção no Brasil. In: BIASON, Rita de Cássia (org.). *Temas de corrupção política*. São Paulo: Balão Editorial, 2012.

STARLING, Heloísa Maria Murgel. Ditadura Militar. In: AVRITZER, Leonardo et al. (org.). *Corrupção: ensaios e críticas*. Belo Horizonte: Editora UFMG, 2012.

STRECK, Lenio Luiz e MORAIS, José Luis Bolsan de. *Ciência Política & Teoria do Estado*. 7ª ed. Porto Alegre: Livraria do Advogado Editora, 2012, p. 193.

STRECK, Lenio Luiz e MORAIS, José Luis Bolsan de. *Ciência Política & Teoria do Estado*. 7ª ed. Porto Alegre: Livraria do Advogado Editora, 2012.

VASCONCELOS, Caio Tácito. Improbidade Administrativa como Forma de Corrupção. In: ZILVETI, Fernando Aurélio e LOPES, Sílvia. *O Regime Democrático e a Questão da Corrupção Política*. São Paulo: Atlas, 2004.

VITA, Álvaro de. Liberalismo. In: AVRITZER, Leonardo et al. (org.). *Corrupção: ensaios e críticas*. Belo Horizonte: Editora UFMG, 2012.

WALKER, Ignacio. Democracia de Instituições. In: CARDOSO, Fernando Henrique e FOXLEY, Alejandro.

América Latina, desafios da democracia e do desenvolvimento: governabilidade, globalização e políticas econômicas para além da crise. Rio de Janeiro: Elsevier; São Paulo: Instituto Fernando Henrique Cardoso (iFHC), 2009.

Impresso em de janeiro de 2016